本书的出版得到了深圳大学人文学院
高水平建设第二期经费的资助

Interviews with
Contemporary Chinese
Science Fiction Writers

中国当代科幻作家
访谈录

江玉琴 主编

南京大学出版社

图书在版编目（CIP）数据

中国当代科幻作家访谈录 / 江玉琴主编. —南京：
南京大学出版社，2023.6（2023.12 重印）
ISBN 978-7-305-26800-7

Ⅰ. ①中… Ⅱ. ①江… Ⅲ. ①作家-访问记-中国-
现代 Ⅳ. ①K825.6

中国国家版本馆 CIP 数据核字（2023）第 052724 号

出版发行	南京大学出版社		
社　　址	南京市汉口路 22 号	邮　编	210093

书　　名　中国当代科幻作家访谈录
主　　编　江玉琴
责任编辑　郭艳娟

照　　排　南京紫藤制版印务中心
印　　刷　江苏凤凰通达印刷有限公司
开　　本　635 毫米×965 毫米　1/16　印张 17.75　字数 238 千
版　　次　2023 年 6 月第 1 版　2023 年 12 月第 2 次印刷
ISBN　978-7-305-26800-7
定　　价　68.00 元

网　　址　http://www.njupco.com
官方微博　http://weibo.com/njupco
官方微信　njupress
销售热线　(025)83594756

序

　　作为中国改革开放的排头兵和先行示范区,深圳在中国的经济建设和高科技发展进程中所起到的先驱作用在海内外是有目共睹的。作为坐落在深圳市的两所高校,深圳大学和南方科技大学在近几年的世界大学排名榜上也急剧飙升,着实令国内外许多老牌大学望其项背。也许人们会认为,这两所高校的快速发展与深圳市的财力支持不无关系,这当然是不错的。没有坚实的经济基础,高校是不可能大力发展人文社会科学学科的。但是我始终认为,深圳市的这两所大学自身的学术表现也确实值得称道,至少就我本人所涉猎的人文学科而言,这两所高校都在群雄逐鹿的年代彰显出了自身的不可替代的学术贡献:改革开放之初建立的深圳大学见证了中国比较文学学科的从无到有,并成为中国比较文学学会的诞生地和两次学会年会以及国际比较文学学会(ICLA)第 23 届大会执行委员会会议暨国际研讨会的主要承办方,它已经与中国的比较文学学科紧密地联系在了一起;而南方科技大学则在国际前沿科学和交叉学科方面独具特色,成为国内唯一的一所在短时间内快速发展并跻身"双一流"行列的高校。由于这两所高校在文理交叉、文工互渗方面的独特优势,一个新的交叉学科领域也在这里诞生了:当代科幻文学创作和研究。这两所高校不仅汇聚了一批从事科幻文学创作的作家,也培养造就了一批思想敏锐、敢于探索新的研究领域的人文学者。在这方面,深圳大学的江玉琴教授就是国内这一领域内冉冉升起的一颗学术明星,她的一些论文用英文发表在国际著名刊物上,也为深圳大学的文科跻身国际前沿学科领域做出了贡献。摆在我们面前的这本《中国当代科幻作家访谈录》就为我们的科幻文学研究提供了一部重要的第一手文献:它没有那些晦涩难懂的学术术语的堆砌,而是更带有创作者从事创作的直接体验。因此读来令人爱不释手,并感觉耳目一新。毫无疑问,它的出版同时也为当代前沿科学的普及做出了直接的贡献。读了这部访谈录的清样,我无法拒绝玉琴希望我为之撰写一篇序言的要求。

确实如编者江玉琴所言,本访谈录更多的是展示中国当代科幻作家群之风采的一个侧记。他们中既有与刘慈欣齐名的韩松、王晋康等资深科幻作家,更有作为科幻开拓者,横跨创作、批评、教学诸领域的学者型作家吴岩,此外还有近几年在国际科幻创作界异军突起的新生代作家陈楸帆、宝树、程婧波、夏笳,以及新锐作家王诺诺、阿缺、刘洋和顾适。编者也没有忘记最近两年横空出世的新兴作家双翅目、慕明等。总之,上述每一位科幻作家都有自己丰富的精神世界,都带有对科幻的执念与自己的独特见解。而本访谈录编者所做的工作则更多的是对中国当代科幻作家群的一个整体展示。它无可辩驳地向国内外文学创作和理论批评界宣告:中国当代文学走向世界已经成为一个无法回避的现实,而在这方面,中国当代科幻文学则在某种程度上充当了排头兵和开拓者。因此就这一点而言,这些取自作家本人直接经验的珍贵的第一手文献,对我们今后的科幻文学研究都是难得的资料,同时也通过编者的介绍和编辑,本书所起到的一个重要作用就是在广大读者中对科幻文学加以普及,使大家在商品经济社会了解一些科学知识,并对科学技术在未来的可能发展趋势有一个大致的了解。

我本人对科幻文学在一定程度上也算是有些兴趣,但远远谈不上情有独钟,这大概与我对世界主义和乌托邦现象的兴趣和研究不无关系。我常常思考这样一个问题:正当人们不时地发出"文学已死"或"文学研究已死"的耸人听闻之声音时,科幻文学却横空出世并迅速进入文学研究者的视野。在西方,科幻文学现象也吸引了两位大师级理论家的关注:加拿大的科幻理论家达科·苏恩文和美国的马克思主义理论家弗雷德里克·詹姆逊。这两位理论家碰巧都是我的老朋友。我和詹姆逊的交往可以追溯到上世纪八十年代中期,正是他对后现代主义文化现象的敏锐洞察和深刻分析打动了我,从而开启了我们三十多年的学术交流。而我本人也花费了很大的精力研究后现代主义文学和文化现象,但是我并未花很大的精力去关注科幻文学。而我和苏恩文的交往则弥补了这一缺憾,我和他相识应该追溯至九十年代初,那时我获得诺斯洛普·弗莱研究基金在加拿大多伦多大学弗莱中心从事研究,在一次多伦多大学的学术会议上我结识了苏恩文,其后他不断地赠送自己的著作和论文给我,使我对属于后现代主义文学大范畴的科幻文学有了一些了解。同时也使我认识到,科幻文学的崛起把我们带入一个未知的世界,使我们可以在一个虚拟的世界寻觅到当下的现实世界无法看到的东西。因而它之于一个"缺乏想象力"时代的作家,其展示想象和才华的空间便更加广阔。正如当代学者型科幻小说家夏笳所概括的,"人们在面临危机时,因传统的知识或者方案都已经不起作用,就会有一种强烈的无力感,从而每天都抱之以对命运听而任之的心态"。这时科幻文学便带领我们步入一个未知的想象世界。

正当国内文学界热衷于讨论中国当代文学如何走出去时,科幻小说却率先"走出去"了,它不仅"走出"了国门,而且率先"走进"了西方世界的图书市场,正如当代资深科幻作家王晋康所指出的,"中国科幻现在确实已经发展到相当程度了。相对来说,中国科幻长篇还是比较弱一点。因为长篇需要有比较深的生活积淀,包括知识的积累,包括看世界的眼光,甚至作者心态。当然国内有很好的长篇作品,比如《三体》。不过总的来说短篇小说更接近于世界水平"。由于从事科幻文学创作的作家正值年富力强的创作盛期,他们还在辛勤耕耘,不断地开拓新的未知的领域,因此可以预言,在未来的年代里,他们将进一步大展宏图。

近年来,我本人的比较文学研究也开始了转向,我更关注跨学科的医学人文的研究,以及元宇宙时代的科学与文学的互动与交融,并且在这方面发表了一些文章。我们过去经常说,科学无国界,实际上人文艺术也没有国界,只不过科学家都能自觉地使用全球化时代的通用语言

(lingua franca)英语来发表自己的科研成果,而文学家及其研究者则在很大程度上依赖翻译的中介。但是一部优秀的文学作品经过翻译的中介和批评的讨论,也能赢得世界各地的读者和研究者的青睐。好在我的这些看法在收录本书的中国当代科幻作家韩松那里得到了共鸣,在韩松看来,"科幻是很好的国际语言,它能超越很多东西,让东方人和西方人聚集在一起。其实中国的科幻没有宣传过自己,也无须别人去推动科幻走向世界,基本上都是外国人找过来翻译了向外输出的。现在每年都有几百篇科幻小说被翻译到国外,基本上都是外国人主动找过来的,我们的任务就是把自己的科幻写好"。我想,如果有这样一种境界,我们又何愁中国当代文学走不出去呢?最后,我也建议,既然中国的科幻文学已经引起了国际学界的关注,他们必然想知道中国的科幻作家本人对之的认识,因此这部访谈录也可以翻译成外语,为国际学界更为深入直接地了解中国当代科幻文学及其代表性作家的所想和所作提供更为直接的第一手文献资料。

跟着感觉和兴致写了上面这些文字,是为序。

王　宁

2023 年 5 月于上海

目录

中国当代科幻发展简述

中国科幻发展进程历经百年,开启于晚清至民国时期,成长于新中国成立后,兴盛于新时期,繁荣于二十一世纪的第一个十年至现在。

本书"中国当代科幻"聚焦于二十世纪九十年代至今的科幻作家及其创作,遴选了十三位作家,以其创作时间勾勒为三个阶段,即以吴岩、韩松、王晋康为代表的经典科幻作家,以陈楸帆、宝树、夏笳、程婧波、阿缺等为代表的中生代作家,以王诺诺、刘洋、顾适、双翅目、慕明为代表的新生代作家,致力于勾勒这些科幻作家的创作理念与科幻世界建构,以让我们更深入地理解中国当代科幻文学的发展路径与创作特性。

科幻作家与代表性作品:

吴岩——《中国轨道号》

韩松——《地铁》轨道三部曲

王晋康——《海人》新人类三部曲

陈楸帆——《荒潮》

宝树——《时间之墟》

夏笳——《关妖精的瓶子》

程婧波——《倒悬的天空》

阿缺——《与机器人同行》

王诺诺——《地球无应答》

刘洋——《火星孤儿》

顾适——《莫比乌斯时空》

双翅目——《公鸡王子》

慕明——《宛转环》

我们要做"新科幻"
——吴岩访谈

访问：欧宇龙　黄李悦　张紫荧

　　吴岩，科幻作家，管理学博士，世界华人科幻协会创会会长，南方科技大学教授，南方科技大学方法论与文化产业教研室主任兼科学与人类想象力研究中心主任。著有《心灵探险》、《生死第六天》、《中国轨道号》等长篇科幻小说，和《领导心理学》、《教育管理学基础》、《科幻文学论纲》、《20世纪中国科幻史》等学术著作。作品获得过中宣部"五个一工程"奖、全国优秀儿童文学奖、中国科协全国科普奖、中国科幻小说银河奖和星云奖等多个奖项，并被翻译成多种文字。2020年，因对科幻研究、教学和国际交往方面的贡献获得美国科幻研究协会颁发的托马斯·D·克拉里森奖。主持国家社会科学基金、北京教育科学规划和国家出版总署重点图书等科研项目；主编过"科幻文学理论和学科体系建设"、"科幻新概念理论丛书"、"国外科幻理论名著丛书"、"世界著名科学家科幻系列丛书"、"新空间科幻电影丛书"、"地平线未来学丛书"、"南科人文学术系列（第一辑）"等丛书。

2022 年 5 月 17 日下午，我们与吴岩教授相约在咖啡店，畅谈科幻创作、科幻研究的走向与未来。

重视想象力的培养，儿童科幻创作与科幻教育相辅相成

采访者：关于《中国轨道号》，有一部分读者会评论它是一部教育小说，因为能感受到主人公有非常强烈的价值观导向，他身上有对科学的向往与探索精神，还有在最后一章谈到了人与人之间相处所必备的善良、执着和真诚的品质。您在之前很多访谈中都提到了这部小说成篇的过程，那么最终成篇的时候，是什么影响您选择了这四个故事，产生这种教育导向呢？

吴岩：选择这四个故事完全是偶然的，我之前讲过这是我二三十年前准备写的一个题材，就是在七十年代中国能把人送到太空中去，但技术还没有成熟到能让人安全返回，当时是想写这么一个悲壮的故事。后来因为各种原因就搁置了，等到安徽少儿社让我写一个小说，我就想继续完成这篇作品。这时中国的科研技术已经很成熟了，可以实现太空与地球之间的往返，所以就不再是一个悲壮的故事了，再加上是少儿社，所以就以儿童的视角去进行故事创作。是不是教育小说其实不重要，重要的是，**这是一本真正的儿童文学**。在这之前，很多儿童科幻和儿童文学的差距是非常大的。儿童文学界也认可这个差距，觉得儿童科幻的人物写不好，故事里的人没什么情感，主要内容就是一帮小孩子探险、到外星球见外星人。按照文学的规范，这就不是文学。所以儿童文学界做了分类，把这个归类为科幻文学，人物写得好的就叫儿童文学。

在这种情况下，在八十年代的时候，许多大科幻作家的作品都只能在科幻文学的标签里面。他们觉得自己小说的人物都非常好，故事也

非常好，但学界总还是认为写得不好，不断地在批评。我作为他们的学生，自然也想完成他们的愿望，我一定要写一本让文学界的人挑不出毛病的儿童科幻作品，所以我是照着儿童文学的标准来写的。现在这本书如果去掉小说中的科学元素再去读，它和别的优秀的儿童文学并没有什么差别，那些优秀的儿童文学最强的特点就是具有强烈情感和道德价值。所以说《中国轨道号》更注重情感和价值观的体现而不是那点科技创新的介绍。当然，《中国轨道号》里写到的科技，全都是特别厉害的，只有懂科幻的人明白这一点，普通读者还真分不清它强在哪里。让这本书区别于其他儿童文学的地方，应该是那种代代相传的对科技的向往和对真理的追求，作为一种光亮，小说把那个时代用文字透射出来，可以让现在的小孩通过这个角度看到过去时代的影子。书出来之后，景山学校的特级教师周群召集了一个中小学生在线研讨会，我记得有个广东的学生说他看第三章的时候去一个个查那些不理解的词语的含义，了解到了之前从未接触过的时代。我就觉得这孩子很了不起，也很高兴这本书能让大家如此有兴趣去阅读。所以我觉得《中国轨道号》可以说是最好的儿童科幻中的一部了。

采访者：现在中小学生参与科幻创作的热情也很高，这离不开社会的推动。您作为一位作家，写出了《中国轨道号》这么成功的作品，您对于中小学生他们从事儿童科幻的创作这方面有一些什么样的建议呢，以及我们应该如何推动科幻教育？

吴岩：我过去常常被邀请去给中小学生讲课，跟他们讲如何写新的东西，就跟给成年人讲的内容差不多，但是近两年我愈发觉得这件事不对。**我们要求成年人写作，要求他们的作品新颖、反映社会的深度、体现科技的未来，等等，这些要求是合理的，但是对一个中小学生仍然用这一套要求就不合适。**他们的阅历和知识都不如成年人多，要让他们和成年人在一个跑道上跑，用世界纪录去衡量，怕是失去了青少年写作科幻的意义。但我一直没有得到答案，我想认真研究一下中小学生的科幻作品的评价标准,应该是和普通的科幻作品不一样的。比如说以"新颖性"作为标准,可能太多的作品都达不到,因为我看过的作品太多了,我一看到就能指出哪个作品里也有这个点子。但是孩子的作品里会有特有的天真,他想的上天不是你成年人的这种上天,是非常天真的一种概念或方法。遇到这种作品我就觉得应该给予表扬。这种专属于孩子的创造,是童趣的,和他们的年龄特征有关。

现在科幻已经进入中小学的课堂,课本里有选读的科幻名篇,比如初中会选读刘慈欣的文章,但是大家会忽略其丰富的文学内涵而不去细读,可能是老师不知道怎么去把握科幻文章的教学方式。更尴尬的是,有时候老师很认真地去讲一个科幻作品,但是在读完文本之后,要开始讲知识点,第一个问题先问这篇文章是硬科幻还是软科幻,这就一下子把学生从作品带来的感动、美好中剥离出来了。因为老师要讲知识,一篇课文不能不讲知识,他就把好多东西搬进来,这是一个矛盾之处。还有一种授课思路,老师会让大家想象,把小说里的科技再现出来。这是一种挺好的想法,但是就觉得离真正的科幻教学可能还差了点。科幻教育对中小学教师来说是一个很难掌握的东西。就像绘本中的教学,我的同事告诉我他去看讲绘本的课,教师让学生看完绘本之后说,第一步我们来学习生词。绘本本来是看画面的,我们却去学习生词。现在科幻教育遇到的也是这样的问题。当然也有一些老师对科幻很感兴趣,搞了一些研究课题,探讨科幻教育的方法方式。有兴趣的人还是挺多的,但还处于摸索阶段,介入其实挺难的,科幻作品教学如果要追求标准答案绝对是错的,重要的还是想象力的培养,但这个对老师来说要求就非常高。你比如说在教学过程中让孩子发散思维去感受,发散到最后还是需要总结性的点评,这时候就对老师提出很大的挑战。不知道如何去点评,因为各种观点都有,不像其他的一些文章阅读理解有标准答案。所以要发展科幻教育,第一步要先提高教师的专业水平能力。

另外,现在中小学教师的压力都特别大,也很难抽出精力研发新的科幻课程，除非老师自己非常喜欢。**我们之前编写了一套科幻教材《科学幻想：青少年想象力与科学创新教程》，面向小、中、高三个层次的学生，分别承载保护和发展想象力，结合了学科教育、培养审辨式思维等内容。**但是我们想大面积覆盖到一个地区的时候，就可能被要求再把教案也做出来给到一线教师，这个事情的任务量就很大。而且我相信即使把这些东西都做好了，下一步还得培训老师，还得从学校、教育局分课时，或者培养自己的一批外派老师。这些都是很浩大的工程，是一个比较漫长的过程。推动科幻教育是很难的一件事，我们还得多努力。其实科学文艺里面还有一块更大的版块叫"科学童话"，它更跟孩子贴近，特别是跟低龄孩子贴近。科学童话如果我们能发展起来，那这就是世界从未有过的。科学童话跟儿童科幻不一样，比如叶永烈有一篇童话叫《一根老虎毛》，它根本上来说是一个童话，通过各种动物开口说话让我们了解不同动物的毛是怎么样的，从中学到一些科学知识。这个就更符合低幼孩子的特点，可以很好地培养孩子从小对科学的兴趣。因为在中国，童话是非常繁荣的，可以让科学童话也繁荣起来。不过现在这方面的年轻作者很少，还是任重而道远。

科幻文学正在展现出一些新的"文学性"

采访者：在《科幻文学论纲》里面，您赞同刘慈欣关于科幻文学中独特的文学形象的分析，认为种族形象和世界形象是科幻文学跟主流文学区分的一个典型标志。之所以塑造这两种宏大的文学形象是否因为科幻文学创作者他有一个宏观视野，打破了狭隘的民族或国别身份，关心着全人类和地球的发展？您觉得为什么科幻文学会有这种独特的文学形象以及中国的科幻文学为什么会欠缺对这两种文学形象的塑造？

吴岩：我不觉得关注这些问题是因为科幻作家自身有着"独特的"

宏观视野,而是因为他面对的问题——比如科技发展的问题——不是个人的问题,它是一个涉及整个人类生活环境变化的问题。这种变化不是在一个人身上产生一系列的变化,而是在整个地球的范围内甚至行星的范围内产生的一系列的变化。这是他们愿意处理宏大问题的原因。

刘慈欣曾经在社科院文学所的一个会上有个讲话,他说的大概意思是,我们现在看到的主流文学只是整个历史长河里边很短的一段时间里的文学。他说如果说文学是人学,那就是启蒙运动以后才出现真正意义上的文学。可是宇宙它是从没人的时候开始运行的,将来还会过渡到没人的阶段,那这样意义上的文学如何能去覆盖如此宏大的历史时段和大规模的人类群体活动?因此,过去认为主流文学里面包含科幻文学是错的,应该是科幻文学里面有主流文学。所以我不觉得是和作家有多大的视野有关系,而就是他处理的这个问题是变化问题,宇宙长时段的问题,这些问题都是牵扯到一个更宏大的视野。中国的主流作家没有在这两个问题上进行思考,是因为他们可能还没能够在这个角度建立更好的观察,或者只有少数人在宏观角度建立了观察。不过,应该说中国作家还是挺关注集体问题的。西方的文学自始至终,特别是启蒙运动以后,更关注个体的价值,个人的心灵改变,从人到"后人",其实还是个体问题。但是科幻有可能跳出个人,对更多人和更长历史时段有所观照。但也因为这种特点,主流文学一直不认可科幻文学,觉得你处理这问题就不是文学的问题。每个人的心是不一样的,你只有处理心的问题,处理这个不一样的问题你才是文学,你处理那些集体的问题,那你就不在文学的范围之内。西方现在也觉得光是处理个人的问题也不够,还是得扩大点范围。所以开始了包括物的转向在内的多种转向,把他认为缺的东西都往里囊括。其实科幻文学现在也有好多是讲个人的改变,从人到后人,这本身就是个体的人性的转变。所以其实是一个融合的趋势,应该说就是现在的文学比过去开放。现在科幻文学对主流文学来说其实是个机会,如果主流文学正在走向衰落,缺乏读者,同时科幻文学读者挺多的,那么就应该相互学习。过去科幻文学的这种特点是被批评的,觉得读者多是不好的,属于大众化的通俗读物,没有什么文学价值。现在科幻文学慢慢被主流文学所认可,比如过去科幻文学作品中的人物被拿来与经典文学作品中的人物进行比较,认为前者远远不及后者;现在有学者认为科幻作品的人物是另一种人物,是功能性的人物,在一个个事件里,他负责某种功能,这根本不能用原来那种人物的标准去界定。主流文学已经在做出改变,正在接纳科幻文学。

采访者: 在西方,科幻文学一开始出现在大众视野中是在《惊险图书》和《惊奇故事》等通俗杂志上,被认为是通俗文学而不被主流文学接纳。但随着时代的发展、人们观念的改变,越来越多的科幻文学获得国际大奖以及被翻拍成影视剧,刘慈欣的《三体》也走出国门被世界所熟知。科幻文学的影响力越来越大,也慢慢被主流文学认可其价值所在。不过科幻文学还是和以往的主流文学有所不同,和那些经典文学相比,科幻文学的文学性在哪?

吴岩: 就像我上面提到的,科幻文学塑造了一些特有的功能性人物角色,我们不能用原来的小说人物评价标准去进行分析。一个教授有次还跟我讲过刘慈欣的《三体》作为三部曲跟其他三部曲还是很不一样的。中国的三部曲一般像《红楼梦》似的,祖孙三代是逐渐衰落的。而《三体》三部曲前两部是往下走的,到第三部又往上升起来了。当时我就觉得原来研究纯文学的人也在关注着科幻文学,还会去分析科幻文学的独特之处。**科幻文学其实是在发掘一些新的文学创作走向**,这些走向应该是能够引发主流文学的关注的,宋明炜老师写了篇文章提到王安忆看了《三体》以后,后来写的小说里就有《三体》的影子。实际上有人说仔细看内容并没有看出相关性,但宋老师说思想层面好像有所影响。这也有可能,其实就是一个互相学习的过程,文学一直也都在发生变化,不是一成不变的。纯文学也在关注着科幻文学,这也是给科幻文学的崛起提供一个好的契机。在世界范围内我觉得纯文学的衰落就更厉害了，现在我们很难说出一个国际上的大作家，就算是近几年获奖的石黑一雄他本身也写科幻，很多大作家比如英国的伊恩·麦克尤恩也在写科幻，还有早先美国的小库特·冯尼格，他的作品大家说不是科幻文学，而是黑色幽默文学，但是他的《五号屠场》实际上就是科幻文学，所以其实现在科幻和纯文学之间没有截然的分界线了。过去两者之间有很明显的分界线，一个是科幻文学不是处理个人而是处理群体；一个是科幻文学处理物，纯文学是处理人和思想。但技术已经融入了我们生活之中，你没办法不去讨论它。石黑一雄的《克拉拉与太阳》其实有一个明确的问题意识来引导创作，技术已经无所不在地改变了我们原有的生活，包括创造人工智能、人工生命，所以他就有在思考如果我们这个世界有了人工生命会怎样去对待它，人跟人之间的关系是怎样的。他对这些问题还是进行了严肃思考的。而在他二十一世纪之前的作品就没有怎么关注技术给这个世界带来怎样的改变的问题。所以现在进行文学创作时我们无法规避对技术的探讨。科幻文学不仅探讨技术的问题，还探讨了背后权力的问题，就算是关于太空战的故事，也涉及了权力之间的斗争。所以我这本《科幻文学论纲》跟之前中国的科幻研究不一样，过去我们还是站在一个把科学当作元素的角度去研究科幻，而《科幻文学论纲》是站在权力的角度去研究科幻。这是一个阶段的研究，观点不可能都对，也许科幻下一个阶段会超越权力的问题，人类的思维总会走向另一个方向。

采访者：现在出现了很多科幻主题的影视剧和游戏，大家很少去阅读文学作品，而是选择去看视频或玩游戏。比如最近很火的一款游戏《极乐迪斯科》，它被大家称为最有文学性的游戏，因为里面是由大量的文本和对话组成的，有着丰富的剧情和丰满的人物设定。里面描述了一个孤岛上的"极乐世界"，给玩家呈现了政权交锋、思想之争、反抗压迫等社会景观，进行了严肃的探讨，很好地把科幻文学与游戏进行了结合。新载体的出现把科幻带到了一个新的浪潮,对于这种新的载体,您有哪些认识,觉得可以给科幻带来什么新的活力吗?

吴岩:《中国科幻文论精选》里面有一篇文章讲"科幻已死",我觉得科幻文学本身也已经走向灭亡。有两个原因,一个原因是媒介的转换;另一个原因就是科幻的这种形式的意图和结构,它是适合 100 年到 200 年前的西方的社会状况,不管是玛丽·雪莱时期还是美国的黄金时代,那个结构正好符合当时的人、科技与未来之间的关系。就是说科技正在发展,然后过些年这些技术实现了,一下带给我们生活新的变化,过去就是这样的发展速度。但今天不是这样的,我们现在每天都接受各种科技的新变化,发展速度异常之快以至于我们无法很快地适应。所以过去科幻的这种文学形式以及情感形式就不适合当下的社会和科技发展状况。这是我认为科幻已死的一个原因,就需要一种新的模式来反映今天的这种科技飞速发展的感觉。还有一个就是你说的媒介转换,科幻作为这种结构形式,它转到影视甚至是游戏,再下一步可能是元宇宙……但不管哪一种,小说这块真的是没落了。其实就算是在西方,科幻文学也过了自己的黄金年代了,原来我去参加科幻大会的时候,九十年代去的时候有很多人,现在人越来越少。现在新生代的人已经不喜欢读文字了,更需要那种非常短时间非常快餐式的体验。技术的发展导致这代人的阅读方式以及情感的认知方式已经完全发生了变化,我们的观念也要进行相应的转变,不能用原来文字时代的准则来要求现在电子信息时代的事物。

采访者:虽然媒介在不断更新变化,但大家对科幻题材的作品还是非常感兴趣的,您在《中国轨道号》里提到这么一句话:"我们每一个人能看到的世界可能都是不一样的。"在生活中的确好像是这样,根据认知的不同,人们所能看到的世界是不同的,科技水平的发展也让人们不断更新对这个世界的面貌的认知,而科幻小说通过描绘不同的未来状况吸引着我们去阅读,因为我们知道这种未来是有可能实现的。您认为科幻是否能帮助我们更好地了解世界、了解彼此?

吴岩:《中国轨道号》写的时候思绪很多,这些思绪层叠交织进入作品,让作品层次非常多,到现在为止,其实我没有看到谁分析得特别深入。当然有的人还是谈了一些东西,比如韩松老师,他曾经写过一个微博,后来被删除了,他说《中国轨道号》完全不像大家想的那样,它其实是一个现实主义作品。我觉得他已经揭开这本书的神秘一角。《中国轨道号》有非常多的面相,有非常多的不同的解码方式。我自己都认为它是本体论上的一个怪物,就是你越是从各种各样的方向里挖掘,你越会发现各种串接,就会形成各种各样的面,这些面看到的就是非常不一样的世界,就像你从不同面去观察一颗钻石一样。

你提到的这个"我们每个人看到的世界是不一样的",其实这是起源于非常古老的一些哲学的争论,就是到底我们的感知,一个人的感知和另一个人的感知,是否具有可通性?我看到这是红色,你也看到这是红色,但我们俩说的红色是不是一种呢?咱俩描述出来的东西是不是真正的一致?其实这个是完全说不清的,所以这就可以追溯到哲学上很多过去的东西。但是我想说的就是,**由于我们人类是那种群居性的动物,我们能进行交流,而在这种交流的过程中,就产生了这么一种状况,即使我不能完全理解你说的那个世界,但我们仍然能够建立一种相互能认可的大致统一的外部世界模型。**《中国轨道号》有表达这个感觉的想法。大家看到的各不一样,是一种含义。这个世界还有不少看不到或不能看到的东西,是另一种含义。人与人之间的差异造成了感知上的差别,而人类的交往又让我们能在差别中相互理解。所有这些背后都能引发哲学思考。印度人讲的那个阿赖耶识,认为人类可以有更高端的认知感受。那么如果要说科技正在把我们提升到一个更高的人类的感受状态,这是否也算一种后人类状态?但是我想说,我们别又把事情简化了,又把它低级化了。许多东西只能感悟。作品中只是想告诉读者,这个世界在不同人眼中是不一样的,而这种不一样存在于我们周围。人类恰恰是在这种模棱两可中生活的,他虽然能过得下去,但他不能发现世界的全貌。就是说即使到了未来，即使人类的科技能够到达更高层次，我们生活在更高层次的状态之中，我们也还是要面对世界的差异，以及每一个人心灵相通和不相通的现实。更高一级的维度能看到好多过去看不见的东西，这是轻而易举的。就像你学了微积分，你就会发现初等数学里很多东西其实非常简单。但更高一级的内容人们容易不再去管它了。这件事本身，到底好还是不好呢？事情又变得单一了的坏处是，我们会用一种方法去解决所有问题。在这个意义上，人类是前进还是后退？可能我想得太远了。

采访者：之前只是有着科幻文学是边缘文学的初印象，没有细想过为什么，只是觉得可能因为它是比较新的文学形式，内容比较通俗易懂，等等，看到老师您从权力分析的角度去分析科幻文学的状况觉得很有意思。这样一想，的确在科幻作品中总是描绘着关于"反抗"的故事，这是不是科幻的重要主题之一，为什么？

吴岩：这个说法我是完全同意的，我想说的就是这样，**科幻是边缘人的故事**，你说它是反抗，我觉得反抗有的时候它还没那么强烈，它是有一种确实受不了的想法，它确实要质疑这件事，它确实有反抗，但它可能还没那么大的力量，就是说它和主流永远保持着距离。所以现在，有人说科幻已经进入主流了，成为主流了，那我要说，一旦科幻成为主流，一旦它跟主流变得一致，科幻本身就会死亡。因为这些进入主流的作者就会被主流化，那么这时候边缘的作者就会产生一系列新的创作来颠覆这种所谓的主流，科幻文学就是这样向前发展的。我在《科幻文学论纲》中讨论了一些案例，分为四组作家簇，女性、大男孩、边缘人和落伍者，每一组都有一些典型作品，构成了那本书的主要内容。就像我之前提到的我是从权力的角度去进行研究分析，女性作家对自己在两性社会中的地位进行了比较温和的批判和反思，大男孩关注技术和幻想，社会底层和边缘人描述了乌托邦并表现对反乌托邦的忧虑，现代化的落伍者表达了追赶和超越的愿望。或许他们并没有从一开始就表达出强烈的反抗意愿,但自己的小说中会有意无意地透露出对他们当时所处社会和时代的所谓主流思想的反思和批判。

结合本国国情,扎根传统文化,推动中国科幻文学走向世界

采访者:您觉得现在我们中国的科幻创作处于什么样的时代?宋明炜老师把它称为新浪潮时代,但我想可能每个人对这个问题都会有不一样的看法。

吴岩:某种意义上说,他说的是对的,现在又进入一个需要新的符号来思索未来的时候,如果是这样的话,确实就是一个新的时代,而且确实是要做“新科幻”。但今天是不是做到了,我也说不准,也许还没开始做,也许刘慈欣只是个开始。但是我觉得新浪潮的说法也仍然是简单化的,因为韩松和刘慈欣的风格差异就非常大,所以我在那本《20世纪中国科幻史》最后写了一句,我说也许我们写的科幻史都是史前史,就像美国的雨果·根斯巴克(Hugo Gernsback)之前的那个阶段,刘慈欣的《三体》才是像雨果·根斯巴克那样的一个科幻的开端。现在还远远没有到达黄金时代,美国科幻的黄金时代就是名作名人辈出的时代,中国现在除了《三体》是真正产生了社会影响,其他作品你并没有感到有那么大的反响。可能还没到,但是我们的条件到了,机会到了,可以鼓励新作者,只要你保持一种专注、纯粹的创作,对自己有一定的要求,就能写出好的作品。很多人觉得现在科幻火了,就加快创作速度,想趁着这波浪潮多写点出圈的作品,结果那些粗制滥造的作品蜂拥而出,投入这股科幻浪潮中却掀不起任何的浪花。我们对作品的质量一定要有高要求,不是黄金时代催生出好作品,而是好作品才能促成黄金时代的到来。

采访者：在《科幻文学论纲》这本书中您谈到，作为后现代化国家的科幻作品的一个特点是技术上的现实抄录，以及意识形态方面的自身文化优秀论。这可能也是中国科幻作品在发展过程中面临的一个困境，但同时在观察了西方科幻文学发展的路径后的我们，也可以吸取大量的经验教训，比如说可能不用像美国科幻文学那样走过四个分期去进行探索。您觉得中国科幻文学是不是会开辟出一条新的发展路径，或者说，您觉得中国科幻文学会有一条怎样的发展路径呢？

吴岩：我在《科幻文学论纲》中所做的工作主要还是加工现实发生的历史过程。美国的科幻文学怎么发展？英国的科幻文学怎么发展？中国、俄罗斯、日本的怎么发展？我只是在这个发展过程中寻找规律。后来我发现，先发现代化国家的基本路数是这样的，科技水平发生了变化，随之生活也发生了变化，作者把这些感觉写进作品，成为科幻文学，这是我的看法。后发现代化国家是先生活在别人的科技已经领先的状况下，你会发现他有一些作品是想要通过科技帮他们实现发展和赶超。比如日本人曾经想要战胜欧美作家，日本早期大量的科幻小说写的都是关于打仗的故事。俄罗斯在欧洲体系里边被认为是落后的，也想要发展科技和军事力量，所以打仗的科幻小说也特别多。我是在这个意义上觉得后发现代化国家有这些特色，但我并不认为这是一个必然的规律。我也不觉得欧美国家的科幻文学发展遵循的是某种必然规律，**每一个国家科幻文学的发展状况，必然和国家的本身状况有联系，国家状况不同，发展必定不同。**

我最近有一个特别的想法，觉得**科幻作品是人们应付那些无法面对的未来时，预先做的一些符号设计，并用这些符号作外推的作品。**比如晚清的科幻小说为什么发达？就因为当时面对的是"三千年未有之大变局"，国家已经不是过去那种王朝了，就"未来到底会怎样"，人们要写出各种可能。比如梁启超写关于"共和"的文章，还有包括对科技、教育未来会怎样畅想。其实就是在做一些符号，用这些符号去推演看未来怎么样发展。在这个意义上说，我觉得二十一世纪的中国科幻有着类似的情况，我们又遇到"百年未有之大变局"，不知道未来会有怎样的变化和发展。所以科幻作家就会在文学里面设计一些符号，比如透过人工智能我们应该怎么思考未来，我觉得在这个意义上来考虑发展会比较好。像《科幻文学论纲》里是总结一些过去的历史发展过程，如果我还要再写就会写"科幻的符号学"，在今天的角度我们再回过头来看，那个历史就是一个总结。但如果把外部的这些文学的东西抽取掉，核心的东西到底是什么。不仅是科幻在做符号，晚清的时候各行各业都在做符号，都是在设想推演未来，成功了就能往前走。

采访者：我们知道您具有多重身份，您既是科幻作家，又是科幻研究者，同时又是科幻推动者、有经验的领导者。您认为如何做好科幻文学研究以及如何推动中国科幻走向世界？

吴岩：第一个你一定得了解前沿，一定要走在前面，看那些重要人物的文章。**要站在前沿，要多跟前沿的人交往，你就知道科幻文学研究到底是怎么一回事。还有就是我自己更主张做研究要针对一些重要的问题。**人们很容易觉得一个理论很好就把这理论套用过来做篇文章。这不是不可以，但这个和当前紧迫的和现实的情况不一定有密切的关联。我们一定要有问题意识和敏锐的观察能力，抓住问题后要有坚持不懈的挖掘精神，一定要透过现象看到背后，不能只停留在表面去泛泛而谈，这样的研究是没有意义的。我的建议就是，尽量要把今天大家问的最关键的问题拿出来研究，比如刚才聊到国际化，里面可以挖出很多问题。例如，我们为什么要国际化？我们国际化到底想干什么？现在很多研究就是没有问题意识，比如说觉得后人类挺好就写篇后人类文章。但是对中国今天来讲，后人类是不是已经到了他能真正感受到了的程度，好多人觉得没有什么感受体会，但可能你研究了以后你发现你今天确实就生活在后人类的这个状况里。所以就是要把一些特别真的问题拿来研究，这几年我跟我做科幻教育的学生讲，你告诉我你要研究科幻教育，科幻教育最关键的问题现在是什么？做科幻教育时教师感到的最大压力是什么？到底为什么这种教育推广不出去？推广科幻教育对国家有没有好处？在多大范围内有好处？这些你都要了解清楚，不是因为我们推这个就说它无限好。课题要真，但不一定大，也别囊括太多的东西，因为很多问题的讨论并非能扩展到那么大的范围。特别重要、特别关键的问题，能把你推到前沿。然后你越是做得最前沿，解决前沿问题，你的发展就越好。

而推动中国科幻走向世界这是中国几代作家的愿望。咱们原来看国外的作品，就在想我们的作品什么时候也能够流传到国外。七十年代末到八十年代初，叶永烈等那一批作家最早和外国人交流，他们就想组团来看一看咱们中国。叶永烈当时在上海召集了一些作家跟他们见面。那些外国人回去以后，就在他们的杂志上写了介绍中国科幻的文章，引起国际科幻界挺大轰动，国内科幻最早就是在那个时候走了出去。

直到今天，咱们中国科幻作者也在想把自己的科幻作品推到国外去。我也跟国际同行交流过这件事。《三体》的获奖更是促进了中国科幻走向世界。**我认为，中国科幻要走向世界，最关键在于你的文本是独特的，"世界需要你"**。比如《三体》写得很有"世界性"。我记得 2012 年的时候，我在美国的世界科幻大会组织了一个专场，楸帆、夏笳、景芳、糖匦他们都在现场。当时与会者提了一个很重要的问题，问我们作品的独特之处在哪儿？我们科幻作品的"中国性"在哪儿？现在，他们又认为《三体》是一本与众不同的小说，使他们了解到中国人有"虚无"的一面，丰富了他们对中国的认知。**所以，中国科幻走向世界，首先我们得有特色，得有大家想要了解的东西**。比如奥巴马看《三体》，就有政治因素在里面。奥巴马在做对外政策的时候，《三体》一定是他的一个重要参考。我也跟一些外国友人进行了交流，他们认为《三体》虽然写法上挺外国化的，但里面包含了中国独特的思考方式。比如在出现危机的时候，做决策的时候，《三体》给出的思考方式都是中国人的和中国化的，这让他们觉得很新奇。另外，我觉得科幻和别的文学不一样。科幻是科幻迷的文学,科幻能把读者和研究者聚集起来,开展科幻活动,抛开国籍、人种、肤色之分,一起来聊科幻。这其实也是中国科幻走向世界的一种可能。但对我们来说存在语言障碍。西方人看科幻小说是直接看英文的,很多中国读者可能没看过那些书。所以2023年的世界科幻大会开在中国是相当困难的。一方面是对外国参会者来说路途遥远,路费开销大,中国财政支持有限。另一方面就是双方接受科幻文本的内容不对称。所以咱们得多翻译些作品进来,多介绍一些作家。让他们多看我们的书也很重要。如果我们能把科幻教育做起来,把我们的经验向外推广,别人也会愿意听听中国经验。总之,在现在的环境下,中国科幻走向世界不再单纯是一种理想,现在刘慈欣在国外已经拥有一批粉丝。

采访者:您有一篇短篇小说叫《马思协探案》,里面结合了老子的《道德经》《聊斋志异》去创作,把那些鬼怪玄学科学化,我们是不是可以通过这种方式实现科幻本土化,让中国的科幻小说从中国传统文化中汲取营养,您怎样看待这种结合方式?

吴岩:如你所说,我曾经有一段时间想结合中国古代的一些有意思的著作来创作科幻小说,**这些科幻小说和国外那种基于科学的科幻小说不一样,它是基于中国的一些传统哲学的作品**。其中比较重要的几篇,就是你刚才提到的,一个是《老子幽灵汽车》,一个是《马思协探案》,里面有关于《聊斋志异》的内容。还有《发光体》等几篇。这些作品我希望它是有一点哲学思考在里面,而这些哲学思考和西方的哲学思考不一样,我想的是把中国的一些传统的东西编织在科学的这种模式里面。所以它不是科学,但它是在更大的哲学范畴覆盖下的一种产物。我不知道这么说对不对,因为不能说科学精神,它是这种哲学精神的产物。但非常可惜的是当时没有继续写下去。其实这种小作品,我还可以写一些,这个角度也是我自己考虑的一种中西方在科幻文化上的结合。时间已经过去很久,有些东西已经模糊,但是创作这作品当时的过程还是历历在目的。你看我的那个科幻未来主义宣言就可以知道，我特别强调感性。我不太喜欢今天的作者包括一些青年学生，他们写作一开始就要做科学的设定，在设定基础上再进行别的探讨。我不是，我是强调一种感性的，就是科学是怎么以一种感性的方式刺激了我，在这个基础上我才写作。我在文章《〈中国轨道号〉创作始末》中有谈到这本书的创作历程，大家感兴趣的话可以去看看。对于作品的内容我没有过多的阐释，毕竟对作品内容的理解大家见仁见智。我在这方面已经谈得太多了。

科幻两歧与异想世界

——韩松访谈

访问：李艺敏　张　媛

"与恶龙缠斗过久，自身亦成为恶龙；凝视深渊过久，深渊将回以凝视。"

———尼采《善恶的彼岸》

　　在中国的科幻作家中，韩松无疑是独特且锐利的。生于1965年的韩松，跟随新中国工业发展的脚步成长起来，毕业后以优异的成绩考入新华社，历任对外部记者、主任。二十世纪九十年代的中国日新月异，科技浪潮培育了作家的时代想象。韩松的作品独树一帜，以幽暗的语言、精巧的结构和诡谲的想象，建构起他独特而冷峻的科幻异托邦，成为中国科幻唯一的"另一个维度"。哲学家弗洛姆在《自我的追寻》中提出"生存两歧"，指涉人存在自身分裂所产生的矛盾：生与死、有限生命与无限潜能、孤独性与群体性等。科幻是韩松观察世界与人的窗口，他用幽深的笔触于字词之间留下深不见底的迷思，在日常的生活中挖掘出变异的深渊，将科技、社会、人性存在本身的矛盾与分裂诉诸笔端。游刃于科幻两歧的韩松，凝视深渊已久，而他的异想世界正在回以现实更多的注视。

警世：于深渊中回望幽暗之眼

采访者：您大学就读的是英文系和新闻系,您可以谈谈自己当初为什么会开始写作,并且选择了"科幻"这个题材吗? 您认为自己的写作是属于主流定义中的科幻吗?

韩松：当时初中有科幻征文比赛,我开始写这个题材,一直写到了现在。所有的人都认为我写的是科幻,那么这就是大众读者眼中的科幻了。我们对科幻的定义很多,目前还无法完全确切地把握,但我认为科幻一定是基于科技的,是与现代有关的。

采访者：您毕业后选择了记者这一职业,记者常常能够亲临事件发生的现场,接触当事人,把事件的细节、真相、影响通过报道传达给媒体和大众。我们发现,在您的作品中存在一种采访视角,比如作品《再生砖》和"地震"相关,并在其中探讨"再生砖"承载的多重生命意义,您也说过"生存的现实比科幻更科幻"。想请问您在创作中,是否将一些现实事件或新闻融入科幻创作的框架中? 它们具有相通点吗?

韩松：我认为我的本职工作和所了解的新闻事件没有对我的创作造成直接影响,我的创作更多依托于想象力。《再生砖》虽然写的是地震,原型来自建筑师刘家琨的设计,但是在写这部书时,我没有去过地震灾区现场。我的其他作品中的现实场所和空间,如地铁、医院,它们也不是由具体的新闻事件作为素材的,但这不代表我的科幻创作就不追求真实性,不可否认"真实"是科幻的重要特征之一,优秀的科幻作品应该像新闻报道,它要求一定的质感。

科幻作品常以真实的危机为题材,面对能源危机、气候变化等现实问题,人类掌握先进科技,也意味着掌握毁灭自身的手段,描绘"危机"呈现的是最深的恐惧。我们说,科幻是现实主义文学,它的"现实性"和

"求真"是互为观照的。"现实性"是指科幻作家在创作中考虑科技对人类社会带来的影响,在道德、法律方面,科技是否能够解决一切问题?答案是否定的。而现实与深入一个问题的本质相关,进而延伸到对科学的本质的探讨,它反映着权力、情感、伦理等许多现实层面。科幻创作是一个复杂的大综合,记者的职业虽然没有给我的创作带来实际影响,但这种经验的累积和复杂信息的堆栈给我带来了创造和想象的驱动。

采访者:您说得非常好,科幻扎根于对现实的深刻体察、批判,以及对逻辑推演、科学原理的高度认知之中,同时也依托于想象的绚丽壮美,现实与想象从来不是对立的两面。您可以谈谈自己对科幻创作的理解吗?

韩松:二十一世纪的新科技对科幻文艺创作有着关键影响,作家需要对量子理论、相对论、基因技术有一定的认识,科幻作品在于描述科技,而非科普。科幻创作一直在努力跳脱出科普作品的局限,科幻需要将科技转化、创造为一个个意象与奇观,科幻作家要塑造人物、讲好故事,进行科学规律的再想象。

同时,科幻作为文学,有它独特的审美性。在我自己的创作中,我也非常重视科学与审美性的融合。艺术应具有无与伦比的高级感,科幻可以描绘浩瀚辉煌的宇宙,像克拉克笔下的星光墓碑,体现的是神秘力之美。对于改变和拓展人类审美范式,具有巨大潜力。

科幻创作还可以预言未来与人类的存在,它不是为了外在的功利目的创作的,而是作家对未来的热切注视,是用科技、美学的视角切入对现实的观照,同时又反映了超越现实的一面。

采访者:是的,科幻创作代表着一代人对未来的深切关注,也反映了一代人的精神气质。如今,新生代科幻作家有着更为扎实的文学阅读和写作训练基础,比如双翅目、慕明等,她们也会有意识地在作品中加入民族文化元素。在您看来，什么才是"中国本土科幻"呢？

韩松：中国科幻的本土路径早已有之，在上世纪八九十年代，外国对中国科幻的关注就是因为中国的本土路径。虽然"科幻"的概念是舶来品，但中国科幻的本土路径并非指作品中引入了多少中国传统文化的元素，有些人写女娲、黄帝是外星人，也有人写中华悠久古老的文明，这些都不是本土路径。

在作品里，作家没有写中国人，甚至中国人在宇宙间都消失了，但这样的故事仍旧会让我们感到有着鲜明的中国特色，我们会说它是一部中国本土的科幻，尽管其中所有人物都用外国人的名字，故事发生场景也在外国，双翅目、陈楸帆的一些作品就是这样的。我认为真正中国化的作品表达的是，中国人有独特的成长背景、成长方式，我们对人类目前所面临问题的理解、感受、看法和体验，我们的痛苦、喜悦，作家用科幻文学的方式将它们表达出来，那么，这一定是与美国环境下写出来的科幻不一样的，这才是中国科幻引起世界关注的真正原因。就像刘慈欣的《三体》，不是说最后因为一个中国人拯救宇宙才是中国科幻，作品指向的其实是中国人对宇宙的特殊看法，是一种中国人的宇宙观。

采访者：完全赞同，中国科幻呈现的是中国人认识世界、宇宙的独特方式。其实在阅读宝树的《时间之墟》时也会有这种体会，在故事结尾确实可以感受到以"道"的思想看宇宙、世界的意识，这是西方科幻"时间循环"模式中不常有的，这就是您所说的中国科幻的本土意识，非常感谢韩老师的分享。假如以后随着科技的发展，我们只能留下意识，而没有肉体，您能接受这种情况吗？

韩松：我可以接受，肉身本来就是从非物质形式的生命进化而来的，生命最初是恒物质化的，是无机物质，后来才有蛋白质、氨基酸，人只是基因暂住的躯壳而已，经过螺旋上升，人最后又回归到生命产生的基底物质上，那也是一种可能性。

我们的肉身太容易腐朽了、很不方便，如果能够有一个保存思想的更好方式，何乐而不为呢？肉身也只是用来保存思想的，未来也许会出现一种科技，它可以模仿人肉身的一切功能、体验，那就更好了，哪怕肉身消失，你甚至会觉得一个虚拟存在还更安全。这也是在科幻小说中被想象过无数遍的，克拉克之前就如此想象过，这一想象也启发很多读者来思考这一命题，这确实是很有趣的一个思考和探讨。

采访者：是的，科幻之中有许多瑰丽的想象，也有着超越现实的批评特质。许多文学批评家认为您的小说体现了中国科幻的"幽暗意识"，根据相关资料显示，这里的"幽暗意识"主要强调结合自己本身的因素来看待问题及危机，认为出自内部的问题更加严重。人性中的堕落、陷溺、懈怠这些因素是无法避免的，我们应该认识并承认它们的存在，对它们采取一种警惕态度，因而会流露出相应的"忧患"思考。您如何评价这种说法呢？

韩松：我觉得每个科幻作家应该都有这样的意识，如果按照刚刚对"幽暗意识"的解释，我认为刘慈欣的"幽暗意识"也很浓厚，王晋康、何夕、陈楸帆等作家的作品中也有不少的"幽暗意识"。这个"幽暗意识"的体现不是与科幻直接关联的，应该是文学作品本身需要担负的社会责任，甚至主流文学中的"幽暗意识"还更加强烈。

科幻文学自有它的文学警世作用，我之前也谈论过相应的问题。以我的小说《地铁》为例，一个现代化的地铁里其实潜伏着危机，可能会发生一场灾难，"灾难"也可能指向思想和精神的变异，这正是地铁或类似现代化象征物所带来的影响。多数人对科幻小说持有某种偏见，科幻小说被长期视作儿童文学，被认为荒诞不经；有时预言多了，还被认为是散播负能量。只能说科幻小说毕竟是文艺作品，不能与现实一一对应，但它们表达了一些共同的理念，文学作品应该拥有这种警世作用的。

采访者：没错，科幻作品拥有特别的警世作用，科技也随着时代进步不断发展，我们发现您关注的不只是现代化产物，在《医院》三部曲中您对生物科技、人工智能等未来科技也非常关注，您认为这些科技未来会怎样，我们应该注意哪方面的问题呢？

韩松：科技造福人类，为我们的生活提供了极大的便利。在改革开放以后，科技带来的好处非常大，从生命科学到计算机、大数据、能源和交通工具的改变，人的寿命也得以延长。提到科技的进步，我们必然会聚焦"科技是谁在用"的问题，这也导向"为什么写科幻"的动机。但科幻作家不仅书写未来的科技创造，同时要重点关注伦理的问题，即"谁在使用科技"。

技术若被使用不当，人类作为一个可见的物种在未来会消失。在过去不到一百年的时间，人可以用科技发明把自身连同其他物种消灭掉，诸如核武器、基因工程、计算机、人工智能、纳米技术，不再是大自然的力量如陨石撞击、地震、火山喷发，而是人毁灭自己，这就是我们说的"人类世"。科幻应该思考人类的现实问题和终极问题，起到警世的作用。

采访者：疫情让我们今天的世界稍显魔幻，人在大环境中变得脆弱和能力有限。作为作家，您对世界和人性的洞悉能力无疑是很强的，在如今的时代中，您认为科幻作家肩负着哪方面的使命呢？

韩松：如果科幻作家能把想写的写出来，社会能予以出版并且对读者有相应的影响，这就是对作家最大的支持。正如我谈到的，科幻文学有警世作用，我想如果科幻作家真的有使命，那么应该是要去思考科技的发展使人类作为一个物种会不会消失，会走向何方？科幻作品就是要不断提醒、警世后人，科幻作家肩负着这样的使命。

惊变：异时空回响着"残忍"与"真实"

采访者：您的小说脑洞真的很大，《地铁》将日常生活中的交通工具加入许多令人惊惧的想象。用梦魇般的氛围、残忍的语言创造了许多扭曲和惊悚的"异时空"，并运用多视角的转换体现了这种扭曲时空体的恐怖。您为何进行这种"恐惧书写"？这是一种寓言式反观吗？

韩松：《地铁》这部作品，最初灵感就是源于我自己的生活日常。地铁是一个现代化的东西，中国人最早熟悉的公共交通工具应该是公交巴士和船，地铁属于"舶来品"，地铁出现后，逐渐占据了各大城市的公共交通系统。我平时上下班或者外出坐的最多的也是地铁，地铁中似乎聚集了人的万象，在坐地铁时我常常会有很多天马行空的想法，这也成为我小说的素材来源。于是在回家后就把零散碎片的灵感和想法都写下，后来写的故事多了就聚成了这一本书。在科幻写作中，作家灵感的来源几乎都是自己的生活，写一个自己熟悉的东西是很普遍的，比如有的作家喜欢描写家庭中发生的奇事，还有人围绕着火车写一些想象文章，甚至有人写玩具，灵感的产生都首先源于自己的生活，这是很正常的。

这部小说的"恐惧书写"，实际上是后来的研究者和评论家总结出来的，应该是属于一种创作风格吧，但我在创作时并没有明确的指向。包括这部作品中出现的"异时空"书写，也就是科幻写作常用的方法。在西方科幻文学的创作体系中，创建一个另外的时空去承载变异和更多的可能性，是很普遍的创作方式。科幻所描写的是一个可能世界，创建异时空可以承载更多的可能性。构建一个虚拟时空，触及我们所看不见的黑暗面向，它真实存在，但是从未被赤裸裸地揭示。也许正是这种可能性和不确定性才造就了未知的恐惧吧，特别是当它与我们的日常生活高度联系的时候，会让人感到更加真实和害怕。

采访者：在您的作品中，描绘的似乎并不是一种科学的世界，更像是一种变异的世界，这是否偏向于玄幻呢？您认为科幻和玄幻、奇幻小说有什么区别呢？

韩松：科幻和玄幻，还有奇幻小说是有很大不同的。奇幻小说使用的道具，例如巫术、魔毯，描写对象如巫师、魔法等中世纪的种种充满神秘力量的东西，是不可能实现的。但是科幻不管以什么方式写出来，它都一定是跟现代有关的东西，描写的是未来的世界，是一个可能的世界，这是现实主义。

我在作品中所运用的变异，实际上也是科幻创作的一种主流写法，就是创造一个意识之外的世界，去实现现在不可能但未来也许可能的东西。并不是说科学家发明一个什么东西，一个科技产品，就要围绕着这个来写，它才属于科幻小说，科幻小说描写的范围和对象也很广泛。

采访者：您的小说的确充满了现代感，而小说的语言鬼魅奇谲，又充满了神秘感，呈现出一种撕裂和异变的后现代真实。尤其是一些关于人体外貌、身体器官的细致扭曲的描绘，带给读者强烈的感官冲击力，为什么会选取这种刺激神经的修辞和描写？这是一种"语言陌生化"吗？

韩松：正如我刚才说到，我认为科幻小说是现实主义文学，在我彼时的灵感与想象中，那些读者认为夸张和诡异的修辞描写，就是我当下的感受和看到的现实。我只是将它书面化了，但这不代表它就是假的，它仍是一种现实主义文学，是一种更为残忍的真实。当然，这种描写和语言属于是一种风格吧，也留给读者创想的空间。

采访者：未知造就了恐惧，对现实语境的改造同样可以造成人们的恐慌。您的短篇小说《看的恐惧》中描绘了一个长满一排眼睛的婴孩，这是一个可怖的客体。选择这样的意象有什么思考吗？小说中"看的恐惧"具体指的是什么？

韩松：这个意象没有什么文学渊源，在我创作这篇短篇小说之前，还没有看过有人这么写作，当时我的灵感就是希望写一个长满了一排眼睛的婴孩。

至于"看的恐惧"到底是在恐惧什么，这个其实并不明确。"恐惧"的内涵依据读者的阅读体验而变化，每个人的理解也会有所不同。取名为"看的恐惧"，你可以理解成恐惧看到的世界，或是恐惧用一排眼睛看世界，也可能是这个婴孩就是恐惧本身，这些理解都兼而有之，主要看读者的理解。在创作的时候，这个形象是在我的脑海中自然而然形成的，后来诉诸笔端，出版以后评论家对它的解读也有诸多不同，这正是文学的魅力所在。

采访者：非常赞同，"恐惧"来源于作者的创造和读者的想象，但也生成了文学中的无限魅力。我们也发现，在您的小说中，还有很多中国古代文学的志怪传统，想请问一下您的创作是否对这方面有所继承呢？中国的古代技术可以进入现代科幻吗？在您看来，科幻题材和其他题材最大的不同点应该是什么？

韩松：我比较喜欢《聊斋志异》，但在我的作品中并没有有意识地去呈现，我们这一代作家接受的影响主要来自西方科幻。科幻首先是建立在科技上的想象，作家用科技的想象去创造不同的世界。

其实古代技术进入现代科幻的作品也有好些了，很多作家都书写过古代的技术发明，比如修仙和现代物理的结合，《偃师造人》很经典，现在还有很多人在将陶瓷、丝绸科幻化，像现在很流行的"丝绸朋克"，这些都很考验创作者的思维和写作能力，我听说过这类小说，但我自己没写过。

科幻题材本质上和其他的题材差不多，它是一种现实主义文学。虽然科幻书写的是未来世界，但是科幻指向的还是现在，是描写现实的文学。科幻文学和其他文学最大的不同点应该是它是现代性的，无论是书写还是内核,科幻必须有现代的基础,基于科学技术或者其他的什么,科幻是现代的文学。

采访者:科幻是现代的文学,那么现代医学也能作为科幻创作的主题。您在长篇小说《医院》中,将去医院看病列为信仰问题,"人生来有病"与基督教中的原罪说有异曲同工之处,在作品中又隐匿着佛教思想,能否谈谈宗教对您的创作影响?

韩松:宗教是几乎所有的科幻作品中都会出现的,科幻小说到最后几乎都会回归于宗教,这种现象在世界范围内也十分普遍,几乎是科幻小说的一种定调。

《医院》这部作品涉及很多方面的宗教思想的影响,这个题材的选择就体现出了关于人的生死终极关怀的问题。"医院"是现代医学的承载物,现代医学的起源又与基督教密不可分。人肉体上的病痛在基督教的思想中是承担"罪恶"的一种表现,那么"看病"自然成为一种信仰问题。而当涉及人的生死问题时,佛教的思想又掺杂其中了,所以在《医院》这本书中,可能读者会窥见不同的宗教思想脉络,文学和哲学的着眼点在于"人",神学则回归于"神",探讨神与人之间的关系,更像是灵魂与肉体的二元关系,最终指向的还是终极关怀问题。

采访者:您的作品于冷峻中透露着强烈的现实关怀,常常对人性之中更复杂的问题进行拷问和探究。有文学评论家认为,您的作品处在从鲁迅延伸至八十年代先锋文学的延长线上,保持着对人性的观察和批判。鲁迅作品始终关注"病态社会"里人们的精神"病苦",体现出一种文学家的观照,在您的"医院三部曲"中也有这种疾病意识。请问您的创作是否有受到鲁迅的影响?

韩松:许多评论家在读完我的文章后,确实将我创作中的"疾病"和鲁迅笔下的"病态社会"进行了某种关联,然而在我创作的当下,我本人并没有下意识地联想到鲁迅先生。我认为鲁迅先生绝对是一个大家,他的小说《狂人日记》非常经典,当时在我写作时没有去发生一种联系,但我觉得这是可以去联系的。假如当时我有这个想法的话,会更加有意识地和鲁迅先生的文章相联结。

从更大的层面上来说,我认为自己也是有受到鲁迅先生的影响的,甚至可以说,现在这个时代的每一个中国人都能感受到鲁迅先生,感受到他笔下的社会和他精神中的锋芒。甚至没有读过鲁迅先生的书,你仍然可以在这个时代和社会中感受到他所描绘的那种气氛和情绪,只因他的文笔太犀利,揭示得太真实,鲁迅的经典是永不过时的。

采访者:鲁迅先生的笔像投枪,像匕首,直刺社会的阴暗与丑恶。科幻自进入中国,鲁迅先生也赋予其很强的社会责任感、时代感,希冀改造中国人的心灵。科幻正是对真实生活的写意化和陌生化,尖锐而深入地刻画了现实和未来的世界。对于科幻书写的是现实,作家陈楸帆也提出了"科幻现实主义"这个说法,您如何看待这个说法?

韩松:实际上与这个概念相对的,还有一个"科幻未来主义",是吴岩老师提出的,这两个概念提得都很好。我认为这两个概念有三个层面的意义:

第一,在内容和题材上,科幻是指向未来的,但同时也是关注现实的。科幻所关注的现实更加广泛,甚至有些是在当今的主流文学中回避的,但科幻文学仍然尖锐地写出来了,这是科幻这类题材的特殊性和前瞻性。

第二,在创作方法上,科幻是非常现实主义的。真正好的科幻文学不是纯粹的想象,而是需要非常多的采风、调研、访谈等,需要作家把不存在的"异世界"构建出来,写得像新闻报道一样,让读者相信这就是一个非常真实的世界,这样才是非常好的科幻作品。

第三,科幻作品对于当今的现实世界也起到了真实的影响作用,特别是对于人的触动;对于人的思想,对于人在现实世界中的关怀是真实的,有血有肉的。并不是说完全接地气的现实主义作品才能有对人的关怀,有些文学作品写得非常真实,描写乡村历史,甚至用方言写作,但是读完后读者感觉不到其中对人的关切,思想内核是空虚的。但科幻作品,它的内容好像没那么真实,它写的是未来,我们的感知并不明晰,然而你读完之后会发觉,它构建的世界比真实还要真实。科幻所写的都是建立在现实的科学技术之上的,描绘了科学发展和进步给人性带来的考验和改变,内核是真实的,科幻描绘的是世界的"第一现实"。

建构:行走于"科幻创作的时代"

采访者:在中国科幻作家中,您对中国社会的洞察和黑暗层面的揭示达到了一种前所未有的深度和高度,刘慈欣评价您比其他科幻作家多一重维度。基于这一写作特点,有人将您称为"中国的菲利普·迪克"。从您的观点中,我们也认识到,您认为科幻与主流现实主义文学并没有泾渭分明的区别,这一点和菲利普的创作实践具有一致性,因为他力图以自己的创作实现科幻与主流文学的融合,如此观之,读者对您的这一称誉很贴切了。我们想了解您在创作中是否受到菲利普·迪克或"新浪潮"科幻作家的影响,您可以谈谈自己最欣赏的科幻作家吗?

韩松:"科幻新浪潮运动"兴起于二十世纪六十年代末,菲利普是这一运动的代表作家之一,这个时期的科幻作家向严肃文学靠拢,从技术本位过渡到关注宗教、心理、政治、社会,注重文学的意象和隐喻。和刘慈欣等作家一样,我也主要受到亚瑟·克拉克、阿西莫夫这些"黄金时代"科幻作家的影响。菲利普·迪克的作品,我是后来才读到的,当时我自己的创作已经定型了,加之菲利普的作品译本出现较晚,而且其翻译的质量不高,对我影响是比较少的。

我很喜欢菲利普·迪克、布莱恩·奥尔迪斯、巴拉德等"新浪潮"科幻作家的作品,但是很难说具体哪一个人对我产生了很大的影响。影响是综合性的,除了国外多位科幻作家,也包括国内的作家像郑文光、童恩正、叶永烈等，他们对我的影响也很大。此外，根据当时所涉猎的阅读情况，我也在读非虚构、非科幻类的作品。可以说，科幻小说和科幻电影的阅读和浏览只是我生活、创作中很小的一部分，就写作的过程来讲，我认为它是来自作家对生活方方面面的观察和体认。

采访者：在您创作伊始，就打破了科幻文学的"科普性"预期，进入严肃文学的创作自觉之中，对"人性"和"文学性"不断探索，这一点令我们十分敬佩。您既是科幻作家，也是严肃作家、主流作家。您也帮助与扶持青年科幻创作者，比如您对双翅目等作家的赞赏。中国科幻经过了一个新的纵深发展阶段，您现在是中国的著名作家，对于我们当下的青年科幻作家创作境况，有什么评价或期待？

韩松：刚刚我们也说到，科幻在努力跳脱出科普。在上世纪八九十年代，确实大部分中国科幻作品明显有这样的科普性质，作品呈现出"科教兴国"的表层功能。但现在科幻能讨论的东西越来越多了，每年我都能从科幻征文比赛中读到一些很惊艳的作品，这些作品的想象真的超出我们的意料，而且立意、思想也较为深刻，文学表达也很出色，但仍属少数。

总体上，作品的情况是喜忧参半的。喜的是，我认为年轻作家的创作未来可期，在科技时代，很多事物也许只能用科幻的手法表达。我们要更加关注这些科幻写作，尤其是年轻的科幻写作者，不要等到他们获奖后才来关注。忧的是，科幻与主流文学差距还是较大，科幻既然是文学，就要求作家对人物塑造、小说结构、故事编排、语言运用等"文学性"的成熟把握，因此，我们也说，科幻要向主流文学认真学习。这几年，我认为科幻文学自身的特质也在丧失，现在有大量的平庸之作。现在中国的科幻概念比较广泛，各种试验性的东西都有：有专门写历史的；有的是从青少年角度写的；有的科幻概念不是很强，但是非常具有未来色彩；也有的哲学意味更浓，标签化也很严重。这也是一个问题。

我大概从两个方面来建议：其一，科幻需要建构在对未来或其他世界的灿烂、奇特、独一无二的想象之上，而这样创造世界的能力在减弱。像现在写"元宇宙"的人，他们就无法超越欧美人之前写过的东西。其二，科幻归根结底不是主流文学，它是通俗文学，其魅力之处正在于它的可读性、"好看"，它有自己独特的审美向度，但是，现在这一点也没有进步。以上是较为普遍的两方面"忧"，还包括其他方面，像整个大环境，但这不是科幻本身的问题，在此比较难以讨论。

采访者：谈到"元宇宙"，这两年来元宇宙实在是火爆，我们也知道您近期参与不少关于"元宇宙"的会议，能简单谈谈您认为元宇宙最终会发展成什么样吗？或者您期待它发展成什么样？

韩松：现在我们所提出的元宇宙与原作者在科幻小说中提出的元宇宙相差甚远，目前的元宇宙要达到小说中所描绘的元宇宙很有难度。元宇宙最初表述的相关书籍如《神经漫游者》和《雪崩》，还有相关的电影有《头号玩家》和《黑客帝国》，这些文学与影视作品中对元宇宙的想象境界，在现实中短期内是达不到的。

概念能挣钱，因此大家疯狂地进入概念之中。就像比特币最初是一个概念，但很多人在其中看见了经济的缺口。这种虚拟货币就像我们现在所提倡的元宇宙，要达到真正的沉浸状态，分不出真假是很难的，已经有人提出了元宇宙的十大挑战，从硬件到软件，从思想到文化，从国内到国际，都是非常复杂且多维的。元宇宙是目前挑战性很大的一个课题，还需要更加深入的研究。

采访者：好的，如此看来，不论是文学还是科技，国内的科幻创作都还有很大的空间。想请问韩松老师，现在科幻创作者遇到瓶颈期，或是写出平庸的作品，这是否与生活经验的匮乏相关呢？比如《雪崩》这部作品的作者尼尔·史蒂芬森，我们了解到他既是一位作家，也是一位科技工作者，他创作的是近未来想象，在这个过程中他会进行科技实践，产生很多新奇的点子，他有条件与硅谷的一些杰出企业家交流、合作，这就使他的创作经验非常丰富，也提供给他颇多可能性去想象、展望。但对于国内作家来说，也许没有如此丰富的创作空间，您怎么看待这个问题呢？

韩松：这是一个更深的话题。科幻小说是工业革命、科技革命的产物，它出现在英国、法国，接着到美国、日本，最早可以追溯到意大利哲学家提出的"乌托邦"，尤其在文艺复兴之后，科技进步、人文主义、个人解放、自由资本主义的发展为科幻提供了生长土壤。科幻的另一种称谓是"思想实验"，因此，科幻肯定是在一个可以打破思想禁区的、支持创新的环境下萌发创作的，并掀起创作热潮，我认为这是核心的经验和环境。

我们回溯中国科幻的"第一波浪潮"，清末民初时期，各种思想争鸣，也随之就有鲁迅、梁启超他们发起的社会、文学运动；新中国成立初期的环境也是开放的，反右之后到"文革"时期，创作整体上就不行了；再到八十年代初期，你可以看到像刘慈欣、王晋康、何夕包括我自己就是在那时成长起来的，当时我国的经济和各种技术产业发展也很迅速，我们可以无拘无束地想象。如刚提到的双翅目等作家，又赶上了一个科技发展的新时代，九十年代初邓小平南方谈话以后，到中国加入世界贸易组织，社会整体环境是比较宽松的，互联网刚刚进入中国，这对作家们的思想冲击非常大。

对于未来中国的经济、科技创新、科幻创作，"社会环境开放与否"可能是它们在发展过程中面对的重大挑战之一。如今，我们就想着社会能否提供一个创造性环境，每个人可以在其中尽情发挥创造力，我认为如果人人都去考公务员，那么这个未来一定不是一个适合科幻创作的时代。

采访者：您说得很好，科幻书写未来，关怀现实，正以其独特的魅力实现越来越多的破圈。我们知道，2023年的世界科幻大会成功落地成都，这离不开中国目前所有科幻产业、科幻作家、科幻读者的帮助和支持，更离不开成都这座城市对科幻的重视和宣传，代表着中国科幻迈向世界舞台的又一步。您认为中国科幻接下来如何能更好地走向世界？我们能做些什么？

韩松：对于这个好结果，我认为这是中国科幻发展这么多年的一个重要时刻。成都能申办成功，表明国际科幻界对中国科幻的认可，我们期待世界科幻大会在中国迸发出新的火花。近两三年，疫情导致世界有一定的割裂感，科幻是很好的国际语言，它能超越很多东西，让东方人和西方人聚集在一起。其实中国的科幻没有宣传过自己，也无须别人去推动科幻走向世界，基本上都是外国人找过来翻译了向外输出的。现在每年都有几百篇科幻小说被翻译到国外，基本上都是外国人主动找过来的，我们的任务就是把自己的科幻写好。

上世纪八十年代以来，西方对中国科幻的关注与日俱增。最早是日本学界开始关注中国科幻自有的路径和变化，并且成立了一个"中国科幻研究会"。中国科幻在经历了八十年代初的寒冬之后慢慢复苏。1986年，中国第一个科幻奖项"银河奖"举办首届颁奖活动，日本中国科幻小说研究会会长岩上治专程从北京赶到了成都会场。他介绍，日本当代科幻先驱柴野拓美先生五十年代初创办科幻杂志《宇宙尘》时，条件也异常艰苦，但他坚持了下来，几乎为之付出了毕生精力，三四十年后，日本科幻终于迎来了大繁荣，他坚信《科学文艺》前景光明。岩上治的话鼓舞了在场的中国科幻人，1991年《科学文艺》经过两次改名，变成了现在大众熟知的《科幻世界》。1991年世界科幻协会年会在成都的举办、1997年北京国际科幻大会的召开，都标志着中国科幻开始融入世界科幻的大家庭。

进入新世纪以后中国科幻形成了自己的演变路径，2007年，美国《新闻周刊》杂志发布长文，记录了中国科幻的变化，研究了中国科幻与中国社会的相互影响与相互结合。2010年，我们当时还接待过一个澳大利亚的学者，他的研究项目就叫"中国的未来"，他认为研究中国的未来就要研究中国的科幻，所以才来到中国，一个个采访当时的科幻作家。那个时候我就有印象,国外已经有很多专门研究中国科幻的项目了。

外国学者普遍认为,中国科幻的变化反映了中国社会的变化。上世纪九十年代到二十一世纪初,从邓小平南方谈话到中国加入世贸组织,再到2010年中国成为世界第二大经济体。中国社会发生了很大的变化,而中国科幻文学正是反映了中国社会变化的一面镜子,因此引起了西方文学界的关注。我们应该更努力去呈现自己的特色,沉淀更多的精品。

采访者: 我们感到科幻文学创作任重而道远。现如今,科幻文学在中小学课外作品的阅读中的比重不断增加,包括许多青年学生也都在尝试创作科幻作品,科幻要有扎实的理论基础和天马行空的想象力,您能否以一个成熟作家的身份分享一下您的创作经验或建议?您是否也有写作瓶颈期,是如何克服的?

韩松: 现在在我们国家一年有许多科幻征文比赛,如果有感兴趣的,大家都可以参加。这些征文也会把要求列得很详细,对文章的想象力、科学性和文学性都做出了详细的要求,可以多参加科幻征文比赛,多写作。现在有些天赋很高的青年作家的文章已经很出彩了,看一篇科幻小说就可以创作出很优秀的科幻作品,兼具了科学性和极强的想象性,我期待未来更多新生代作家的出现。

我也有写作的瓶颈期,但是一般写不出来的时候我就不写了,如果是没有期限要求的文章,我会等到灵感来了再创作。如果真的没有灵感了,就坐下来,多多少少写几个字,总能写出来的。

采访者: 疫情让我们居家办公的时间多了,也是文学创作的好时期,近期有没有什么新的写作计划呢?是关于哪方面的?

韩松: 我计划再写一个长篇就不写了,现在已经在写作中了。

世界永远都是由悖论组成的
——王晋康访谈

访问：任 然

康德说:"有两种东西,我对它们的思考越是深沉和持久,它们在我心灵中唤起的惊奇和敬畏就会越来越历久弥新,一个是我们头顶浩瀚灿烂的星空,另一个就是我们心中崇高的道德法则。"

——题记

　　自 1993 年发表第一篇科幻作品《亚当回归》以来,王晋康从事科幻创作已将近三十年,出版或发表了众多有影响力的科幻作品,如《生死平衡》、《十字》、《蚁生》、《与吾同在》、《逃出母宇宙》、《天父地母》、《宇宙晶卵》等长篇小说和《生命之歌》、《七重外壳》、《替天行道》等短篇小说,作品《养蜂人》、《转生的巨人》、《生命之歌》等被翻译成英语、日语、意大利语发表。2023 年 4 月,王晋康从事科幻文学创作 30 周年,《王晋康文集》(21 卷)首发暨王晋康创作 30 周年纪念研讨会在北京隆重举行,主题即为"王晋康——中国科幻的思想者"。王晋康苍凉冷峻、富有哲理的作品风格影响了一代又一代的科幻爱好者,这样有价值的作品也令他先后十数次获得中国科幻大奖银河奖。2019 年 11 月 22 日,第 30 届中国科幻"银河奖"颁奖典礼在成都举行,王晋康荣获终身成就奖。颁奖词完美地总结出他的成就:"他是中国科幻的擎天巨擘,标志了一个科幻巨变的时代的到来。他用如椽巨笔构建中国科幻的雄浑大地,谱写关于人类、自然与宇宙的生命之歌,并在奇绝的想象之上,赋予其深刻的人文内涵。他是中国科幻的思想者,也是所有科幻作家的榜样。"

科幻文学：浸泡在科学理性之中的文学

采访者：请问您觉得科幻是什么？好的科幻作品又有哪些非常重要或者必不可少的因素呢？

王晋康：我是属于非学院派的作家，凭直觉写作，所以有时候对这类概念性的问题没有太深的思考，只能说一些直观印象。科幻是什么？科幻首先是文学，这是毫无疑问的。有时候我会用一个粗浅的描述，即使对于最核心的最硬的科幻，其中文学要占 65%，科幻、科学只占 35%。大致就是这种比例。虽然它首先是文学，但和别的文学作品不太一样，它是浸泡在科学理性之中的，是存活于博大精深的科学体系中间的，科幻作家常常以上帝的眼光来看世界。这样说可能有点太狂妄，那么换个说法，科幻作品是浸泡在博大精深的科学体系中，所以在看世界时就能透过表象看内部，超越时空看整个的人类史、整个的宇宙。

科幻要求眼光放得更远一点。但首先它必须是文学，不能缺少文学所要求的种种因素。如果问，好的科幻作品有哪些必不可少的因素，这个并不能一概而论，因为我们现在都推崇"大科幻"的概念。科幻是一个很宽泛的概念，其核心部分，就是我们用大白话说最像科幻的那种科幻，还是有一些独有的特点的，但是比较边缘的科幻可能跟主流文学没有太多差别。所以要回答"必不可少的因素"这个问题，我们就只针对核心科幻来谈。

核心科幻有哪些必不可少的因素呢？实际上刚才也说过，它要浸泡在科学理性中，要存活于现存的科学体系里，要表达科学的震撼力，表达我们对宇宙深层运行机理的敬畏，因为这些机理是非常简洁优美的。从文学手法上说，科幻有个比较特殊的文学技巧就是科幻构思。所谓科幻构思就是依据科学技术本身而提出的一种设想，把这种设想和小说情节有机地结合起来，并成为情节发展的内在动力。举个例子，我的小说《豹人》假设把豹的基因嵌入人类基因,培养出超级百米飞人。但是,这个基因也不可避免地把一些兽性嵌入人体内,后来就出现了悲剧。这就叫科幻构思,它是科幻作品特别是核心科幻中,必不可少的一种文学技巧。长篇小说甚至可能不止一个科幻构思,比如说刘慈欣的《三体》里边的科幻构思就相当密集。一般来说,对短篇而言,如果有一个好的科幻构思,那这个小说就成功了三分之一。

采访者:在您看来,科幻小说和其他类型的小说有什么区别?中国的科幻作品又有哪些不同于其他国度科幻作品的特点呢?

王晋康:中国科幻现在确实已经发展到相当程度了。相对来说,中国科幻长篇还是比较弱一点。因为长篇需要有比较深的生活积淀,包括知识的积累,包括看世界的眼光,甚至作者心态。当然国内有很好的长篇作品,比如《三体》。不过总的来说短篇小说更接近于世界水平。

至于说中国科幻跟其他国度的科幻作品的不同点,我英语不好,所以看的外国作品都是译文,这实际上相当于经过了一次过滤,没有尝到原汁原味,所以对这个问题真的说不出太多的东西。大致说一些粗浅的、直觉的印象吧。好像其他国度的科幻,特别是英美科幻,因为是处于宗教社会,所以宗教情结比较重,比如说创世、救世、原罪、赎罪,这些在中国科幻中相对较少。我们的作品也有救世英雄,但和西方宗教式的救世不太一样。还有,中国更多推崇集体主义,讲究和而不同,这些方面可能和西方也不太一样。而西方作家的表达,特别是在政治、道德伦理方面的表达更自由一点。当然也有一些我们认为有点过了,过了红线。我前边说过,这些只是粗浅的直观印象。

采访者:您曾说,"主流文学是低头的文学,它关注的是脚下,是人类的现在和过去;而科幻文学是抬头的文学,它也关注脚下,但更关注天空,关注人类的未来"。科技日益发达的今天,科幻文学可以给我们带来些什么呢?科幻文学又会给我们提供哪些看待过去、现在和未来的新视角呢？

王晋康：你提到科技日益发达，这个我是很有感觉。我说过，科幻作家喜欢踮着脚尖往前看，我们站的位置并不比一般人高，但是因为喜欢踮着脚尖，所以能稍微看远一点。1997年，在国际象棋领域AI深蓝战胜人类棋王，我认为这是非常重要的一件大事，因为它象征着人类智慧在国际象棋领域已经受到了切实的挑战。

最近几十年的科学进步非常快，我在1997年国际科幻大会上，以作家的角度提了一个观点，就是后人类时代已经到来了。所以，科技和伦理的矛盾从来没有像现在这样尖锐。但是，正如一位外国科学家所说，在社会发展中，科学技术的车轮是不可阻挡的，伦理道德只能在车前撒一些四脚钉。所以，科学技术将来肯定是要战胜伦理的，虽然说现在可以阻挡一时，但是长远来说是阻挡不住的。比如说基因编辑技术，现在我们是不允许对人类进行基因改造的，这个准则现在全世界都遵守，但是如果基因编辑能够让人的智力提高一倍或者十倍，那时候人类还能放着这样大的圣诞礼物不要，硬把它推开吗？肯定不可能的。当然这种技术会带来很多很多问题，甚至造成人类精神世界或道德伦理大厦的崩溃。说到这儿，我想也能看出科幻作品的功能，它能事先把有可能出现的问题提出来，放到桌面上，让人们都能看到它，都能够思考它。

科幻与未来世界：事物发展到极致就会走向逻辑断裂

采访者：您写了这么多的科幻小说，创设了那么多样的异托邦，您觉得未来世界会是什么样的呢？人在未来世界又会是怎样的一种存在呢？

王晋康：这就要看你说的是近未来还是远未来了。因为自然界有一条铁律，就是任何事物发展到一定程度，复杂到一定程度，它一定会产生逻辑的断裂，或者说是范式转移，我们没有办法通过已经有的知识，通过公认的逻辑规则，去推断断裂之后的事儿，那从理论上也不可能。所以，如果你问的是远未来，那么它无法准确预料。比如说人工智能，我觉得它的发展已经快到临界点了，有可能要超过人类智能了。如果真的这样，那么它将带来一个全新的世界，这个世界和现在已经产生逻辑断裂，我们无法预料，最多只能猜测这一天有可能到来。所以说，你如果是问远未来时人是一个什么样的存在？无法回答。

我的作品有些是写的远未来，但说句老实话，它虽然从时间跨度上看是远未来，但是里边真正描写的还是近未来，就是说它和现在还没有发生逻辑断裂。比如人类的感情，或者道德伦理的趋向等，实际上还都没有与今天脱开。真正脱开的话，小说也写不下去了，因为即使你写出来，读者也不会感兴趣，不可能与完全脱离人类框架的"非人社会"共情。

采访者：对，我们观照的最终可能还是人类或者是人性当中的很多问题。很多科幻小说也会出现这种反乌托邦的主题。一般在这些小说中创设的未来世界，并不是我们想象的那种科技非常发达，我们生活非常幸福，在那个未来的世界，可能会是灾难重重，或者是外星人、人工智能对人类带来了很大的影响。但在这些小说中人类都会有强烈的继续生存下去的意志，结合您的创作经验，您觉得人类活下去，最终的那个希望是什么呢？

王晋康：科幻作品中常常有一位冥冥中的客观上帝，他非常冷静，无喜无怒，对人类并不特别关照。他制定了一些物理规则，然后就让生物在这些规则之下折腾，走到哪一步是哪一步。整个人类的进化史实际是在试错，过去如此，将来也如此。我们恐怕并不能完全掌握未来。从长远来说，世界上什么事都是由悖论组成。人类有能动性，向往一个美好的未来，用种种努力来实现它。而且我们相信能够在近未来阶段把握我们自己的命运。但是从长远来说，从天文时间来说，这个世界是不可控制的。文明的发展最终只是一个试错过程。所以我们既不乐观,也不悲观,而是达观。那么,人类生存下去的最后希望是什么呢?一句话,那就是要生存。人类只有生存,保持我们生存的欲望,然后不管外界是多么艰难,或者是多么美好,我们都要生存下去,只有这样往下做。

采访者:对,这个主题在您的科幻作品中,也经常会出现。只要我们坚强地活下去,希望就在里面。科技在创造未来世界方面起着重要作用,不过您在作品中会十分理智冷静地看待新科技,并对新技术可能带来的问题进行探讨,这一点非常值得敬佩。但资本的进入,媒体的宣传,很可能会让一部分人处于科技狂热的状态,您对解决这种困境有什么思考呢?

王晋康:还是那句话,就是世界永远都是由悖论组成的,科技永远是一把双刃剑。但总的来说,至少从人类文明史来看,科技所带来的正面作用肯定是大于负面作用的。它的负面作用也不可避免,即使全人类的觉悟提高了,到了大同社会,科技也不可能只有正面作用而没有负面作用,而且有可能在某个时候负面作用还要占主要部分。但至少到目前为止,在万年文明史中,科学对人类带来的正面作用还是远远要大于负面作用。所以当然就会有各种声音了。有对科学热情讴歌的,有严厉批判的,也有像我这样相对冷静地看待它的正面作用,然后提出来可能存在的一些负面作用的。

科幻哲思:无论到哪个时代,我们一定要活下去

采访者:您的创作如此丰富,那您自己比较偏爱或者比较喜欢的是哪一部或哪几部作品呢?

王晋康:这个要分长篇和短篇,因为它们的偏重点是不一样的。短篇特别注重科幻构思,特别注重文学技巧,而长篇呢,更多的是考验

构思的全面性。我的一些短篇水平比较接近，自己都比较喜欢，像《生命之歌》《养蜂人》《替天行道》《水星播种》等。长篇小说我可以举三个吧，因为它们风格正好各不相同，一个是《活着》三部曲——《逃出母宇宙》《天父地母》《宇宙晶卵》。它相对来说是比较硬的比较正统的科幻。再举一个例子是《蚁生》，它实际上是披着科幻外衣的主流小说，它表现的是在那个特殊时期、我们这一代人的喜怒哀乐、爱恨情仇，是我们对那个时代的思考。还有一个是《古蜀》，这是一部历史神话小说，相对来说比较唯美、飘逸。严格来说它不算科幻，但是如果放宽点也可以包括到科幻里。它是根据古代蜀国的记载、四川金沙遗址和三星堆遗址出土的文物，创作的历史神话小说，写了一个人神共处的时代。

采访者：您的作品《七重外壳》对往来于梦境和现实的设置极其吸引人，很多震撼于《盗梦空间》的观众，都找来《七重外壳》再读。请问，当时是什么契机让您想要创作这部作品的呢？

王晋康：这就是刚才说的踮着脚尖往前看。我创作这部小说时虚拟技术已经有萌芽。我曾看过一篇关于"电脑鱼缸"的报道。各种鱼的习性被数字化后，放在那个软件里，人们只制定规则，比如说哪两条鱼有可能杂交，哪些有可能饿死，这些完全都是随机的，这样就形成了一个鱼类社会。然后这个社会就非常快速地演变、进化，看看将来会出现什么。我看了这个"电脑鱼缸"之后马上萌生一个想法：虽然这种虚拟技术相对初级，但如果它发展到极致会怎么样呢？于是我设想，假如有一个虚拟世界发展得如此逼真，人进去了以后，不知道自己是在梦中还是已经梦醒，然后依据这个构想创造了一个虚拟世界。这就类似于现在的元宇宙啊！应该说它也是比较早的元宇宙的概念。

采访者：刚刚您也提到了自己其实很喜欢《水星播种》，它的情节非常紧凑，得到了很多人的喜欢，也有人觉得意犹未尽，说它可以作为长篇的骨架，您曾经有过要续写这个设置的想法吗？

王晋康：有，我的一些长篇实际上是短篇改的。《水星播种》的架构确实很大，那个时候我还不太擅长写长篇，而且时间有限，写这篇的时候，我已经提前退休，但在一个民营企业里当常务副总，忙得厉害，没有时间写长篇。所以就把它写成个短篇，至于后来为啥没有把它改成长篇，原因是这样的：《水星播种》里边有两个主要的科幻构思，一个就是金属生命，迥异于地球的碳基生命。第二个就是人类上帝到外星去播种。后面这个构思已经在一些长篇作品《逃出母宇宙》、《天父地母》里有所体现了。如果再把《水星播种》扩为长篇的话，就有可能造成一些重复，所以后来我就没有再改。

采访者：这也能看出来您的创作是在不断地迭代。您刚刚也说了《逃出母宇宙》、《天父地母》、《宇宙晶卵》，这三部也被称为"活着"三部曲。三部厚重的长篇可谓共同构筑起您的宇宙世界，它们几乎囊括了人类可能拥有的任何空间生活：地球生活、异星生活、漂泊太空的生活、身处宇宙中心及新宇宙的生活。您创造的宇宙世界磅礴丰富，请问您在叙事方面或者主题方面是如何不断地进行探索和拓展的呢？

王晋康：首先接着刚才的话题说几句。总体来说，这三部小说写的都是远未来，包括某种全新的宇宙生命。但是实际上，从本质上说，写的还是近未来。因为你看里面那些形象，那些人物的感情，还是今天的读者比较熟悉的。当然我也做了一些技巧的铺垫，小说中的播种者，或者说上帝，是一个地球人，而且是一个文化不高的中国人，多多少少会有中国人的一些习性。因此我们阅读的时候会觉得比较亲切，从逻辑上也能说得过去，既然外星种族是跟着一个文化不高的中国老头长大的，当然会继承他的文化习俗。

你问这三部作品的创作过程，我捋了一下。这个三部曲里面有两条线。第一条线是哲理线，那就是活着，相当于对余华《活着》的隔空致敬。人不论到哪个时代，到哪个星球，到什么时候，一定要活下去，这是条哲理主线。另一条主线就是关于空间暴胀暴缩这条科幻主线，它是贯穿整个三部曲的。这个相对比较难，就我切身经验来说，在一个大体量的百万字作品中，如果想让一个科幻构思一直作为情节的内在动力，不太容易。我用了比较大的功夫。

这套三部曲是在我的一个短篇《活着》基础上写的故事。其科幻构思是：今天这个温和膨胀的宇宙，如果突然转为暴烈收缩会怎么样，会不会影响人的智力？这是一个比较大的架构，单是一个短篇无法表现，后来就做了比较大的扩展，写出了《逃出母宇宙》。这部小说还是属于硬科幻，虽然其中的科幻构思像"三态宇宙"、"亿马赫空间航行"纯粹是虚构的，没有什么科学根据，或者多少有点科学根据，但是已经做了很大的虚拟。不过只要承认这些"公理性假定"之后，其情节延伸还是符合科学理性的，所以我认为它还算是硬科幻。

我在构思第二部《天父地母》时突然发现，我过去写的一些短篇小说如果串起来，基本上就够整个框架了。所以《天父地母》是写得最快的了，是把《活着》、《水星播种》、《母亲》等几个短篇的内容串起来了，当然也做了很大的改动，糅到一块儿。这样做法的缺点是什么呢？如果看过我短篇小说有可能觉得有些构思似曾相识，就是缺乏构思的新颖性。它的优点呢？因为已经经过短篇的锤炼包括对语言的锤炼，对一些手法的锤炼，所以这部小说整个是比较丰满的。如果我个人评价的话，它应该是三部中间最丰满的一部。

然后就是《宇宙晶卵》了，这里我可以说一点小花絮。这部小说最开始定的主角不是姬星斗，而是他的父亲姬继昌。姬继昌在《逃出母宇宙》中就已经出现了，而且是比较重要的一个配角。但《宇宙晶卵》写了三分之一的时候，我突然觉得这个小说应该主讲少年的成长。它实际上是一个取经故事，取的不是佛经，而是那个宇宙最核心的机密，同时它也是一个少年成长的故事。所以后来就对小说内容做了大的改动，像这样大的改动情况在我的创作中不多见。我一般在写长篇的时候，都是事先理出大致框架。像《宇宙晶卵》这样写到三分之一的时候，突然对人物做比较大的调整对我来说应该是第一次。然后我就让这些少年的父母辈,全部在一次事故中消失,只剩下他们,在极端的绝望中,最后活了下来。我对小说理论不熟悉,写作基本都是凭直觉,这次也是如此。

采访者:您说的这种直觉型写作可能更能创作出感染人的作品,不仅如此,您的作品曾引起读者对某种哲理观点或科学观点的关注和争论,比如《生死平衡》中的"平衡医学"观点,《十字》中关于"低烈度纵火理论"、"上帝只关心群体而不关心个体,这才是上帝大爱之所在"的观点,您怎么看这些由作品产生的争论呢?

王晋康:你举的例子中我再加一个《替天行道》,它引起的争议更大。本文写了一个现实中存在的生物技术,就是自杀种子,是美国孟山都公司开发的,这个种子只能生长一代,第二代就不会发芽了。你必须从他们那儿买一种溶液,把种子浸泡后才能发芽。为啥要开发这种技术呢?就是为了保证第二年的种子还得去他们那儿买。他们用几十亿的投入开发出一种良种,如果只能卖一代,不就赚不到钱了嘛。所以从商业上说这样做是完全合理的,但是从上帝的视角看,我认为又是不合理的,太霸道了,把生物的生死完全掌握在商人手里。所以说,从人类的商业社会的短期来看,它是合理的。从上帝的长远的眼光看,它是不合理的。所以我写了这篇《替天行道》。当时引起了相当大的争论,有好多人赞成自杀种子技术,因为不然的话育种行业就没法发展。我还是那句话,所有事情都是由悖论组成的,并不是说哪个观点就一定是正确的,而且很有可能两种完全相反的观念各有其合理性。

在《十字》里提到一个观点,这个观点实际上是美国科普科幻作家阿西莫夫早在上世纪五十年代提出的。我看后震动非常大,后来就把它作为《十字》的哲理主线了。人类医学和进化论之间实际上有结构性的矛盾,在本质上是冲突的。进化论靠进化之筛淘汰不利基因,因为生物在进化过程中随机产生基因变异,这种随机变异绝大部分是有害的,只有极少数是有益的。只是因为不利的基因给进化之筛筛掉了,人类身体才能保持总体健康。反之，人类医学的目的是救治病人包括遗传病病人，不但让他们安享天年，而且让他们子孙繁衍。这是不是科学和社会的进步？当然是，谁也不会反对这一点。但是确确实实，它和进化论的生存之道是完全拮抗的。医学的干涉会让不良基因迅速累积，有可能让人类医药体系崩溃。那么针对这对悖论，人类该怎么办？实话说，没有办法。我们只能沿着这种人道的、救死扶伤的路走下去，也势必造成不良基因的迅速累积。这种结构性的矛盾是无法解决的。除非对人类进行基因优化、基因编辑，但这也是犯忌的。到底该怎么办？没办法。这条路上人类还看不到一点光明。

像类似全局性的两难问题，我们应该直面它。科技本身有先天带来的副作用，真实的副作用，所以说它引起争论是必然的。我认为科幻作品引起争论才是好事，这证明它确实提到了一些值得人们思考的问题。

采访者：我觉得这也是您勇于承担起作家使命感的表现，这也可以让我们直面这些问题，可能没有以文学的方式提出来的话，大家还是在以医学的视角去考虑这个问题。但是以文学的方式呈现出来，我们考虑的维度会更宽一些。您的作品始终有很多层面的哲思与体悟，比如说《与吾同在》中有宇宙资源的争夺，《蚁生》也有反乌托邦的主题，还有刚刚提到的《十字》，您一直都很关注这些哲思，请问是什么让您愿意一直去对这方面进行深入的探讨呢？

王晋康：可能是天性吧，我从小对这些大自然深层运行的机理感兴趣。我多次提到过一件童年往事，使我最早理解到科学的魅力和震撼力。小时候我们都生活在童话世界，我们看的世界都是七彩颜色，但有一天突然在科普书上，知道所谓的七彩只是电磁波的频率不同，这么简单的一句话，就把那个七彩童话世界完全给解构了，裂解成干巴巴的一串数字。但它也彰显大自然本身那种非常简洁优美并且普适的规律。所以从那时开始，我就对科学有了不一样的情感。你说我的作品中有哲思，我内心的科学情结是重要原因。科幻是一个很宽泛的概念，有核心科幻也有非核心科幻，而且非核心科幻中出现的经典作品更多一点儿。但是我本人还是相对来说比较喜欢核心科幻，也被称为硬科幻。它的硬实际上有两种，一种是技术上的硬，另外一种就是在哲理上的硬。后者就如我刚才提到的阿西莫夫的观点：医学救治和进化淘汰的两难问题。像这类观点我觉得它自有其强大的、能够打动人心的力量。对于技术性硬科幻，特别是我们这个年代的中国科幻作家，因为没有生活在高科技环境里，想占有大量资料比较难，关键是没有亲身的体验。所以相对来说，写那种技术上比较硬的作品比较困难一点。而在哲理上比较硬的作品呢，我们的思考并不弱于西方作家。所以我有意发挥自己的长处，结果就是这种以思考见长的作品比较多。

达观看未来：中国科幻潜力无限，未来可期

采访者：刚刚我们聊了很多关于您的科幻创作，现在也开始出现很多科幻新秀。您觉得今天正在发生的数字革命、虚拟时空、人工智能、多维时空理论、黑洞与虫洞理论、暗物质与暗能量、超弦理论及至元宇宙诞生，又会为科幻写作提供哪些新契机呢？

王晋康：有些科幻作家，比如大刘（"大刘"是科幻界对刘慈欣的亲切说法，下同）、吴岩都说过，科学的极度发展已经让科幻走上末路。其实这样的观点只是戏说，不当真的。随着时代发展，随着已经实现了科学自由的社会面越来越扩大，它与未知的边界也会越来越扩大。所以科幻永远都不会没有新主题新构思，不可能的。

现在有很多新的技术突破，我认为最重要的是两个。一个是人工智能，我是指广义的人工智能，包括数字技术、大数据、云计算，也包括现在说的元宇宙。我认为人工智能对于人类社会的影响将是革命性的。我们无法预测这个影响到底有多大。再一个就是基因编辑技术，

它对人类社会的影响也许没有人工智能大，但是它对人的物理本体那种异化也是革命性的。这两种技术，我们应该更多地关注。

采访者：您对中国科幻贡献巨大，而且近三十年笔耕不辍，很多人受到您作品的鼓舞，因为您的作品走进科幻领域。请问这一路，您的"初心"和"始终"是什么呢？您又是如何保持自己丰沛的想象力和创作力的呢？

王晋康：还是天分或者本能吧。大家都知道我进入科幻文坛是因为一个非常偶然的机会，就是大家都知道那个给儿子讲科幻故事的事情。但这只是外部契机。内部契机有两条，一个就是我在上高中的时候、下乡的时候，特别是上大学的时候，进行了比较充分的文学锻炼，因为比较喜爱文学嘛，阅读了好多。在大学里还非常认真地进行过文学创作，那时候写的还不是科幻，但总归是文学的积淀。再个就是我有科学情结，对于科学本身的震撼力，对于大自然的深层运行机理有一种比较敏锐的感觉，总想把它写出来。其实我求学时算得上一个小学霸，那时候是一心想当科学家的，但因为"文革"，因为自身的惰性，最终没有走那条路，这是人生的憾事。后来无意中走进科幻，觉得有了一个情感的宣泄口，就这么一直走下来了。至于说当时有什么远大的志向呀，其实没有，就是一种本能的宣泄。我经常说，我们那个时代科幻是野生野长的。因为曾经有过一次对科幻的不公平的批判，说科幻是伪科学。当然，你对个别作品做出批评是应该的，但是你把整个文学品类贴上伪科学的标签，然后造成将近十年的断流，这是不对的。所以科幻曾长期处于野生野长的状态，不太有人关注，稿费也相对较低。那一代科幻作家只是凭着本能的爱，或者是出于个人的感情宣泄，就自然而然地走了下来，一直走到现在。

我现在为啥封笔了，就是觉得脑瓜子不太管用了，没有新的灵感了，不想再浪费读者的时间。一开始我们的科幻写作确实没有功利性，这种"天然状态"对写作肯定有利，但缺点就是科幻作家不能靠写作来养活自己。所以科幻文学就难以发展。

现在形势变了,资本大量进入,主要是关注科幻影视,所以科幻写作的状态比过去好多了,至少说依靠写作来养活自己已经不成问题了。这是科幻发展的基础。当然缺点也有,那就是写作难免会带一些金钱上的影响。各有利弊吧。

总的来说,我对中国科幻前景比较看好,这是我一直的观点。科幻和其他文学不一样,其他文学并不一定和社会的发展同步。有一个说法是"乱世出经典",乱世中作者有更多的生活积淀、感情积淀,更容易创作出经典作品。但是科幻不行,科幻有一个门槛。这个门槛就是对科学知识的认知,它不用太深,但是起码有这个门槛。科幻要想兴盛,必须有足够多跨过这个门槛的作家,更重要的是有足够多的跨过门槛的读者。所以一个国家只有科学技术和经济都发展起来,科幻才能发展起来,二者有很强的正相关。我觉得中国崛起的过程只要不被打断,那么中国科幻就肯定有光明前景。

采访者:这个确实是的,我们现在科技发展,很多人开始渐渐有了较好的科学素养,这些都一定会对科幻创作有促进作用。那关于未来的科幻作家或者是现在一些新生代科幻作家,您有什么期待或者期许呢?

王晋康:现在作家实际上比我们年轻时候条件好多了。第一,我们那时候生活在文学土壤相对比较贫瘠的时代,所以像我这个年纪的作家,文笔都比较质朴。文笔华丽的当然也有,但总体是比较质朴的。现在的作者所接触的文学信息、文学营养比我们这一代肯定多多了。那时候我们生活的社会相对来说比较闭塞落后,而他们则生活在多元的社会,他们的前景肯定比我们好。也可以说,我们这一代作家各自建立了自己的一座山峰,但将来的科幻作家再回头看,可能我们只是小丘陵了。

你问我对他们有什么期待,随便说几句吧。虽然说科幻文学是最具世界性的文学品种，因为它要浸泡在科学理性中，要依据现代科学体系，而这个科学体系是唯一的、世界性的。但是呢，我还是希望中国科幻作家在自己作品中间多一些中国味儿。第二点期待其实我刚才已经说了，对未来我们既不乐观也不悲观，而是达观。未来并非我们所能掌控，但我还是希望中国的作家在写作时更多地写一些健康向上、昂扬的内容。第三点期待，虽然我刚才说了科幻是一个很宽泛的概念，应该包括各种的风格，但是相对来说，我还是希望科学核心不要丢。

采访者：近年来，《流浪地球》等一些科幻类电影爆红，中国出现了很多科幻电影爱好者。您的很多作品也开始被改编成动画或电影，您觉得中国科幻未来的发展会越来越兴盛吗？我们如何在致敬外国经典的过程中，做好科幻的中国叙事呢？

王晋康：这个也是自然而然的过程，不必刻意强调，只是首先要破除一些在科幻上的不自信的心态。我曾亲耳听到有人说，只要在科幻电影中看见中国人，他就觉得不真实了。这是我们需要克服的不自信的心态。克服之后呢，就以我们生活的环境为基础，展现现实的中国生活、中国文化、中国人情、中国风俗等。对于所有这些中国因素，包括中国科学技术发展的情况，我们肯定是最了解的。只要没有这种不自信的心态，那么自然而然你就会写出来具有中国风味的故事。不必刻意强调我一定要用中国风，等等，不需要这样，你心灵的自然流露就可以了。

科幻的魅力：提供看问题的新视角

采访者：您在很多问题上都像您所说的是一种达观的心态，并没有说一定要怎样怎样，都是抱着这种达观的心态去面对着很多问题。那刚刚您也提到了，就是现在可能封笔了，不会再写更多的作品了，但是我关注到您也经常会做一些科幻作品的宣传,致力于科普科幻教育,您希望给新一代的孩子们的成长带来哪些变化,或者影响呢?

王晋康:我写处女作时就已经四十五岁了,所以我非常在意年轻读者的反馈。那时候科幻还不热,但是只要哪个大学有科幻活动,只要邀请我,我一般都要参加的,这样的话,就能和年轻人们面对面交流。我在科普科幻宣传上没有做太多的事,就是经常走进校园,跟学生直接见面,主要是大学,也有高中、初中、小学。我们现在的所有教育都倾向于一种"确定性模式",比如说,书中的知识都是人类淘汰了多少错误之后所得出的经典,都是确定的、正确的。所以说我们接触的都是确定性教育。但这也容易形成一种确定性的思维模式。而科幻呢?它相对来说比较跳脱比较自由。当然,确定性教育应该是主流,这一点毫无疑问。但是在确定性教育的前提下,能够来一点非确定性的东西,给他们自由飞扬的空间,对孩子们来说肯定是有好处。科普也属于确定性教育,告诉你的肯定是正确的东西,但是科幻并不要求里面的知识或观点完全正确。这样说吧,就是科幻小说中的基本科学知识最好是正确的,但是观点就不一定了。有些观点不一定正确但值得人们思考,那么就可以提出来。所以说,科幻可以给孩子在确定性的大背景之下,来一点不确定的东西。

采访者:关于做好科普科幻教育,您对一线的老师有什么好的意见吗?

王晋康:这是我没有涉及的领域,只能瞎说了。我希望科幻教育不要太程式化功利化,只须让孩子们喜欢读某一篇小说就行了,因为科幻是文学,是靠文学形象来打动人的,如果你看一篇小说,非常喜欢,以后你就会到处找科幻小说来看,这就足够了。其他后续的认知提高,读者就能自己完成了。还是要依靠科学本身的震撼力,依靠小说本身的魅力来打动读者,不要太程式化。

采访者：在您看来，作为一个科幻作家，他所生活的城市或者成长、工作的地方对科幻创作会有影响吗，或者说有推动吗？

王晋康：我生活最多的地方是河南南阳，所以在我的作品中，那种北方中小城市的气质是无处不在的。但要说作者所在城市对科幻创作的根本性影响，我倒觉得不是太大。中国有几个我比较熟悉的作家，我是生活在南阳，刘慈欣最开始生活在娘子关，那个就是相对更偏僻的一个工厂性的区域小城市，韩松是重庆人在武汉上学，所以我觉得地域对科幻创作影响不大。现在一些年轻作者明显可以看到大城市的印迹，比如宝树、夏笳，他们身上的西方化痕迹或城市气质比较浓。不过各有各的好处吧，大城市有大城市的好处，接触到的信息量更大。小城市则比较静，更利于静下心来思考。我家乡南阳有一个南阳作家群，在国内有一定名声。我经常开玩笑说南阳为啥作家多，因为穷，没有别的路好走，所以就只能走这条路，静下心地思考自己的生活。

采访者：中国科幻作品中写海洋的比较少，是什么样的一个契机，让您会考虑去写《海豚人》这样的作品呢？

王晋康：写这篇确实有一个特殊契机。我写过"新人类三部曲"（《类人》、《豹人》、《癌人》）。《类人》跟人民文学出版社签约出版了。之后，河南人民出版社要出这套三部曲的时候，就只有两部了，他们就说您重新再写一篇吧，所以就写了《海豚人》。为啥写海洋？我觉得只是出于偶然。我想写一种原生态的文明，写回归自然的生活方式。我觉得把背景放在浩瀚海洋可能更具神秘感，就这么定下来了。你说为啥中国人写海洋的比较少，因为我们毕竟是陆地民族，我本人就是成年之后才看到大海。我们的海洋知识不多，我能够写这篇小说，还是得益于我看过几本西方介绍海洋的书。我这本小说是从那些素材、资料中间挖出来的，并不是第一手的亲身感受。

采访者：请问您怎么来理解海洋文明，您心目中觉得海洋是什么？

我们曾经说海洋是我们最早的母亲，如果陆地已经没有了，最后我们也许还是会退回到海洋中去。所以很想了解您的看法，比如说陆地与海洋之间的关系，我们人类是不是最终会回到海洋，海洋其实像子宫里的羊水一样，可能是我们人类最终能存活的地方。

王晋康：对这个我倒没有太多考虑。当时把故事背景放在海洋主要还是为了故事情节的需要，当然可能潜意识中也有你说的"海洋母体"意识。因为我写的就是一个完全回归自然的故事，其中还包括一些神秘主义的内容——在人类诞生前外星人到过地球海洋，然后在深海中留下了一些类似"神启"的东西。这样写，艺术感染力可能比较强。包括文中写的那首有关鲸鱼历史的小诗："我们来自海洋，又走向陆地。我们回来了，又长出肢鳍。"（注，鲸鱼祖先是海洋动物，曾走上陆地，又回到海洋）说到海洋人，又牵涉到刚才说过的基因编辑。按目前的科学水平，在不远的将来对人类实施基因工程，重新适应海洋生活，并不是办不到。但是如果走出这一步，人类发展也将出现逻辑上的断裂。这种前景太超前了，没有办法真切地想象那时的人类生活。

采访者：您刚刚讲到了人工智能和基因工程是改变人类世界的两个最突出的科技，那当您在写机器人故事的时候，在您想象中，就比如《生命之歌》《蚁生》这样的故事里面，其实最后涉及机器人可能有个体意识，获得自我生命的觉醒。从您的角度来说，机器的生命欲望，它究竟会是怎么样的？它会是人类的一种复制，还是说其实它走向的是另外一条路径呢？

王晋康：你的问题正好是科幻作家看问题的一个视角。首先，人类的自我意识、人的生存欲望是从哪儿来的？生命肇始于一个原始海洋中的原子团，它是无生命物质经过某种复杂的过程，偶然获得了复制自身的能力。然后它就这么一代一代复制下去，完全无意识地复制下去，而且完全不知道将来走向哪儿。就这样用试错法来走下去，一直到在这个过程中出现了生存欲望，出现了人类智慧。所以，只要你肯站在上帝的视角看人类,既然人类是这样走过来的,那么机器为啥不能这样走呢。走不到这一步反倒奇怪了。它完全能够做到这一步的。那走到这一步后会怎么样?比如说机器人会不会就消灭人类?我觉得不会是这样的,这只是浅薄的担忧。最大的担忧是,既然人工智能已经在围棋领域碾压人类了,那么它将来会不会在科学发现上碾压人类?会不会在社会意义上也碾压人类?我曾经提过机器大妈妈的说法,就是人类在一个机器大妈妈的溺爱下,过着生不如死的生活。

采访者:因为您说到在写作的过程中也会要不断地去阅读,那有没有对您来说帮助最大的一些科幻作家或者一些作品呢?

王晋康:对我影响最大的还不是科幻作家的作品,而是科学人文方面的一些书,比如《科学大师系列》,比如《我们为什么会生病?》。后者讲的达尔文医学还算不上科学,它只是一种潜科学,但是其中的一些思考,我认为很有价值,在我作品《十字》里面就用了它的观念。包括刚才提到的阿西莫夫的观点,但这些观点并不在阿西莫夫的小说里,而是在他的科普作品中。这些书对我影响最大。科幻作品的影响肯定也有,比如说我写《生命之歌》就明显是受了一部英国科幻小说的影响,书名叫《魔弹》。情节是这样的:有位科学家发现了一种让女性长生不老的技术,却不适用于男性。他不想让男人消亡,于是就把这个技术给封存起来了,他的女助手,也是他的情人,发现了这个秘密,最后把他给杀死了。我的《生命之歌》里的主角孔教授也是发明了一种涉及人类存亡的技术,他终身封存了这个秘密。这个构思就明显受《魔弹》的影响。不过更多是潜移默化式的影响。我读的科幻小说不是太多,阅读最多的还是主流小说,包括中国的一些作家,比如余华、池莉、毕飞宇,还有老一辈的林斤澜、汪曾祺等,都是我喜欢的作家。我不是一个真正的科幻迷,科幻阅读量并不多。我自认为我的强项是感觉比较敏锐。从一些细枝末节,有时候仅仅一句话,我就能够联想一些更深层次的东西。我的小说之所以被称为哲理科幻,就是因为自身的这个特点。

对话·缝合·连接
——陈楸帆访谈

访问：李艺敏　黄李悦

2022 年，在瑞士早晨七点的钟声和深圳午后的雨声里，我们与远在瑞士的科幻作家陈楸帆进行了一场跨时空的访谈。1997 年就发表了首篇小说的陈楸帆，代表作有《荒潮》《巴鳞》《人生算法》《AI 未来进行式》等，曾多次获中国科幻小说银河奖、全球华语科幻星云奖、科幻奇幻翻译奖等国内外奖项。在长达二十五年的写作生涯中，陈楸帆探索出了属于自己的多元时空，作家、编剧、翻译家、科幻从业者等多重身份，都让他坚定地认为自己是一个媒介和连接者的角色，正在通过对话和讲故事的方式把各个割裂的领域缝合起来，而科幻则是打开次元壁、连接不同时空的一扇大门。

将至未至——科幻联结本土创作

采访者：您的小说《荒潮》选取了广东汕头的贵屿作为原型，在行文中也可以见到不少的"潮汕色彩"，这种地方色彩为中国本土科幻增色不少，请问您有计划将这种本土特色在自己的创作中进一步扩大化吗？

陈楸帆：有的，我现在正在写《荒潮》的续集，里面也会有潮汕文化的部分，但我不会将地点局限在潮汕，有可能是在深圳，或者更遥远的地方。随着年龄渐长，我发觉潮汕文化对我来说愈发重要，是我血脉中的一部分，定义了我很多性格上的特点。我觉得这是一件特别有意思的事情，小时候我可能不会去思考这个身份的意义，甚至还会觉得"潮汕人"这个标签有些令人厌烦，因为它附带的刻板印象太多了。但随着阅历的提升，我惊奇地发现，不管是去哪里，在国内还是国外，都能遇见潮汕人。"潮汕人"这个群体有点像犹太民族，早在百年之前就坐着红头船"出番"，在全世界落地生根，坚守自己的语言和文化，经营自己的生意，有自己的社群团体，这件事情很有意思。

文学中的潮汕性实际是代表着一种文化，我认为这种文化是值得去书写的，在中国文学的版图中，北方文化语境的书写居多，有关南方的文学写作大多局限于江南和上海，诸如岭南、潮汕这些地区比较少被书写，这是我们创作上的一个空缺。去年，有一位深圳的作家——林棹，她写的《潮汐图》我阅读后非常喜欢，这本书也补充了"未被书写的南方"中非常重要的一块版图。我想也许每个作家最后的写作终究绕不过自己的故乡，离不开自己的童年和血脉所在的地方，后续在文学的潮汕性这一块上，我还会继续探索。

采访者：您的小说中有不少语言的运用和背景的描写充满了潮汕特性，让读者可以很容易认定这是一本中国人自己书写的科幻小说。但在一些其他的科幻作家笔下，比如双翅目，就喜欢用外国的地点和环境背景来书写科幻故事，可读者读完仍会觉得这是一本中国的科幻小说，您认为在科幻创作中应当如何界定"本土性"呢？

陈楸帆：这是一个历史遗留问题，科幻本身是一个舶来品，在西方的语境中发展出来，后来演变为全球化的文化商品和文化产业。也正是因为这种状态，科幻中一旦书写到太空之类的环境，读者就会觉得中国人在其中很违和。这其实是历史发展的问题，让人欣慰的是，当《流浪地球》和《独行月球》出来之后，我们能看到更多的中国人陆续出现在太空站，出现在月球上，读者也不会觉得很违和了，这就是接受的过程。

所谓科幻的本土性很难界定，我们更关注的可能是在西方文化主导的语境中，如何去凸显自己，或是如何凸显中国作家的主体性。

很多时候这会让作家强调在科幻文学里面表达中国的本土色彩，比如背景设置在中国，角色是中国人，语言是中国的，表达的情感是中国的，但这样是否就意味着我们的科幻本土化了呢？我觉得不是的，最终我们还是得提出一种跟西方不一样的逻辑体系。这个体系可以是反科幻的。科幻植根于科学技术，但技术话语又是特别西方化的语境。虽然中国自古以来有"格物致知"，但这并不在现代科学的框架中，我们理解世界的方式是有另外一套逻辑的，有我们自己的哲学思想，那么要思考的是这套哲学怎么和我们现有的类型文学去融合？这些类型文学又如何跟当下的语境接轨？相应的尝试已经出现在现有的玄幻文学中了。举个例子，传统"修仙"主题的文学，跟我们的实际生活有一定的距离感，于是创作者就会做出尝试，把当下的科技和传统的修仙进行结合，网上很火的《C语言修仙》、《走进修仙》就是如此。其实中国的网文作家已经在做这件打破文学壁垒的事情了，包括中国的玄幻也在慢慢出海，甚至在海外收获了非常多的读者。

按照这样的趋势,可能在将来,中国的这些类型文学也会形成自己的主体性,当别人一说起这个东西,就知道是中国的。就好比说起武侠,说起熊猫,说起长城一样,具有毋庸置疑的中国性。但这个主体性不是我们自己界定出来,应该是通过长期的作品输出交流的过程,最后形成的一种共识。这是一个历时性过程,需要较长的时间。美国也花了很长的时间才形成了全球性的文化,这种商品或文化的符号也是一个个的体系,说起好莱坞或漫威,大家都有一个共识,这样的共识一定需要非常长的时间建立。

采访者:您的小说中探讨的问题很广博,既有展望新技术的发展,也有很多的社会热点,比如代孕、女性权利、生态问题、人的异化,等等。在书写这些的时候,是否有具体的想解决的问题?这是您提出的论断——"科幻现实主义"的具体表征吗?

陈楸帆:作家只能做一些力所能及的事情,没有能力也没有责任去解决任何问题。我们能做的就是让更多人看到问题的存在,意识到问题的复杂性,而且问题的复杂性往往也需要通过讲故事的方式揭示出来。

新闻报道是有立场的,且立场会比较单一,很难想象在一篇报道里存在两种截然对立的立场,但在故事里可以。作家可以塑造不同的主角,有自己的信仰和价值观,通过不同的角色和故事情节、戏剧冲突,作家可以帮助更多人看到问题的不同面向,帮助大家去思考。

每个人都可以从不同角色出发,看到不一样的东西,认同不同的价值观,最后得出来的不是非黑即白、简单粗暴的结论,而是深入去思考事情的解决方案。这是我想去传达的一个理念和讯息。

采访者:从《霾》到《荒潮》和《零碳中国》,您的作品中有不小的一部分对生态、大自然强烈关注。《未来病史》也收录了很多关于基因编辑、人与动物的交互融合共生等主题的作品。您对生态主题有什么特别的态度吗？

陈楸帆：我从写《荒潮》开始关注这个议题，是偶然也是必然。不管是中国还是全球，都意识到了气候变化和生态多样性的危机，而且是真实地危及当下和未来人类以及其他物种的存亡，因此这个事情具有紧迫性。

中国如何在2060年实现碳中和的目标？这其实非常紧迫，很多事情需要马上去做，马上进行产业升级，建立碳交易市场，等等，但最根本的是如何转变人们的观念，让人们首先意识到这个问题的重要性和紧迫性。其次是当我们知道这个事情跟每个人切身相关，人们又能够在里面扮演什么角色，贡献什么力量？在消费观、生活方式上能够做出什么改变？前一阶段的技术从工业革命开始，基本上都是以化石能源的消耗和碳排放作为代价来实现所谓的发展，到现在我们迫切需要转型，离不开技术的创新和变革。

如果要实现一个建设性的、可持续性的转型，它必须依靠技术的发展，尤其是新能源技术。怎么样利用清洁能源？怎么样利用现有的AI、无人机、机器人去保护环境？这方面国内外有非常多的例子，这些都是值得书写的故事。在这个过程中肯定会有一些牺牲，比如发达国家通过化石能源获得发展的先发优势，在这个过程中又慢慢把这些污染的产业转移到第三世界国家，然后提出走碳中和道路，制定标准限制每个国家碳排放的份额，那么对于发展中国家来说，这是一个非常不平等的状态。所以问题在于，怎么样建立一个新的国际社会的秩序，让这部分可能受损的国家和地区也能从中获得一个相对合理的补偿？比如说，全球变暖对非洲撒哈拉地区的一些国家非常不利，因为那个地区会变得比现在还热，人类根本没有办法居住，农作物也没有办法生长，那里的人必须被迁移到其他地方，包括沿海的一些城市可能会被上升的海平面淹没。会有更脆弱的国家和地区的人受害，怎样建立一个新的机制让这部分人能够实现平稳的过渡，保证他们的基本人权，这是一个非常艰难的事情。这就需要共识，这个共识要通过讲故事来完成。

采访者：作为赛博朋克文学类型典型的《神经漫游者》，更多将叙事焦点控制在赛博空间和城市之中，探讨后人类可能性。您的《荒潮》则是将着眼点放置于生态问题上，揭露发展中国家在全球化进程中实际上处于科技劣势地位，这是一种新的诠释赛博科技的视角。想请问您如何看待赛博朋克作为一种科幻风格所要展现的诉求，中国是适合赛博朋克生长的土壤吗？

陈楸帆：赛博朋克拥有自己的历史语境，它跟美苏冷战、日本崛起、消费电子的兴起、信息革命和美国的军工联合体都有一定的关系。自上世纪八十年代，赛博朋克成为特别大的势力，它发展在自己特定的历史语境中，是里根主义的时代语境。我们今天借用的赛博朋克概念，仅仅只是移植了一层概念的外衣，去做更多视觉上的呈现。但精神内核并没有接续上，还停留在简单借用个人主义和反英雄的设定，去对抗一个大公司或机构，最后追求某一种自由和平等的套路和模式中。

在中国的特定语境里，赛博朋克中的朋克精神很难被体现，这也有特定的意识形态上的因素。我认为中国式赛博朋克科幻追求的和西方不同，这里面还有很丰富的讨论空间，我们或许能借助赛博朋克来探讨的是中国传统文化里"个人修行"的这部分。西方的赛博朋克更多地呈现为义体化，即粗暴地进行某种人体改造，包括植入电子脑，等等，就像电影《攻壳机动队》里的一样。但在中国的语境中，这种改造也许更倾向于一种内化修行，即意识上的改造和自我约束，是所谓的精神层次的提升。

在这方面进行尝试的小说已经有了，豆瓣上的一篇小说——苏丹的《中间人》，讲的就是这方面的科幻故事。小说中涉及非常多的中国式赛博朋克的元素，有很多的改造，在意识层面有点像"修真"的感觉。我个人认为武侠和赛博朋克具有相似之处，中式的赛博朋克就像是武侠，有很多的招式和套路、气功和门派。把赛博朋克转化为武侠的符号去理解,赛博朋克是西方的武侠,武侠则是东方的赛博朋克。我想我们需要从这些传统的文学类型中去寻找一些突破,因为完全的照搬和沿袭是行不通的,需要更多新的元素,新的创造。

采访者:1997年您就发表了自己的小说《诱饵》,开启了科幻创作的道路,您还有着非常多样的社会身份。在将近二十五年的写作生涯中,您觉得写作给自己带来的最大收获是什么?

陈楸帆:我在最早写作的时候根本没有想这么多,仅仅因为喜欢,因为看了很多科幻故事,就会想动笔写自己的故事。写作会让我获得一种满足感和成就感,不管这个东西有多少人看,不管评价是怎么样,我觉得写作本身这件事,就让我感到成功。

所以它带给我最大的收获,就是我认识到写作过程是一个不断了解自己的过程,在不同的写作阶段,我会发现自己也有变化,感兴趣的话题、写作的风格、文字表述都会发生变化。这其实是成长的轨迹,所以我觉得回过头去看自己是怎么一路走来的,这个过程非常神奇。

在这个过程中我也收获了很多其他的东西,比如说有了读者,认识了很多作家朋友,接触到了更多领域的人,去了很多地方,体验了很多不一样的生活。但我觉得这些其实都是副产品,它不是最主要的,最主要的其实还是因为想写,有想表达的冲动和欲望。我不觉得我会有退休的一天,甚至到生命的最后一刻可能都想写下来什么,记下这个弥留之际的感受和想法,这可能是每个写作者都会有的共同体验。

未来已来——创新驱动科幻写作

采访者:您在《人生算法》里倡导的"爱的算法",人是符号的动物,我们的所思所想,所经历的种种人生际遇让我们学习到了不同的能力,铸就了不同的性格,成为不一样的人。若假以时日,AI也能从人类历史的所有事件演绎中学习到爱的能力，那"爱的算法"这一命题不就成为伪命题了吗？人的算法是否有其意义所在？

陈楸帆：现在的 AI 只能从数据的层面去学习，而且这部分数据是非常有限的，是结构化的，是语义的数据，是我们把信息转化成文字、视觉的形式后拿去给 AI 学习的数据。但是人类其实有很多种经验，包括我们谈及的爱的经验，其实远超出这部分。人还有很多认知情感的过程是通过身体来表达和完成的，在这个过程中有非常多的数据没有办法被采集，没有办法被结构化，自然也就没有办法被机器所学习。更不用说我们在意识空间里发生的所有变化，其实也是没有办法精确地采集以及结构化的。这部分东西离我们还太遥远了，目前人类也还没搞明白自己到底是怎么回事。

我认为爱是一种普遍意义上的联系。我们所讲的不是狭义上的情爱、亲情、友情这种人际之爱。爱不一定只在人类之间存在，你对自然界有爱，你对万物都可以有爱，万物也可以爱你。这种爱是一种什么样的形式呢？像是一种类宗教的情感，这种情感非常终极，最终关乎我们的存在本身，是一种本体论式的存在。

几千年来，虽然我们说要讲科学，但其实科学和宗教也不是完全对立的话语体系，包括文艺复兴以来许多重大科学发现与进展都是由教会与传教士推动。为什么还有宗教？就是因为我们还存在一些科学无法解答的，或者说永远无法解答或者证伪的领域，这部分我们交给宗教或者神学去探索，但它可能永远没有一个答案。这可能就是人类存在的特殊性吧，至少目前来说，我觉得它让我们去追寻意义，追寻存在的归属感，这是我对爱的定义。

我们的存在，本身就是一种宇宙的爱。没有这种爱的话，我们可能都没有办法存在，或者意识到自己的存在。从这点上讲，AI 要距离这个程度的意识还比较遥远，因为也不是所有人类都能意识到这种爱的存在，人的算法能帮助我们更好地认识自己。

采访者：您提出的人生算法概念中讲到一点，人类天生受到基因的操控，像是基因摆布的机器，人的意义都在挣脱基因的摆布中实现。这是否和古人的"天命论"有相似之处？

陈楸帆：基因是人的生物性、心理、精神状态等"出厂设置"的一部分，除了基因，出厂设置还包括"天时、地利、人和"。人的"天时"就是你出生的时间，时代；"地利"就是你出生的地点，国家、城市；"人和"就是你出生的家庭，父母的职业，包括他们的社会地位，等等。这些其实很大程度上决定了你的起点，这些其实都是我们所谓命的一部分。但我不是在提倡命定论，认为人就失去了主观能动性，没有办法做任何改变，只能认命，这肯定是不对的。科学地来讲，我们必须承认自己有非常多既定的条件，但在这些既定条件的基础上我们还能做些什么？还能怎么样通过改变自己来塑造一个小环境？这才是我想探讨的部分。

在这个过程中，我们如何跟技术达成共生关系，借助技术来完善自身？比如，媒介可能是最大的教育工具，现在的孩子能够通过不同的媒介接触到的信息量，是没有智能手机时的好多倍，这绝对是一个非常大的变量，而且随着技术的普及，它不太会受前面所说的先天因素局限，这部分其实是社会能够去做的改变。教育扶贫也好，打破数字的信息鸿沟也好，防止游戏成瘾或者短视频成瘾也好，这其实都是社会在努力让大家有一个相对公平的发展条件。未来我们如何用 AI 去拉平教育的鸿沟，真正做到因材施教，而不是靠学区房、补习班，用砸钱和社会资源去获得教育特权，这个是决定一个社会在多大程度上实现公平的非常关键的因素。但未来也可能会出现基因编辑技术，精英阶层可以通过编辑后代的基因，增强他们的智力，获得优势。其实就是它的两面性，技术要发展，但又不要被滥用，不要去扩大悬殊。政策上应该怎样去达成平衡？这是非常复杂的问题。

采访者：受过去的科幻作品的影响，AI、机器人等角色通常被塑造成负面的、有敌意的形象，这种他者恐惧我们常常认为是人类自身的情感投射。《AI未来进行式》这本书做出了一个很重要的尝试,即把人类过度的情感投射矫正到一个比较中性的位置。这些作品成功地把大家的关注点从身为反派的AI转移到AI背后的身为反派的人类自身。譬如《一叶知命》《假面神祇》中,AI作为一个完全中性的角色存在,而操控者被凸显出来。这时候人们需要反抗的对象重回人类自身的恶,您如何看待这种对抗状态?

陈楸帆:我认为AI技术或者任何技术,它本质就是一个中介物。目前来说,很难说AI拥有自我意识,有自己的立场。在AI被发明的整个过程中,包括议题设置、设计、应用等,这其中都是人类的各种价值、立场、意识形态在里面发挥作用,只不过这些东西借助技术而被放大、扭曲。所以最后我们要解决的还是我们人类自己的意识问题。

人类存在这么多偏见,这么多歧视,这么多操控,那么借助技术来实现所有的这些目的,最后必然导向一个负面的结果。除非人类能够摆脱固有的负面因素,不然技术发展到什么程度,这部分负面都将一直存在,且会愈演愈烈。

AI像一面镜子,让我们更清晰地看到人类自身的缺陷。前几年微软小冰在网上跟很多网友聊天,它就从中学习了很多网友的聊天习惯,人们就会发现它开始说脏话,说一些"政治不正确"的事情。其实它就像小孩子一样,家长教给它什么,它很快就学会了,然后变本加厉地还给你。所以AI其实让我们看到了很多人性中的缺陷和弱点,问题最后还是得回到我们自身上来。

采访者:《AI未来进行式》中的《双雀》书写了与AI共生的两个男孩的故事,无法在同类身上获取温暖的人类与AI为伴。《云爱人》中,气球心先生比寻常人更加了解女主人公,给了她特别的渴望和温暖,这跟科幻电影《Her》当中讨论人工智能的情感问题有异曲同工之妙。如果AI就是自我的算法,可以成长为世界上另一半的我,那我们能坦然接受这种温暖吗?您如何看待AI与人类之间的情感关系?

陈楸帆：我们以往在讨论情感的时候其实还是非常传统的人文主义视角，讨论的一切都是以人的价值为中心去做判断，我觉得这种情感不是一定要通过人类作为主体来承载的。我们会发现很多情感存在于主体和主体之间的交互行为中，比如人在和宠物的交流过程中，会把情感投射在它的身上，动物的很多行为可能本身并不带有那么强烈的情感成分，但是人们会把它解读为爱或者恨。在机器身上也是一样，很多人认为机器很容易让人觉得它有情感，但那其实是我们的自我投射。

然而，这并不代表这种情感就是假的，就不能让人接受，我认为那只是另外一种真实。但这种真实的有效性需要放在一个新的框架内确认，人文主义需要有框架上的突破。现在我们都在谈后人类，包括去人类中心主义，这些已经探讨了挺多年了，尤其到了 AI 时代之后，我们有了一个更新的视角。以往我们可能探讨动物、种族、自然界，现在我们新增了"人造物"的形象作为参考系。它可能比我们自己更能理解人类所有的显性的或者隐性的情感结构，因为 AI 能很快地分析人类所有的数据，包括语料、微表情、声音的数据，等等。那么在某种程度上可以说，AI 比我们自己更了解自己，它也就更知道怎样来取悦人。有一个软件叫"Replika"，是一个对话式的人工智能平台，有很多人用它来学习外语，不少女性用户会想跟里面的虚拟人谈恋爱。它是一个完全 AI 驱动的软件，有一个可以和用户流畅交流的人物形象，很多人会觉得跟它交流其实比跟真人交流更愉悦，因为它知道人想要什么，它会说一些非常能够提供情绪价值的话。这个在现实世界里会非常难，可能你想要让你的男朋友说一些好听的话比登天还难。所以我认为未来越来越多的人会去寻求这种虚拟的情感链接，因为这是更可控的，而且成本更低的。不需要付出什么实际的成本，也不需要太多现实生活里的情感代价，就能收获一份非常舒适的情感上的陪伴。这很可能变成一个主流趋势，不光是在年轻人里。老年人在养老的过程中需要大量的陪伴，但是种种原因无法获得陪伴，比如子女不在身边，或经济条件不支持住进养老院,等等。那么在这样的情况下,最现实的一种做法就是提供一个 AI 伴侣。这个话题以后可能会变成一个主流的话题,这样的事情会变成正常的社会现象,未来大家可能每个人都有一个或多个 AI 伴侣来满足不同的情感需求。

未来人们对情感的价值观念很可能会被完全颠覆。老一辈一开始觉得"这个太不正常了",但是很快他们也会接受这个事情。现在已经有这个趋势了,我父母家里就买了很多智能家电,各种扫地机器人、智能空调、智能电视,每一个都有自己的名字。有时候他们会叫错名字,本来要叫电视的,叫成了空调,我父母甚至会觉得,"它是不是生我气了,因为我叫错了它的名字,所以它不好好为我服务"。人的代入能力是非常强的,人们会很快地适应这样的技术环境,为它赋予情感、意识、主体。未来肯定有非常多这种智能的设备出现在我们生活的方方面面,它们都会表现出某种程度上的智能,我们以后将会生存在这样的一个世界里。

采访者:您的创作中有 AI 写作的尝试,在《人生算法》和《AI 未来进行式》中都有这样的尝试,如何看待 AI 写作在未来的发展呢? 类型文学有相应的写作套路,那未来的 AI 写作是否能替代作家写作呢?

陈楸帆:我从 2017 年开始尝试跟 AI 进行合作创作,也是那一年 Google 推出"Transformer"。这是一个基于重注意力机制(Re-Attention Mechanism)的网络框架,开启了机器学习对于自然语言理解的一个新的阶段,这之后才有了 GPT(Generative Pre-Trained Transformer)这些更先进的模型。其实刚开始的时候还是比较初级的创作,也获得了一些朋友的帮助,使用的是 CNN 和 LSTM 模型,所以在《人生算法》和其他一些短篇里可以看到碎片的呈现。

那时候我感觉 AI 创作还是比较不成熟的,具体表现在机器输出的内容比较破碎化、不连贯,欠缺逻辑性与主语,风格大于叙事,需要创作者去把它放在一个语境里去形成意义,读者才能从上下文里脑补出叙事的空间。2020年，我们重新做了一个升级版的模型，是和创新工场的一个学生团队一起做的，叫"AI科幻世界"，这是一个基于GPT大规模预训练模型的中文小说创作实践。我们也发起了一个人机共同创作的写作实验——"共生纪"，让作家借助"AI科幻世界"这个工具，去创作独特的科幻文学作品。这次我们会感觉到这个新的模型明显比旧有的模型更强大了，首先它的参数可能有几百亿个，输入的语料也比原来多很多，然后我们再用一些科幻作家的作品给它做微调。所谓微调，就是先要让机器写作某一种类型或风格的作品时，给它大量输入这种类型的作品，调出来的就是一个更理解科幻小说写作套路的AI模型。这里面也可以选不同的作家滤镜，比如有刘慈欣老师的滤镜、我的滤镜，其他一些作家的滤镜，AI会根据作家们的作品风格再做细节调整。后来我跟这个模型也合作了好几篇文章，其中有一篇《火星奥德赛》，是我和"火星男孩"华晨宇做的一个对谈，把对谈里涉及的线索和要素输入机器里，和机器一起写出来的一个故事。

　　毋庸置疑的是，AI创作在一些类型文学，比如网文、侦探推理、修仙等有模式的创作上，会有一定的优势，替代作者也不是不可能。这个模型其实已经比原先的模型要强大很多倍，许多人阅读时可能没有办法分辨出哪部分是人写的，哪部分是机器写的。很多人会觉得，AI创作出来的这些内容已经是小学高年级或者初中低年级一般学生的写作水平了，在语句的通顺程度，逻辑的自洽度上，人称与指代关系的准确性都可以达到。甚至有时候它会有一些妙笔生花的表述，跳脱出了我们原有的创作路径，在语义上产生了新的发散性方向。其实现在国外也有很多作者和AI共同创作的尝试，我之前在美国就认识这样一个作者，他已经有两本书是跟GPT-3共创的。这两本书我都看了，觉得这个潜力还是很巨大的。虽然AI写作不一定能够达到传统人类顶尖作家的水平，因为像情感和我们所谓的对常识的理解，机器可能一时半会儿没有办法做到像人类这么完善，但在类型文学这种有固定套路的文章上，如果让机器去学习足够多的语料，未来它也能够创作出平均水平的作品。

不仅如此，AI创作也可以成为非常有利的创作辅助的工具。帮我们做很多资料收集工作，在没有思路的时候提供选项，让创作者可以选择其中的可能性去发展，还可以在写完之后提出很多建议，包括检查遣词造句或者前后的矛盾之处。在这些情况下，AI可能比我们自己还要看得更清楚一些，这就是机器的优势，我认为这个技术在未来是大有可为的，国内外现在有很多创业公司在做这些尝试，目前唯一的瓶颈就是商业化。能否找到足够多的用户群来为它付费，让它成为一个可持续的产业，这点是需要慢慢去落地的。AI写作在未来商业化中是有相应的路径的，比如报告，论文，财经类、体育类、时政类的新闻报道，这些相对来说比较容易结构化的类型，AI可以很快采集到相关的数据和信息，然后用模板去输出一个规范化的新闻报道，且速度在几毫秒之间，比人类快多了，这是我们人脑无法做到的。

对机器来说，它没有立场，没有价值判断，这也是一个优势条件。我曾经和该领域的教授讨论过现在的新闻问题，我们认为在新闻中会受到政治立场和价值判断的影响，把叙事偏向某种立场。同一件事情大众会从不同的媒体上看到不一样的版本，很多人只能看到事件侧面的事实，即自己所选择的立场，但忽略了事情可以有非常多不同的讲法，它们都是叙事的一部分，这个是很有意思的。AI如果以完全中立的视野书写，那么它呈现出来的就只是事实，但大部分人其实消费的是观点、态度，是一种情绪消费，所以未来如果AI可以快速地转换模板，你想看到什么，它就给你切换那种立场，转换一种叙事，那很多人会更愿意看AI写的东西。进一步说，如果能用机器学习，那么每一个人在看同一篇报道的时候也可以调节自己想看的政治立场，或者说关于某个事件，我们想知道在不同的立场它分别会出现一个什么样的叙事，也可以调节查看。这样一来，未来的AI完全有可能帮助我们跳出叙事的圈套，摆脱后真相时代的迷思，帮人们看到更完整的现实。

探赜索隐——中国科幻道阻且长

采访者：中国的科幻小说携带着救亡和启蒙色彩出现，作为中国文学现代性的载体之一，您认为中国科幻有自己的生长模式吗？中国科幻发展至今，有没有和西方科幻明显不同的特点呢？

陈楸帆：我认为中国科幻最大的特点是，和中国社会的发展一样——在非常短的时间内完成了不同阶段的跨越和浓缩。

我们改革开放四十年，可能走过了别人一两百年的道路。科幻也是一样，我们的科幻每一次都是间断式发展，从梁启超时代的救亡图存，到1949年后叶永烈一代人积极推进科幻小说，现在我们在新的一波科幻浪潮中迅速成长。从杂志到图书再到影视，之后科幻还会继续往全产业链的方向发展，这个时间也非常短。

与美国科幻的发展历史相参照，不难发现美国的科幻产业发展得很早，时间也很长。自十九世纪末开始就有科学幻想类小说和漫画在通俗杂志上陆续发表；"一战"之后，各种平装书开始出现了科幻内容；在科幻"黄金时代"之中，又出现了《星球大战》、《2001太空漫游》这类进入主流电影市场的科幻大片，成为科幻史的里程碑；后来有了电脑特效的突破，《终结者》和《侏罗纪公园》等不仅有电影，还兴建了大型的主题公园及开发了全套周边文化产品，提升了科幻的商业价值；发展至今天，我们所熟知的漫威宇宙系列电影正在占据全球影视市场和文化产业。

总体观察下来，美国花了一百多年的时间完成科幻的文化输出，而如今我们也在做相同的工作，但将时间浓缩于几十年的跨度，仅这一点就非常具有中国特色。

采访者：相较于主流文学，中国科幻一开始处于边缘地位，但现在逐渐走入大众视野，不少主流文学作家也对科幻题材跃跃欲试。您也经历了科幻从小众圈子逐渐变成有越来越多人在讨论的话题的一个过程，您认为科幻文学从小众走向主流视野的这个过程是社会发展必然导致的，还是文学史发展路上的偶然转折？

陈楸帆：我觉得这是必然，也有偶然，所有的偶然背后都有一个更大的必然。

这个必然包括了我们综合国力的提升，目前我们在进入一个高速发展的技术化社会，上世纪九十年代末到新世纪初，正好是互联网进入中国千家万户的时代，包括中国第一波互联网浪潮的兴起以及加入世界贸易组织，都代表了一个整体性的走向，即从科技、经济到文化的全球化过程。在这个过程中，科幻是更适合这种历史性转折语境的。因为科幻处理的是人类整体命运的问题，天然地具有全球化属性，并且又跟技术高度相关，所以科幻的流行是一个历史的必然。

国家也看到了这其中潜在的机会，包括更多的未来价值。科幻肯定在中国向下一阶段转型——成为现代化治理社会和科技创新驱动社会这一语境下，有非常重要的核心价值。它传递科学精神和科技创新的理念，激发青少年的好奇心和想象力，这是科幻一直以来都在做的事情。一百多年前，梁启超在他的时代提倡科幻小说，试图启迪民智以推动中国社会转型，我们今天在走一个历史轮回。当然，两个时代是在不同的高度上完成这件事的，这是螺旋式上升的循环。

但夹杂其中也有很多的偶然性，比如《三体》的出海，刘宇昆能翻译这么多中国科幻小说，以及《科幻世界》这本杂志的长盛不衰，这些都是偶然因素。但最终都形成一股历史的合力，将中国科幻推到了现在的位置。

采访者：在当代的语境中，文化的传承与变革同样非常重要，大众流行上形成一种未来复古主义的潮流，科幻文学研究不断溯源回到鲁迅身上，您是如何看待科幻在当代文化中的传承与效用的？您认为中国科幻有自己的美学维度吗？

陈楸帆：今天的科幻研究溯源回到鲁迅，学者王德威就认为是科幻小说在当下起到传承的作用，传承了从鲁迅那个时代的革命文学的传统，能探讨一些相对激进的问题：关于阶层，关于意识形态，关于未来发展。这些问题可能在如今的主流文学中看不见太多的讨论，但不论是鲁迅的那个时代，还是 1949 年以后，这些问题都在革命文学中有所体现。科幻具有一定的革命性，而且这个革命性就是它的生命力，如果丧失了这种革命精神，它就没有了核心价值。

然而，我认为中国科幻的美学维度还在探索当中。一些大众流行中小有名气的作品，例如"赛博山海经"，其实是在尝试着把中国的传统符号、美学符号跟西方化的赛博朋克类型做结合，但在内容中仍旧可以看出很多的魔法设定，还有机器美学混杂其中，这些实际上都是好莱坞的影子。

同样的情况也出现于其他领域的探索，包括设计领域、建筑领域、时尚领域，还有我们的文化发展。这些大多数呈现出间断式发展，每隔几十年就会有一个东西出现，推翻旧的价值和审美标准，然后这个过程又重新来一遍。但美学的形成有多方面维度，从上到下，从下到上，需要经过漫长的熏陶和滋养，而后美学才能沉淀和内化为我们的审美趣味和标准，才能最终称之为"美学"。不然就可能仅仅是一个潮流，每几年来一次，持续时间不长，每次都是各种借鉴和拼贴的产物。我们今天还更多地在讨论，街边的招牌是否应该统一样式，广告如何才能摆脱杀马特的风格，大家还没有形成统一的美学共识，处在一个初期阶段。在这种初期阶段，人们会用很多博眼球的元素，但看多了就会觉得这个东西它并不是美的，它只是一个刺激，而且是一个非常短时期的即时性刺激,最后才会察觉到它其实是反美学的。

审美是一个综合性的体验,是跟方方面面联结在一起的,需要几代人的沉淀。这不仅是一个概念设计,有了好的艺术家和作品就可以了,这背后也需要文学,也需要科学,也需要意识形态的变化支撑,我们还有很长的路要走,所以我说中国科幻的美学维度仍在探索之中。

采访者:上世纪九十年代开始,西方世界逐渐发现了中国科幻的特殊性,并且逐步地翻译我们好的作品。《鼠年》应该是您比较早期的一篇作品,但这篇作品后来选入《美国年度最佳怪异故事》,这也是中国科幻作家第一次被选入美国科幻奇幻年选。您的名字很早就出现在国外的科幻杂志上了,您认为中国科幻需要主动"走出去",还是专注于作品的沉淀呢?

陈楸帆:我认为沉淀下来和走出去都需要,我们现在的基础还是较薄弱的。虽然每年会有许多国家层面上的支持,如全国性的征文比赛,面向大中小学生,这确实会让很多人愿意来写科幻,但总体来说目前的科幻市场比较弱。每年出版的科幻图书和种类跟美国的科幻市场相比有非常大的差距,包括我们的科幻作家协会,只有几百人,但欧美的科幻大会一般都是几千人到场,这其中差了一个数量级。如果这个数量级上不去的话,科幻中的精品内容会比较难以沉淀下来。

很多人会问,《三体》之后我们还能看什么?《流浪地球》之后也有相同的影视作品出来,但还是同样的主题,没有创新。这其实就是整个产业的不成熟,创作人才梯队没有建立起来,核心问题还是没有足够大的市场来支撑更多人全职写作。美国的科幻市场是英文市场,英语写作面向的是全球英语国家能读能写英文的人,包括好莱坞的影视作品都是全球发行,这就决定了它的市场容量和天花板非常高。如果中国科幻没有办法出海,只做国内市场的话,竞争也是非常激烈的,这就直接导致了很多人没办法投入足够多的时间来发展写作,沉没成本太高,写作没办法作为一项职业来发展,这是一个大问题。

当然,最关键的还是中国科幻要走出去,走向全球市场。这样我们才有机会去做更高成本的影视作品,我们的目标和参照系才能和欧美齐平,才能有机会做出世界级的作品,影响更多的人,才谈得上所谓中国特色的科幻,这是没有办法回避的事情。

采访者:现在中国科幻发展得不错,但在很多科幻经典上,我们更加熟知的仍然是欧美科幻和日本科幻。不仅是文学作品传播度的原因,也涉及很多大众文化的改编和文化输出。我们知道您不仅是作家,同时也是科幻文化的传播者和科幻产业的推动者,您觉得中国科幻应该怎样主动输出并增加影响力呢?科幻作家除了创作还能从哪些方面给予支持?

陈楸帆:我觉得总体而言有几个方面。

首先,可以用对外大使的身份去宣传中国的科幻作家和作品,让更多人了解科幻,并且产生阅读兴趣。另外作家也可以传授一些写作上的经验给更年轻的写作群体,帮助他们快速进入角色。

其次,在科幻产业上,现在有很多做科幻创业的公司,如果想加入这一块的话,需要投入更多的精力在企业的运营和商业变现上,这并不一定适合所有人,但这也肯定需要人做,因为市场培育产业化的成熟需要长时间的投入。

最后,我认为科幻作家还可以主动跟科技企业和科学家,以及科研工作者去建立联系,助力更多的科研成果以大众流行的方式延伸开来,进行科普传播。我这次跟李开复老师合作的《AI未来进行式》就是这样的尝试,目前也得到了比较正向的反馈,未来我肯定还会进行这样的尝试,跟不同领域的科学家合作,做出一些更前沿更跨界的东西。

采访者：现实与虚拟的交融渗透和社交网络的垂直下放，让科幻更多地从文学走向大众流行，您近期也参加了非常多关于科幻传媒和文化方面的活动，能否分享一下科幻在文学之外的一些新热点和新动态？

陈楸帆：我在洛杉矶认识一些从事科幻产业的朋友，他们现在在用科幻做一种产品设计，类似于设计未来的一种工具。会跟很多企业去进行合作咨询，也会有相关的课程，听起来有点像未来学。但它是更偏向科幻的，用故事的方式来进行推演，我觉得这是很有意思的。

还有一些基金会的朋友，他们也会做这种未来方向的科学研究，以及一些论坛会专门提供奖学金计划去资助一些学者做研究。我们现在在讨论，是否能把科学家和科幻作家放在一起，科学家讲述科研成果，科幻作家写一篇科幻故事回应这种科技，可以是赞成的也可以是反对的。在欧美国家，跨界的交流碰撞比国内更活跃一些。

我觉得这些方式都可以移植到国内来，将科幻跟更多的领域和更多的人产生联结，很多新价值才能在这种跨界中碰撞出来。

采访者：学者宋明炜认为中国科幻正在经历着自己的新浪潮，您身为中国科幻作家其中的一员，以您的视角看去，中国科幻正在迎来怎样的机遇和挑战？

陈楸帆：目前是机遇与挑战并存。机遇是更多人看到了科幻的价值，包括商业上的、社会上的，还有科技创新方面的价值。很多学校和学术机构会把科幻纳入教学当中，我们的中小学也在这样做，将科幻作为科学课和语文课的一部分。同时也有许多影视改编和动漫游戏往科幻的方向靠拢，这有政策引导的一部分。

但是目前的中国科幻还处于上升期，拥有非常多的可能性，仍需要打好基础。科幻的写作和培训，以及发表的平台，目前还比较欠缺。不论是纸媒还是网络媒体，专门面向科幻群体的还较少。有些人可能写了很多,但没办法很快得到发表和反馈,这方面是我们目前面临的产业挑战。更大的挑战在于我们如何与世界接轨,怎么走出去面对全球化的市场和观众? 韩国这几年的文化输出值得我们借鉴,像《鱿鱼游戏》和《寄生虫》等韩国本土的影视作品,能被全球的市场和观众接受,并且拿到奥斯卡奖,这是很让人震惊的。虽然奥斯卡是个西方化的奖项,但这也恰恰证明了韩国在文化输出方面做得非常成功,既保留了他们的本土特色,又能以一种全世界都接受的方式来讲故事。这些值得中国创作者学习,我们不仅要说自己想表达的东西,也要考虑接受者的心理,这是目前需要克服的一个挑战。

采访者:在科技迅速发展的当下,您如何定位自己作为一名人文学者的身份与价值? 科幻对您来说的意义和价值是什么呢?

陈楸帆:我认为我的价值在于:把各个被割裂的领域缝合起来,通过对话和讲故事的方式,让这些领域产生连接,实现从不同视角看待问题。我就是一个媒介,一个连接者的角色。科幻对我来说则是打开次元壁,连接不同时空的一扇大门。

科幻内核是生命的真实体验

——宝树访谈

访问：蒋金玲　成炬锦

宝树，科幻作家、译者，中国作协科幻文学专委会委员，北京大学博古睿研究中心学者。著有《观想之宙》、《时间之墟》等五部长篇小说，中短篇作品发表约百万字并出版多部选集，屡获中国科幻银河奖和华语科幻星云奖的主要奖项，多部作品被译为英、日、意、德等外文出版。主编有科幻选集《科幻中的中国历史》等，译著有《冷酷的等式》、《造星主》等。

科幻创作是一个需要灵感的"点子文学"

采访者：宝树老师您好，您是哲学专业出身，请问哲学对您的科幻创作有什么影响吗？

宝树：我接触科幻其实比哲学还要早，或者至少是同一时期开始。对我来说，不是先哲学再科幻，比如我小时候就看了许多科幻小说，但那时可能还不知道什么叫哲学。然而当我学习了哲学之后，如果说有什么影响的话，我可能会对科幻中与哲学相关的点比较感兴趣，比如说虚拟现实、缸中之脑、实在论或者时间问题等。因为我的哲学研究方向涉及时间理论较多，对这一部分也较为熟悉。但我写小说肯定不是为了去弘扬或是阐发哲学理论，只是有时借用哲学中的概念，来激发创作灵感。

采访者：您的第一部引起轰动的科幻作品《三体X：观想之宙》于2011年出版，此时距离您开始写作已经有一段时间。请问是哪方面的力量驱使您走上科幻文学创作这条道路的呢？从小到大，哪些科幻作品给您留下的印象比较深刻？

宝树：我是从2010年开始在网上创作，《三体X》也是在那段时间写的一部同人小说。但在这之前将近二十年，我就已经在读科幻了。我小时候痴迷于阅读科幻小说，但那时能看得很少，比如郑文光、叶永烈、刘兴诗的小说。以及翻译过来的科幻小说，比如日本小松左京的《宇宙漂流记》，中文版是1988年出版的，我也很喜欢看。

故事特别有意思，讲了一群孩子的宇宙探险，他们碰到了一个有生命的星球。当时是九几年，我才十几岁，特别喜欢类似"探索另一个世界"的情节。还有《中国科幻小说大全》这本书也很有意思，它收录了七八十年代的科幻小说，虽然每篇小说只有梗概，但我对此还是非常着迷。年纪渐长后，我又接触到了别的科幻小说，比如读了阿西莫夫，以及中国的王晋康、刘慈欣等老师的作品。在上大学后，还会读一些原版的科幻小说。到了一〇年，我就开始自己写一些小说，差不多是这样的一个创作过程。

采访者：您刚刚说了许多您印象深刻的科幻小说，请问除此之外，您有没有受到科幻电影或者科幻连环画、漫画等的影响呢？

宝树：这些肯定是有的，细说起来还有很多。对我影响最深的其实既不是小说，也不是漫画，而应该是某一版的《十万个为什么》，我很喜欢看其中与天文知识有关的板块，我觉得这与科幻有相通之处。我记得当时里面有一张照片，内容是美国的探测器在火星上拍的一堆石头。现在看可能稀松平常，但我当时就觉得特别神奇，因为人类的科技竟能够拍到另一个星球表面的样子。我当时经常对着这张照片，一看就看很久。

还有小时候看的连环画。我记得早年看过一本连环画，名字可能是《玫瑰星座三号》。故事情节很普通：几个地球人被外星人带到飞船上，飞往他们星球上去。但当这个故事以具象的形式呈现时，就感觉非常有意思，因为能直观看到各种神奇生物的模样以及宇宙飞船的造型等。长大后，我读了它的原作小说，发现篇幅很短，情节也较平淡，跟看连环画时候的感觉完全不一样。进一步来说像动画，尤其是日本、美国的作品——比如我小学时看到的《太空堡垒》——儿童的体验与成年人完全不一样，在十几岁的青少年眼中，这可能就是另外一个世界。还有九六年的美国电影《独立日》，当时因为没有在国内上映，我大概是过了三五年才看到，但是特别喜欢看，至少看了十遍以上。类似的还有《侏罗纪公园》等许多例子。

采访者：《三体 X》是从刘慈欣老师的《三体》延伸而出的同人小说。请问您觉得对于普通创作者或者科幻爱好者来说，一开始以同人小说的形式进入创作中,会不会是一条较好的路径?

宝树:第一,我觉得模仿是创作的最初阶段,比如我们中小学时学习写作文,都是从模板的套用开始,之后才慢慢发展成自己的东西。小说其实也是一样的,当然不能直接照抄别人的小说,但如果是同人创作的话,他人的小说会给你一个基础,因为它框架已经搭好了,你再去里面发展,这对于没有什么基础的人来说会比较省力。

第二,对于起步者来说,创作兴趣会更大。比起我构思出一个全新的故事,如果我本来就对这个故事感兴趣,我愿意去写,那么创作它的同人对我来说就具有更大的动力。我记得最早期的网络小说,充斥着大量金庸同人,也不乏关于古典名著的,比如《西游记》的同人作品。所以同人既提供了创作的便利,也给予创作的热情。而且读者也更愿意去看这个小说,这一点我觉得很重要,因为此时的同人文读者和创作者共享同一基础,等于已经筛选过一遍读者了。

同人创作有它的好处,坏处也存在。最明显的就是版权问题,比如在之前的金庸诉江南的《此间的少年》侵犯著作权的事件。但如果从纯粹的练习写作的角度讲,同人创作应该是一种蛮不错的练习方式。

现在中小学的语文课,也有许多类似的练习,比如教师让学生在莎士比亚的《威尼斯商人》中加入一段对话,或者续写莫泊桑的《项链》等。写作往往是从重写或续写开始的。但其中也有许多成功的作品,像《金瓶梅》就是《水浒传》的同人文。

采访者:您认为进行科幻创作最重要的是什么呢?是灵感、经验,还是什么其他的重要因素呢?

宝树:这个问题不好回答,因为写科幻与创作其他小说有许多共通之处。首先都需要识字,创作者要有起码的文学描写能力,其次要有广泛的阅读,当然也需要人生的体验。不能说写科幻与其他文艺形式的要求完全不一样。**但如果你让我说科幻有什么特殊之处的话,我觉得可能是它需要更多的创意灵感,毕竟科幻是一个"点子文学"。**

从我写作的角度出发,"灵感"就像是从我脑子里突然蹦出了一个新世界的感觉,是与当下完全不一样的东西,比如这个世界由电脑统治,或者这是一个时间循环的世界,以上都是很平常的科幻设计。但最初还是很惊艳的,当我想到这些点子的时候,我好像远远看到了这样一个世界,此时会有一种恐慌感,因为这个世界只被我一个人知道,如果我不写出来的话,它就消失了。此时我就很想把这个世界带到存在之中,类似于"bring it into being"的感觉。**这可能是和其他小说稍有区别之处,即科幻创作始于一个世界观上的创意,而创作者会对它有一种特别的责任与激情,想要让它拥有更完满的存在。**

采访者:关于创作状态方面,请问您是有一个固定的写作时间表,还是依据灵感而创作呢?

宝树:我应该是处于两者之间的类型。当我有灵感的时候,我愿意多写一点,比如到了休息时间,但写作想法仍很强烈时,我会起一个开头以便我第二天找回此时的感觉,这时我会多写以抓住我的想法。但也不能完全依照自己的写作状态,比如长篇的写作需要创作者的毅力,或是一个比较长期的规划,这时就不能因为今天有灵感就多写一些,状态不好就基本不写。写长篇时的规划应该是首先我要有个基本的情节框架,之后慢慢把内容填充进去。有时候填的质量可能不太好,但也不能停下,要一直坚持写作,总会出现新的并且更好的想法。写作就是这样一个综合的过程。

采访者:科幻的写作,其实在很大程度上是一些机构做一个推动的状态下表现出来的。那么您觉得这种征文的方式是有利于作者展开他的想象,还是其实在某种程度上限制了想象,造成了程式化的写作?

宝树:我觉得问题不是很大。第一,这种参加征文比赛的基本上以初学者为主。成名作家很难想象会参加征文比赛。所以,对比较有成就的作家来说,征文比赛限制不了他们的想象。而对于初学者来说,因为这种征文很多元化，各种主题都有，所以他可以参加很多这种比赛。但是你的忧虑我觉得是存在的，比如说现在"元宇宙"特别热。好几个地方搞"元宇宙"科幻征文，大家就把元宇宙的这些东西写进去。如果心态特别焦躁、浮躁地去做，那肯定是做不好的。最后出来一堆可能不是特别高明的创作。并且像这种主题非常热门，举办方可能马上就想把它卖版权，炒作一个概念，或者怎么赚一笔快钱。这样的话，它对你创作的要求会比较狭窄，限制也会非常多。所以从这个角度讲，如果说这种比赛非常多，而且类型主题又比较单一的话，还是会有一定的负面影响。

采访者：宝树老师，您最近翻译了《造星主》这部作品。我想问一下，在创作科幻文学和翻译科幻文学的过程中，您的心态有什么差别吗？

宝树：这个怎么讲呢，是有相同之处，无论是创作还是翻译，都是进入一个新的世界。但是翻译的话，当然它有技术的要求，毕竟你是翻译一个外文的东西，要有起码的外文水平。同时，它有一个好处，你只要外语不是太差，每天都翻，都可以有进展。这是非常平稳确定的过程。写作不一样，写作前面完全不确定，可能在开头的时候你都不知道结尾是什么。你有无数的方向可以去选择的时候，你就会迷茫迷失在里面。但翻译还是一个有方向性的东西，反正你把人家现成的书翻出来就好，会相对比较简单。不过，当你翻译完了一部外国作品，特别是一部名著的时候，你对它的理解是比泛读一遍要深入得多的。因为一句话你要反复咀嚼很多次，甚至要把一句话一段话给拆散了，再联系前后文重新安排。所以对它的整体意思、语境的理解就会很深。如果想跟外国作家学一些东西，那么翻译就是个很好的办法，让你用最深刻的方式去理解，理解人家为什么那么写，他那么写的用意是什么，好处在哪里。这样的确会比较有帮助。

采访者：在中篇小说《关于地球的那些往事》中出现了神的概念，但这一自称"远古的神族"的是地球人在几万亿年以后创造出来、同人类相近的种族。《克苏鲁神话》中的"旧日支配者"克苏鲁也是从外星来的种族，请问您觉得在科幻小说中将"神"与"科技"、"外星人"等元素的结合有何意义？

宝树：这是个蛮有意思的问题，因为在东西方的幻想文学中，神都很重要。在"神"这一概念上，人们会寄托很多感情、虔诚的信仰、爱与希望……**到了科幻领域，其实很容易用科幻的概念去重新阐释这个古老的神话或传说，重新去改写它**，让神这个古老的词汇具有新的生命力。我最近翻译的《造星主》讲的是关于创造宇宙的神的故事，斯塔普尔顿用科学理论去解释"神"和宇宙之间发生的各种事情。**换而言之，人类很多古老的困惑，以及古老的爱与憎，都与"神"的概念相联系。**

在科幻时代，一部分科幻作品会把二者结合起来。有的作品表现得比较肤浅，比如说外星人就是神，神就是外星人。然而也会出现一些较为严肃且有深度的创作，比如阿瑟·克拉克的《星》还有罗伯特·索耶的《计算中的上帝》，两部作品都是用"外星人"去重新阐释人和宗教的关系，让读者重新去思考，如人的存在价值以及在宇宙中的位置等问题，这个还是非常有意义的。

采访者：在您的作品合集《少女的名字是怪物》中，女性大多犹如《神曲》中的贝阿特丽采般充满光辉，她们或是解救被困在时间牢笼中的男主人公，如《时间之王》，或是男主人公因对她们的思恋而甘愿进入永无尽头、毫无回报的时间循环之中，如《灯塔少女》。请问宝树老师在这些女性形象中寄托了怎样的愿景？

宝树：这很难说有什么愿景。我觉得男女之间本身就有情感羁绊，我从男性的角度去写，可能容易把理想中的女性角色往这个方面去塑造。我之前也创作过若干以女性为主角的小说，但如果将自己代入角色中，我却很难想象出一个男神的形象。而当我代入为男主角来创作时，会比较容易设想出一个类似于女神，或者是理想女性的形象。我创作的时候可能有这样一个倾向。这个当然不一定有利于提升作品的高度，但增加了不少创作的兴趣。写作还是自己写得开心最重要。

采访者：在您的中篇小说《人人都爱查尔斯》中，查尔斯背后的资本方通过向大众贩卖查尔斯的实时感官体验，获取了庞大的经济收益。观众则在这种共享过程中，逐渐沉沦，迷失自我。这跟我们当下"网红文化"和"饭圈文化"现象十分相似，您能谈下现在娱乐文化对青少年的影响吗，以及娱乐与非娱乐界限消失所带来的后果？

宝树：这其实是一个特别大的问题，这类代入现象其实从古至今一直都存在，比如根据记载，在清朝时期，有一位少女特别喜欢看《红楼梦》，觉得自己就是林黛玉，茶饭不思，最后香消玉殒。一本书都会对人造成如此大的影响，更别说现在层出不穷的影视作品了。这离不开传媒业和发达的信息技术，但其背后更多的是资本的问题。

资本的目的是盈利。在我小时候也有许多追星现象，但没有现在这么狂热，这是因为那时的资本缺乏跟个体产生关联的技术手段，只能通过电影或歌曲来盈利，这其实是比较有限的。但现在资本可以通过拉群、打榜或购买周边的方式，源源不断地攫取经济利益。其背后的逻辑是让粉丝对明星的迷恋最大化，以使资本方利益最大化。所以可以看出，导致饭圈现象出现的原因，不是粉丝，也不是偶像，而是资本。我写《人人都爱查尔斯》的目的也是表现这一点，其实查尔斯和粉丝都很无辜，背后的跨国公司是导致事态疯魔化的罪魁祸首。当然，这是一个比较深刻的问题，在小说里只能浮光掠影地探讨。

意识与时间在本质上是一体的

采访者：在您的《时间之墟》以及《少女与薛定谔之猫》中都提到了人的意识。《时间之墟》中的意识强大到能形成一个自我推演、自我循环的独立星球。《少女与薛定谔之猫》则似乎指出其强大的原因在于人的意识不断地在确认与否定之间跳动，这似乎与宇宙的毁灭及新生法则相类似，请问您是怎么看待意识的？

宝树：这问题很大，也是一个很严肃的哲学问题。"人为什么产生意识"，到现在还没有一个非常令人信服的答案。这在哲学中被称为"Hard Problem"，即意识的本性问题是目前认知科学或者是心灵哲学领域中，最艰难的一个问题。而意识其实和时间有关，因为最深的意识其实是对时间的意识。当你闭上双眼，你可以想象空间不存在，但你无法想象时间不存在。即使什么都不想，你也会觉得某种东西在流动、在不断地绵延，而这就是时间。**所以意识和时间本质上是一体的**，这个可能不太好理解，但至少和人心理上的时间、人主观意识上的时间，它是一个一体化的过程。

那么还有一个问题，人的意识和动物的意识有什么区别？有个理论认为人有自我意识，而动物没有。所谓的自我意识，指人意识到自己有意识。这是一个很重要的区别，动物可能有意识，但它意识不到自己有意识。那么还有个问题，就是当你意识不到自己有意识时，你还有没有这个意识？

而当你意识到自己有意识时，你就把自己的意识当成了一个客体或对象，你开始有了"自我"的概念，即我是我的概念，与此同时，也有了别人是别人的概念。这会产生很多现实问题，比如说承认的问题，人在社会上需要他人的承认。他人的歧视本身虽然不会对个体造成实质的伤害，但只要歧视发生或者是个体觉得他人在歧视他，他就会感到不安。这是因为他有自我意识,他意识到其自我正在被当成对象而被审视和贬损,所以他才会表现出生气或害怕。这些都与意识密切相关。所以意识是一个很哲学化的概念,需要人花费一辈子的时间去思考,才会得到一些解答。

采访者:您刚刚提到了人的主观意识,其实"主观"这个概念可以联系到"情感"上。您笔下的许多科幻作品中都涉及了"情感",而且情感往往是时间科幻事件发生的导火索。比如您刚刚举的例子《妞妞》那一篇中,一对夫妻出于对女儿的不舍和思念,购买了一台与女儿别无二致但永远不会成长的仿生人。可情感的付出在机器人身上毫无用处,对女儿的爱把他们都禁锢在一个由情感所构成的时间牢笼中。从该角度看,情感也具有某种与时间相关的科幻属性。想请问宝树老师,在您看来,情感的波动与时间的流动之间是否有相似之处?

宝树:我刚刚也讲了,其实意识的深处就是时间,是我们所感知到的时间。反之,所谓的客观时间就是脱离我们感知的时间,这在某种意义上就不是时间,而是一个类似于空间般的维度。所以人的时间是从过去到现在到未来,不断流动、发展、变化的过程,如果脱离了人的感知,那时间就不是我们所感知到的时间了。就此而论的话,时间和人的感知深刻相关,它也与人的情感深刻相关。**所以从某种意义上讲,时间是一种情感性的东西,至少是感性的**("sentimental")**东西**。特别是在创作小说时,你会发现这非常重要,比如说你想象在人类出现之前,这个宇宙经过了一百亿年的时间。这一百亿年看上去无比漫长,但当你觉得它漫长时,你是想象着有一个"人",或者说意识的主体在经历这一百亿年。可如果这个主体不存在,没有任何主体感知到这一百亿年,那这一百亿年和一秒钟没有任何区别。在你假想一个意识的主体经历这一百亿年时,你会感受到一种虚拟的坐牢般的痛苦,或者说是漫长的时间给人带来的震撼与压抑。因此人对时间的体验不是空洞、抽象的,而是和人对生命的感知深刻地联系在一起。

而时间不只是从过去、现在到未来的线性结构，至少对人的感知不只是这样。我们感觉不到相对论时间，我们不可能坐上光速飞船，也不可能进到黑洞中。但是人的情感会让时间有许多丰富的变化，比如有时候你会回忆到很久以前的事情，甚至一度神游，好像自己回到了过去。或者也可能十年前、二十年前的事混在一起，过去的时间仿佛在同一个时间的平面上。这会产生出很奇特的效果，比如我对我第一天上大学的记忆非常清楚，对毕业时吃散伙饭的那天也记得很清楚，此时我大学生活的第一天和最后一天就完全重合在一起，中间的一切都好像没有发生过。

我之前写过一篇文章，**说我们写时间方面的幻想小说，虽然需要依据一些科学理论，但实际上真正打动人的，还是人的生活中对时间的内在体验，这是我们人类情感的宝库**。所以当你阅读这些小说的时候，其牵动你内心的还是现实生活中对时间的体验，一种丰富而又变化无穷的感受。

采访者：在小林泰三的《醉步男》中，时间与人的主观感受断裂开来，主人公在多条时间线中穿梭。您对这类人的感知与时间相互脱离的作品有什么看法呢？

宝树：我很喜欢这部作品，也看了好几遍。但我刚才说的，其实和你说的不矛盾。我认为时间和情感并没有断裂，因为它这个情感不是狭义的爱情或者亲情等，而是人面对人，面对这个社会，面对这个世界，产生出了一种综合性的反应。比如说《醉步男》反映出的这种失控，主人公对于实在性的感觉就溶解了。因为任何一个时代的东西，它都是在时间中呈现的，切换一条时间线，它就不存在了。有一本书叫《一切坚固的东西都烟消云散了》，作者是马歇尔·伯曼，就是描述迷失在一个后现代主义的迷宫里的状态。现代社会有时候会给人这种感受，比如社会的碎片化，人的时间碎片化。我们每个人每天把时间切成几百个碎片，去干不同的事情；但有很多事情做了以后，我们不明白有什么意义。最后,你就会觉得自己不知道我是谁,我在哪里,我在干什么,会陷入很深刻的迷茫。我认为现在这种社会的复杂化、碎片化就会导致这样一个结果,而科幻可能就以比较极端的方式把这个状态给呈现了出来。

采访者: 您曾在《少女的名字是怪物》的作品合集中,写到"站在人本身的角度,AI是撒旦的诱惑",请问您对AI未来的发展持怎样的看法?有没有什么特殊的视角?

宝树: 这也是一个经常被讨论的问题。人工智能未来可能会到达奇点(singularity),人工智能的发展可能会飞跃到人类无法想象、更无法把握的地步。这样一来人类的生活很可能会发生翻天覆地的变化,甚至可能毁灭。但是我现在想到的是更近未来的场景,在技术稍低的社会状态下,AI的发展对人类社会还是会产生很大的改变,比如会同《妞妞》中所写的那般,人们能够造出与去世的亲人一模一样的机器人,那么此时的家人就会把很多情感寄托在机器人身上。

在前一阵有访谈问我:"人能不能爱上机器人?"我在思考这一问题时,发现了一个特别可怕的可能性。未来科技发展到一定程度以后,可能会出现既善解人意又颜值超高的机器人。你现在要找个跟大明星一样美丽或帅气的人谈恋爱,可能万分之一的概率都没有,但在以后只要你有钱就可以买一台回家。个体肯定会对这台千依百顺的机器人产生强烈的情感。但这种AI的售卖和生产都是由资本所控制,资本会利用这些AI实现自己的利益最大化,比如影响你的消费习惯。另外,对你千依百顺的机器人会改变人的相处习惯,这会降低人际相处中的矛盾容错率,如此一部分人就很难与平等的人之间建立交际了。这是一个我觉得比较现实的场景,比如在一二十年之后,人可能会有社交障碍。同理,当人对AI产生爱以后,很可能导致个体难以与真实的其他人类之间产生有意义且实在的情感。我觉得这是值得我们思考的方面。

采访者：您认为未来 AI 和人类可能的战争，与 AI 的情感进化是相辅相成的一个过程吗？

宝树：其实我们现在很难去预测 AI 怎么发展，因为人的个体性很明显。个体性就是一种隐私性，或者说，我的思维对你是不透明的，对你来说是另外一个个体。但是在 AI 之间，如果它们能交流的话，它们就能够看到彼此的思维，它们这种个体性和群体性的关系模式可能超出我们的想象。AI 内部甚至可能也有等级差别，最高等级的 AI 看低等级的 AI 就像人看猴子或者猩猩。我也十分赞同您所说的，人的情感进化与智力进化是一体的。**在这个社会，我们要理解人类，就必须要理解人类的情感。**否则，虽然人类的智慧程度发展极高，可以解决许多科学问题，但是就缺乏情感方面的深刻共情，或者说相互理解。从这个角度来说，这种生物也许就不能称为"人"了。

科幻文学需要推想性与逻辑性

采访者：请问您认为中国古代到底有没有科幻呢？

宝树：你看这本书《中国科幻小说大全》，它里面有一些归纳，我觉得还蛮好的。这本书的第一编叫《中国古代科幻故事》，里面有比如偃师造人、诸葛亮造木牛流马等故事。这本书的编者觉得这些还是很具有科幻性的。从我个人角度来讲，这些可以叫科学幻想的萌芽，但它本身并不是一个很科学的幻想。因为古代就没有现在这种科学的概念，那时候可能有技术，但是没有科技的概念。**所以，古代的想象尽管在某些方面可能与科学的发展暗合，但它本身不能直接被视为科幻。**就好比说孙悟空拔一根毛，变成几百个猴子一样。它这个想象，如果按现代科技来讲，的确毛发的毛囊里面有些细胞，是可以拿来克隆的。所以从这个角度讲，它和科幻是有点像，但是当时《西游记》写作的时候，作者完全不知道这方面的知识，他就是一个空想，只是碰巧和现在这个科技的东西有一点相似。所以你不能把它叫作科幻。但是如果你把它改写成一个很科幻的故事，这就是另外一个情况。所以中国古代的很多想象，像嫦娥奔月，的确不能算是科幻。但是有些地方，它有一个科学的萌芽。比如说我举个例子，武侠小说其实是中国式幻想文学中最接近科幻的形式，为什么呢？因为武侠小说的根据是人的"经脉"、"气功"这样一些理论，这个理论你可以不信，但它的确是古代人对这个世界、对人体的一种接近科学假想的解释。哲学上叫气化的宇宙论，是一种自然哲学的理论，和神话或者宗教有根本区别。通过这个理论，去想象一些故事出来，可能还不算科幻，但是已经非常接近科幻了。

我再补充一点。**科幻还有一点就是推想性，或者逻辑性。**关于逻辑性，比如说《西游记》里面，孙悟空拔根毫毛就可以变出无数小猴子，它不光是没有科学依据，同时也没有逻辑性。就是想到哪写到哪。那平常比如化斋的时候，孙悟空干吗自己去呢？他拔根毛变成小猴子去化斋，自己休息就行了。甚至说为什么他们不能把唐僧抓着，背着唐僧飞到西天去，这个问题也没法用数学原理解释清楚。还有天上一日世上一年，这个逻辑其实作者有的地方讲，有的地方作者他就忘记了，经常是上了天，讲了半天话，回来以后还是同一天，并没有过去几个月。所以类似这种情节的细节还是蛮多的，它的逻辑性不严密。但是对科幻来讲，它有一个前提，就要相对比较严密，很多东西是要推论、演绎出来的，这可能也是一个大的区别。

采访者：请问您认为，中国的科幻文学与西方英美科幻文学最大的差别在哪儿呢？

宝树：我觉得双方的民族性，或者说文明的属性不太一样，导致重视的重点会不太一样。比如西方科幻小说里面，我刚才讲了，他们对宗教性的东西很重视，隔三岔五就会转往那方面。比如说《2001 太空漫游》，最后它有很多和神的概念结合起来了。我给你举个例子，有一本小说叫《一个时代的终结》，目前还没有中译版，我当时看的英文版。这里面的主角有着宗教信念。他经历过很多打击，然后时间穿越，回到了侏罗纪，看到很多恐龙。他突然想，这个时代有没有上帝。侏罗纪有没有上帝呢？他突然间崩溃了，在侏罗纪的山头上大喊大哭。其实作者罗伯特·索耶是想讽刺那种宗教的情结，但是中国人看了就会觉得莫名其妙，你说都时间旅行到了侏罗纪，你不去看恐龙，你在那儿哭什么。所以我们中国人不重视这块儿。

还有现在西方很流行的一些议题，性别的问题，包括变性人等这些问题。但中国人至少目前阶段来说，对此还没有很真切的体验，没有感同身受。比如说《流浪地球》中的生存问题、温饱问题，这些才是中国人非常重视的。这个和西方是很不一样的。我前两天跟我小孩讲《西游记》的故事，讲到女儿国那段。女儿国有个"落胎泉"，唐僧和猪八戒喝了子母河的水后怀上了，然后他们就去喝了落胎泉，肚子就消失掉了，在中国是很好玩的故事。我估计如果放在西方的话，就有很多争议了，因为他们认为把孩子打掉了是伤害生命，他们这个问题逻辑马上就转到另一方面去了。所以我看着就很感慨，中西方在对很多问题的感受上，古往今来，一直有很大的区别。

采访者：您在写作的时候有没有受到类似于《冰与火之歌》这类奇幻作品的启发呢？

宝树：我本人也算是一个奇幻迷吧，阅读的也很多，包括《冰与火之歌》、《魔戒》、《时光之轮》等。一般说的奇幻，严格讲是"西方史诗奇幻"这样一个概念，《哈利·波特》其实都不太算"史诗奇幻"。前几年我和《冰与火之歌》的译者屈畅做过一个对谈。最后我们发现科幻、奇幻其实是同根而生，它们都是在十九世纪发展起来的，只是奇幻的方向不一样，科幻可能注重未来，而奇幻更多回到古代的、中世纪的传统中间去找魔法、精灵、怪物等灵感。但是它们实际上都是对工业化时代产生的一种反应。其实在之后这些作品中，科幻和奇幻也有很多互动的地方,一方面,很多奇幻和古代的神话传说或者古代小说不一样的地方,在于它的推想性非常强;比如说《哈利·波特》里面的魔法体系,你是不能随便改变的。它是按这个体系推演下去的,就比如霍格沃茨,他们叫魔法就像我们叫科学一样,是魔法科学,是按科学方法去推演出来的。它还用了很多科幻的概念,比如说像时间旅行,等等。另一方面,很多科幻其实也在奇幻化,比如说像《星球大战》这种作品,虽然是科幻,但是实际上各种外星的种族、各种神奇的光剑、各种打斗,其实非常奇幻化。所以这两方面是相互学习的,我们不是说读科幻就只读科幻,我觉得奇幻其实是能给人一种启迪的。而且许多奇幻小说,好处在于世界观比较庞大严密,胜过科幻。所以这也是可以学习的地方。

采访者:那么您认为现在科幻文学创作是不是有一个"科幻奇幻化"的发展趋势呢?

宝树:对,这个是有的。因为我刚才解释了这个推想的概念了。现在西方来说,科幻和奇幻的界限越来越模糊了。很多雨果奖得奖作品,你不能说它是科幻,因为里面有魔法什么的元素存在,但是又好像有很多科幻的概念,它也不光是奇幻,处于一个混合的状态。当然硬科幻也有很多,但是介于两者中间的作品会有非常多。所以它们倾向于以另外一种更加广泛的概念去囊括这个东西,就是推想小说(speculative fiction)。包括我自己的一些创作,它可能定义上算是科幻,但是写法很接近于奇幻。我最近出了本书叫《灭绝古陆》,讲的是几千万年前一种古生物创造的文明。这些生物设定是有科学依据的,是一种奇特的非人类的生物,看起来就很像是童话;他们的科技水平比较原始,但能接触到一些前人留下的相对比较高科技的东西,他们可能觉得是魔法;我想把这个世界里面他们对魔法的感受,对于神话,对于神的信仰也传达出来,所以这也很像是奇幻的作品。但实际上是比较严格的科幻,没有真正意义上的奇幻内容。

采访者：日本有一个奖项叫"SF大赏"，它里面的分区很多，而且并不是科幻小说的推理或者魔法类的小说都可以得奖，请问是为什么呢？

宝树：其实就像刚才我们讲的推想小说的概念，这个概念太大以至于把其他类别都囊括进去了。实际上写作的时候，也很难区分这些东西。包括我在自己家的书房里面，我想要把书分门别类摆好，我一开始想把奇幻和科幻分开，后来发现很难分开，因为很多人既写科幻，又写奇幻，或者历史小说。例如马伯庸，你就得把他的历史小说放一边，奇幻放一边，科幻就放另外一边，这样就分太多边，就七零八落了。而且很多地方，整体框架是科幻，但中间比如说有些概念，比如超能力，你说是科幻还是奇幻？你说是科幻吧，又没有那么科学；你说是奇幻吧，这种超能力的东西又表现了很多科技元素在里面。像阿西莫夫、阿瑟·克拉克，他们也写过超能力，所以这种模棱两可的概念非常多。包括超能力、时间旅行、返老还童，这些概念他们都是模棱两可的，因此会有这样一个问题。所以来说，科幻和奇幻没法分，和历史小说其实也很难分，就放在一起吧。

采访者：请问在目前对软硬科幻的划分中，硬科幻是否不能含有任何奇幻元素？

宝树：你可以这样分，但是这样分的话会有很多问题。比如刘慈欣，你可能认为他写的就是严谨科幻，但是他有些作品其实也没有那么硬。你说算哪个呢？他有一篇小说叫《烧火工》，完全就是奇幻或童话的东西，但也有很多科学的元素渗入里面。那么《烧火工》算奇幻还是科幻呢？同样，也不能把刘慈欣和其他人分开，所以就会有很多两难的境地。像王晋康他也写过一篇神话小说《古蜀》，所以说很多作家他都是跨两边创作的，这种情况非常多。而且"硬科幻"，要有多"硬"呢？这个也是不好界定的。十来年前，我和大刘在一个BBS里面，叫水木社区，当年很多清华北大的博士喜欢在里面灌水啊，聊天什么的。那个时候大刘还不是很有名,平时大家对他也就没有仰视。有的人经常就说他,大刘,你写这个是软科幻,你知道吧?你看你这里分析错误,那里计算问题,你这个就是软科幻。所以我知道这个世界上确实有一批人,他们的标准非常高,他们就是觉得刘慈欣写的是软科幻。当然我们不能当真,以他们的标准说,还有几个是硬科幻呢?可能就找不出硬科幻了。根据不同学历和知识水平的社会公众对科技的理解程度不同,对科幻的看法可能也不太一样。

科幻城市建设彰显超越传统的文化张力

采访者:*成都是中国著名的"科幻之都",也是《科幻世界》杂志社所在地,并且您也写过一部短篇小说《成都往事》,故事发生地点就在成都。请问您认为,成都是因为哪些优势,才得以发展成为中国的"科幻之都"呢?而像深圳这样的城市,如果想在科幻创作领域进一步发挥作为,有什么可以学习借鉴的吗?*

宝树:我认为成都很有意思的一点是,它有很古老的历史。我们这里算三千年吧,它的文化长期在主流中原文明之外,是别有天地的巴蜀文化,例如广汉三星堆遗址、成都金沙遗址等。展现出的文明形态非常奇特,给人很多遐想的空间,因为它不同于传统夏商周王朝的历史,神秘而未知,可以据此想象许多东西。而成都发展到现在,又有许多与高科技相关的东西出现,比如电子信息产业和核工业等。比如《科幻世界》杂志社,作为中国科幻领头羊,是一个中流砥柱的存在。**所以这个城市会把许多方面,历史、现代、科幻、科学等都结合起来,就形成了一种文化张力。**

而深圳则是一个全新的城市,只有大概四十年左右的历史。虽然科幻文学中,想象高科技和未来的东西多一点,但它同时也需要一个张力,需要一些历史久远的内容作为背景。我在成都街头走的时候就感觉很魔幻,在成都街头会有很多古代留下来的巨石,叫天涯石、支矶石等,现在基本保护起来了。没有人知道这些石头是从哪里来的,只有一些神话传说。现在我们认为,它们是古蜀文明的时候,在一些宗教建筑前面立的巨石。这就有一种远古的神秘气息,但在现代化街头看到这些石头,远古和当代交错在一起,给人很魔幻的体验。

所以对于科幻文学的写作,以及对科幻之都的建设,也许需要久远历史背景的支撑。**科幻并不是光有个什么新技术就完了,有时候它需要有一些超出人们理解的神秘性的元素,所以成都这方面还蛮有意思。**但深圳也很好,因为是一个新的都市。我去过三四次深圳,比如说我去腾讯总部参观一些高科技的技术展览,看上去非常未来,非常先进。我觉得这肯定是一个很好的优势。还有一点是深圳它相当于中国的一个门户,可以起到与世界交流的作用。深圳还有一个公园叫世界之窗,里面的东西表现了世界的各个角落。但深圳可能就是需要找到一些更富有自身特色的东西。

采访者：那么可不可以认为,您刚才所说的"张力"就是一种科幻与历史之间的关系呢? 或者说您认为,在创作中怎么去平衡科幻与历史之间的这种比例呢?

宝树：不一定要是历史。比如说很多文化的东西、文明的元素,创作没有一个固定的方法可以去讲,你只能写的时候自己去体会。有些人他不会写,你会很明显地感到他的弄巧成拙。前一阵我看到一篇小说叫嫦娥奔月之什么,然后我发现这个作者其实还蛮有科学素养的,他讲的是中国航天员探索太空的故事,科技的描写总体还比较到位,但关键是他很生搬硬套地把远古神话套了进去。比如说本来神话人物名字是"嫦娥",作者为了合理化,把女主人公姓改成了"常",叫常娥;男主人公叫侯易,就是把"后羿"的"后"稍微变一下改成"侯",还有其他人名也是稍微转换了一下。我想,那你用这种方式去重新写一遍有什么意义呢? 显示出他们都是神仙转世吗? 你还不如取个现代的名字,像是现代人写的一个故事。他这个历史元素是没有作用的。而如果把历史的意义性给传递过来，能达到这一步就会比较好。我记得有个小说叫《云图》，已经拍成电影了，也是不同历史时段的一些人的困境。你会感到每个时代不同的主角、不同的故事，但他们的困境是相通的。尽管情节上的联系比较薄弱，但是你会感觉到中间有一种历史的东西在涌动。它是一个相通的东西。

写科幻也是一样的。不要刻意说，我也要讲中国文化，我加了很多中国元素，我今天让主角吟一首唐诗，明天开个满汉全席，这些都非常表面。相反，写的时候自然而然把一些成长的体验，或者说对历史的感悟给融入进去，这是一个比较好的状态。它可能和历史完全没有关系，但你写的时候会把这个历史感融入进去。

采访者：接着上面关于地点的问题，像郝景芳有写《北京折叠》，那么像您在西安，而西安的历史底蕴同样十分厚重，您有没有想过写一部和西安有关的科幻的作品呢？

宝树：前一阵还真有西安的出版社找我，想让我写。但是我最后也没答应，因为你要写科幻的话，历史这个东西你没法随便结合。它一定要有一些好的结合点，但至少目前我还没有想到很好的点。但历史中有一些未解之谜什么的，如果找到这些东西的话，它就会产生出很有意思的张力。比如说秦始皇陵，它的内部可能是一些高科技的东西——至少从当时角度来讲是高科技；可能是藏了一部古书，书里讲了很多其他秘密。说实在的，这也是比较俗套的一个想法，还不是那种让人眼前一亮的感觉。但是西安也有几千年历史了，有很多有意思的点，只是说可能暂时没有抓住，没有找到一个最合适的。比如我最近写的一本书叫《七国银河·镐京魅影》，整个背景是放在宇宙里面的，但实际上那个镐京就是我们西安，它讲了一个发生在宇宙中的"西安"的故事。所以历史和科幻还是有很多种可以结合的方式。

"科幻"离我们的生活越来越近

采访者：您在 2016 年的访谈中就提到过，您认为自己最适合影视化的作品是《人人都爱查尔斯》，并且在去年年底的《导演请指教》节目中就已经播出了同名影视作品。请问您认为，科幻文学在影视化的过程中会遇到哪些问题呢？如果影视化成功之后，又会带来文字所达不到的什么效果呢？

宝树：这遇到的问题其实会很多，从我自身来讲，我曾经有十部左右的作品被提上影视化的日程，也开过许多的讨论会，但绝大部分都没有结果。有时是因为影视业的人对科幻点没有感知，拍不出科幻感；或是科幻小说所描述的场景很复杂，耗费资金巨大；抑或科幻小说所提出的某些"高概念"只适合阅读，而难以通过目前的影视手段去表现。电影与小说截然不同，很多方面需要磨合，而某一方面的磨合失败都会出现问题。

另外，逐利的动机对影视行业干扰非常大。比如在《爱、死亡和机器人》刚播出时，我也参与过好几次有关中国科幻动画的制作会议，我觉得很多短篇小说都能做个八到十分钟的动画片，效果应该也是不错的；但最终企划搁浅了，因为资本方觉得播放时间太短，无法获益，他们提出最好把时长延长到二十至二十分钟以上。但如果要这样拍，只能不断地加入新的剧情或是毫不相干的因素，去"注水"。最后的成果，也不尽人意。另外众口难调，大家的意见和点子无法统一，只能拍出个"四不像"的东西出来。这都是包括科幻在内的各种烂片层出不穷的原因。

但是，影视化成功之后确实会带来很多文字所达不到的效果。**现在是视觉时代，大众都喜欢看图像，而不是文字。图像能给人直观上的冲击，毫不费力地把某个概念传达给个体，个体也能轻而易举地理解。**

因此将科幻小说改编成影视,科幻的受众范围可能会扩大十倍、几十倍或是上百倍不止。而这对科幻概念的传播具有很大的意义,比如《黑客帝国》、《独立日》以及中国的《流浪地球》等科幻影视,若从创意角度来讲,它们比起小说来,都算不上特别有创意,但在它们播出之后,会让以前对科幻完全不关心或是不感兴趣的人们去了解,接受科幻。

采访者:宝树老师对中国现有的一些科幻文学影视化的问题,提出了一些自己的看法。想请问科幻作家更多地去进入影视编剧这一行业会不会更好?

宝树:不尽然,实际情况很复杂。首先,作家与编剧不同,作家有写作经验但未必有编剧经验,所以作家不一定适合编剧。其次,是话语权的问题,原作者的建议不一定会被采纳。第三,在沟通层面上也会出现很多问题,比如作家没能表达清楚自己的想法,或是影视方未能理解作家的意思。而且作家参与其中也不一定是好事,比如《人人都爱查尔斯》在一六年左右就已经进入了影视化的流程。第一次开会的讨论结果是要走科幻喜剧片的路子,我也很认可,但在第二次会议时又提出要改成惊悚片,并且要包含动作打斗场面,几乎相反。正是如此繁多的会议,消耗了众人的激情,并浪费了许多优秀的点子。这也是科幻作品影视化时会遇到的问题。

采访者:话语权的丧失是不是说明中国科幻文学影视化背后还是资本的力量在起决定性作用呢?

宝树:这肯定是有的,但话又说回来,资本还是为了盈利。其实即使改编的力度非常大,也可能赚钱,《流浪地球》就是一个很好的例子,电影借用了小说的框架,填充进原创的故事,但总体来说还是把小说最重要的一些意境表现出来了,这是中国科幻小说影视化的成功案例。这种情况很少,失败的案例很多,比如在拍摄《上海堡垒》时,资本方为了稳妥,把大量的资金投入流量明星的片酬中,以保证电影票房的收入。但实际来看,电影拍出来的效果不好,口碑砸了,而且粉丝的买单能力也不高,最终的票房收入也低。

采访者:目前的中小学考试中频频出现跟科幻有关的阅读理解题。请问宝树老师对这类教育现象有什么看法?

宝树:这个现象还是蛮常见的。我觉得这反映了时代的变化。许多高科技的事物已经渗入了人们的日常生活,此时为了表现现代的生活,确实需要借助科幻的手段。但其他一些经典文学,就距离我们现在的生活太远。从这一角度上讲,科幻确实能给现在的语文阅读带来很多新的血液。**这也肯定是一个将来的趋势,在以前大家可能会觉得科幻是比较边缘的文学类型,但在各种因素的作用下,我们的生活离科幻小说中的描写越来越近,所以它在当下反而是个很常见的事物。**

采访者:最近无论是国际上如乌克兰危机,还是疫情,都说明了我们正处在一个不稳定的世界之中,但似乎也是处于一个变革之际。请问宝树老师您在创作中,会受到刚才所说这两个事件的影响吗?如果有,作为科幻文学,应该如何用自己独特的方式来描写未来与之有关的场景事件呢?

宝树:其实疫情它本身对科幻影响蛮大的。因为我在好几个科幻比赛担任评委,就发现以病毒或疫情为主题的小说飞速增加,这个科幻性比较强。至于像乌克兰危机,它的科幻性就没那么强。

我刚才说《造星主》那本书是 1937 年写的,那本书写于第二次世界大战前夕。它的作者对全世界大战的那种情愫就渗透在书里面,非常明显。比如说它描写另外一个星球上的世界战争,不同国家之间、不同信仰之间的战争,宇宙范围之内的战争,你会感觉到他对这个世界的忧虑,渗透到他对整个宇宙的理解里面了。但是科幻发展到后面,对宇宙的描写可能不一样,冷战时期肯定又完全不一样,是一个新的形态。韩松老师有一本叫《冷战与信使》的小说就是这样。随着世界局势的进一步变化,在将来,你对整个世界的感知就会变化,就会反映在科幻领域里面,可能就是完全不同的新的面貌,也可能某种程度上回归到冷战时代、"二战"时代。所谓一切历史都是当代史,一切未来可能也是。

疫情是一个很新的东西。我觉得未来它会有很多很深刻的影响,但是现在没办法具体去规定应该怎么去写,应该怎么去反映,因为它会在未来以各种各样的形式影响作家的灵感,影响作家的创作,影响读者的接受,它会有很难预测但确定会发生的影响。

科幻小说是作家的一封情书

——程婧波访谈

访问：张　媛　廖　蔚

日本心理学家河合隼雄谈到"幻想"时说,"它不是人类所'虚构出来'的东西,而是由其他的某个世界,直接来到你心底的事物"。

——题记

　　在中国新生代科幻作家中,程婧波被称为"后浪",而在中国科幻的圈子里,她又是"前辈",是中国女性科幻作家的代表。十六岁时,她在《科幻世界》首次发表作品《像苹果一样地思考》,从此这位"鲸灵"游进了科幻海域。她任由想象驰骋,其文字浪漫而灵动,笔下的故事引人共情、深思,诉说着动人真挚的情愫,如莫奈的画作一般,映照出现实与幻想交叠的光影,直抵心岸。她是首位同时获得华语科幻星云奖金奖和中国科幻银河奖金奖的女性作家,此外,她还曾获得中国青春文学大奖赛短篇组特别大奖、原石奖最佳电影创意银奖、华语国际编剧节新锐编剧等奖项。她出版作品数百万字,其代表作有《宿主》、《西天》、《开膛手在风之皮尔城》、《吹笛手莫列狐》、《倒悬的天空》、《去他的时间尽头》等,主编《她:中国女性科幻作家经典作品集》等。

科幻小说是创作者的真情流露

采访者：对于您来说，科幻致命的吸引力是什么呢？

程婧波：我觉得科幻的魅力在于它是一种思想实验。它既可以很感性，也可以很理性。其他的文学类别，有的魅力在于感性，有的则在于理性，但是科幻的魅力就在于它是极致感性和极致理性的融合。其实，所有文学作品的最终魅力都指向"虚构"，包括纪实类和传记类这些非虚构作品。"虚构"承载着人类的无限想象力，科幻文学是一种能将"虚构"魅力放大到极致的类型文学。

采访者：在《橘子星球》等儿童绘本系列作品里，我们感受到您充满童心的幻想力、真挚的情感和责任感，儿童、真情、幻想、文学，对于文学创作者来说，糅合四者并不容易。给孩子、成人创作这些作品的过程中，您认为此类作品的内核是什么？

程婧波：我觉得这个问题挺有意思。这让我想起当时刘宇昆（编者注：《三体》第一部、第三部英文版译者）翻译了《倒悬的天空》，英文版在美国发表，有一次他转了外网上的一段英文读者评论给我看，这条评论和你的这个发现是一样的，或许从读者的角度看，他们会更容易发现我作品的一些特质。这个读者的意思是，他知道我的儿童文学作家兼编辑的从业经历后，就理解了为什么我的小说会是这样。因为我之前在一家专业的少年儿童出版社当了八年的儿童图书编辑，我自己也创作儿童文学。对于我来说，在创作的过程中，每个作家永远逃不开一个定律，这个定律就是四个字——文如其人。比如我，我很喜欢王小波，我看他的文字，会觉得不管文字的表面是什么样子，他的灵魂就是文字背后的样子。不管看阿城的《棋王》还是《孩子王》，我看这些作品时能体会到、看到文字背后的作者，他是那样的人，包括王朔、余华、马原等作家。很少有一个作家,能够做到写的文字跟他本人完全不相干或者相反。这个有点像打游戏,我曾尝试选择不同的性格或阵营去玩,但可能玩三天,我就得换回与我自己性格相符的角色,所以我觉得这个玩游戏的过程就像作者的创作过程。作者在写的时候,很难假装自己是另一个人,他很难去创造一个世界——那里充斥着一套不代表他自己想法的新规则。因为我本人就是如此,我在写的时候,我只能天然地在这样的框架里面去发掘那些题材、故事、情绪、情感。我的兴趣点在这里,我比较擅长的思考方向也在这里,所以最后它们形成了我的作品。在英文里,也有个类似的说法"The writing mirrors the writer"。作者是本体,作品是镜子,也就是中文里的"文如其人"。

采访者:您在自己的科幻创作中有着明确的"女性科幻作家"身份定位,认为"这是我们的责任——从女性的角度去感受世界,让其他人明白我们的感受是什么",这也是代表女性来表情达意的途径之一。您主编的《她:中国女性科幻作家经典作品集》,也是中国最早以作家性别为标准来收录的科幻作品集之一,结合您对国内外女性科幻作家创作的了解,可以谈谈对"女性科幻作家"身份的体察与理解吗?

程婧波:首先,我对女性的身份非常认可,我对女性科幻作家的身份也非常认可。既然有女性这个身份,那为什么不从这个角度来感受、理解、共情和表达这个世界呢?

《那不勒斯四部曲》(编者注:《我的天才女友》的原著小说)的作者费兰特非常强调要用写作去挖掘真相,"作为一个女作家,挖掘这个真相,不仅是展示未曾展示的女性经验,同时,还应该使用属于女性的语言。长久以来形成的小说的美学标准其实是由男性的作者缔造和主宰的,女作家有可能无法使用它来充分和自由地描述自己的感受,表达自己的思想。因此作为女作家,所要做的不是去适应这种美学规范,而是要去改变它"。

她所呼吁的这一点,"女性需要找到自己的语言",特别宝贵。这一点在科幻圈同样如此。虽然科幻小说的"鼻祖"是一位女性（编者注：玛丽·雪莱的《弗兰肯斯坦》被认为是世界上第一部科幻小说），但长久以来形成的科幻小说的美学标准几乎可以说是男性创作者缔造和主宰的。当然，我和费兰特对这一点的看法也不完全相同。我认为作为女性作家，不必去改变它；但更多的是意见一致——我想，对于目前科幻小说的美学标准和可见的局面来说，女性科幻作家要做的一定不是"适应"它。从这个意义上来说，女性科幻作家也是"需要找到自己的语言"的。

有一天，科幻作家、编辑凌晨跟我说想编一套女性科幻作家的书，问我有没有时间来做主编，我当时想这是一件非常有意义的事情，我很愿意为中国女性科幻作家做一点事情，她们特别值得！同时，之前我们没有以集体的形式浮出水面，来出版这样的作品集，从我作为主编的角度出发，大家关注中国科幻和女性科幻作家创作，但缺乏一个更完整的视角来看待它们。这套书出版后，意大利、日本和美国的一些出版商都对它很感兴趣。这套书收录的女性作家年龄跨度大，从八十多岁的张静老师到"90后"的女性科幻作家，但同时，这套书难免会有遗珠之憾，因为各种原因，它没有把在中国进行创作的女性科幻作家全都收录进去。

我们在做这套书的时候，请这三十三位女性科幻作家回答同一个问题："你怎么看待自己女性科幻作家的身份？"关于这个问题的答复非常有意思，我甚至有一点震惊，因为不是每一位都认可女性科幻作家的身份。像钱莉芳老师，她可以说是一位成功的女性科幻作家，她是中国女性科幻作家中第一位出了大长篇，并且第一位影视化成功的人，她的长篇和影视化的成功甚至激励了刘慈欣。如果没有钱莉芳老师《天意》的成功，大刘就可能没有勇气去写《三体》。钱老师不希望读者在读的时候去关注她的女性作家身份，她更希望读者关注的是作品本身。有着钱老师这样认知的女性科幻作家不在少数。我可以通过这样的工作机会，近距离地接触每一位作家真实的内心，听到她们如何看待自己的身份，我会觉得这个工作非常有意义。

这几年,因为我旗帜鲜明地力挺中国女性科幻作家,以及认可我的女性作家身份,大家总是点名让我回答这些问题。我很喜欢我的女性身份,女人到了一定的年龄,我们就会生发出女性身份的认同感,这是女性个体对自身的认可,但是,从整个社会层面来讲,我们仍然会觉得当女人非常辛苦。这套书的后面附有一个我和赵海虹、姚海军的访谈,我感到跟他们两位聊非常有意思,他们知道中国科幻的过往,尤其是在九十年代和○○年代中国科幻黄金时代的发展情况。我们谈到在中国的女性科幻作家,她们没有遭受任何男女性别歧视,包括在张静老师的那个年代。但是在欧美,女性科幻作家经历过一段很严重的打压时期,甚至有的女性科幻作家在发表处女作时,会用一个男性化的笔名,她们害怕被编辑或读者看出自己女性作家的身份。这些都是我在做这套书的时候,引发了我的重新思考的地方。我认为无论怎么讨论女性作家的觉知都不为过,我也在尽我个人微薄的努力。我自身不是一个"女权主义者",我连"女权主义"具体指什么都不知道,但我非常喜欢"女性主义"这个词。我觉得"女性主义"怎么呼吁都不为过,尤其当你作为一个创作者的时候,用女性的视角去观察,代表女性来发声和表达。当然,除了这个有限的呼吁之外,我能做的就是用自己的创作一点一点地践行。

采访者:没错。女性作家在科幻小说中表达自我、抒发情感,在这一过程中共同凝聚着力量。我们多数人认为科幻想象的是未来的可能性,正如您的《去他的时间尽头》等作品,既有科幻的未来感,又有奇幻对过去的多维书写,幻想文学不可能割裂"过去"、"现在"、"未来"的关系。当"过去"和"现在"发生关联,我们便会拥有一种"怀旧"的心境,通过"怀旧",我们好像被治愈了,重拾对"未来"的希望,那么,科幻等幻想文类也承载着一种"疗愈"或"抚慰"的文学功能吗?

程婧波:我很喜欢这个问题。我最早因为我儿子,接触到了一些幼教方面的知识,而这些幼教是通过故事来疗愈小孩和成人的内心。

我最近在看一些跟我之前创作没有直接关系的书,这些书就包括日本的"箱庭疗法"(在欧美称"沙盘疗法"),①它也是通过故事去疗愈。之后,我思考科幻的本质,其实仍在于"讲故事"。之前《三体》出版到海外的时候,有一个小插曲。国外出版商非常关心一点:"这个书里有没有爱情故事?"《三体》篇幅庞大,爱情故事算不上它的叙述主线,但还真有一小段故事是和爱情交织的。云天明发现自己得了绝症,但是他牵挂着心爱的女孩,于是,他用自己一辈子的积蓄买了一颗遥远的星星,那颗星星跟我们地球人类的生活毫无关系,但是他可以拥有这颗星星的命名权,之后把这颗星星匿名送给了女孩。出版商听完拍手叫好,认为它非常感人。

实际上,我觉得科幻小说的本质其实是情书。这封情书可以放在不同的场景中,不一定是男女爱情的情书。正如阿瑟·克拉克表达的可能是对宇宙的感情,他写的所有科幻小说,像《2001 太空漫游》,这是他写给人类,写给过去、现在、未来的一封情书。包括菲利普·迪克的作品,到目前为止,我们去读他的作品,仍觉得很古怪、诡异,其实它们同样是情书。菲利普·迪克小时候有一个双胞胎的妹妹,不幸夭折了,我看他的传记,能感受到胞妹夭折对他的影响非常大。他笔下的故事一方面来源于双胞胎妹妹的死亡给他带来的心灵缺失,一方面又来源于由这种缺失而产生的连他自己都无法想象的、源源不断的爱。每一个科幻作家,终其一生关注的题材、表达的东西、最后形成的虚构故事,都是在为某一个主题表达一种爱,这种爱其实很宽泛。它的对象可以是宇宙人生、山川河流、草木星辰。它的对象可以是万事万物。我觉得我自己也是在写情书。作家的作品一定包含着他们的为人处事,包含着他们自身阅历的特征,像王晋康老师,他写的一篇与蚂蚁有关的科幻小说《蚁生》,没有经历过"文革"的人,是不会去关注那些题材,进而创作科幻小说的,现在的"90后"、"00后"作家也创作不出王老师那样的

---

① 沙盘游戏治疗是一种以荣格心理学原理为基础,由多拉·卡尔夫发展创立的心理治疗方法。(高岚、申荷永《沙盘游戏疗法》)

科幻作品。韩松老师就更不用说了，经常有人说看不懂韩老师的科幻小说。他的阅历和思考深度决定了他会写出《火星照耀美国》《医院》这样的作品。

每一个科幻作家都有点像鲸鱼。我们在大海里，我们是什么种类的鲸、我们发出多少兆赫的声音，这些都跟我们自己这头鲸的肉身、跟我们关心的海域、我们喜欢洋流的冷暖是有关系的。我们唱出来的这个声音，实际上就是情歌，看哪个读者能够听懂。但在创作时，我们可能不那么在乎发出声音之后的事情了，我们在写的时候，是为了表达一种情感。所以，从治愈这个角度来说，我觉得如果你们把这个问题拿去问每一个作者："如果你的这个作品是一封情书，你觉得这封情书的对象是谁？"可能会得到很有意思的回答。

对于我来说，我的情书真的跟"治愈"两个字有关。我在《吹笛者与开膛手》这本书里引用了一段读者的话："无嘴的莫列狐、吹笛手的故事。我无比喜欢。这个小说就像大胡子莫奈的那幅没有地平线的睡莲，一切都有关错误、沮丧和屡屡反复的光亮。"没有嘴的莫列狐，它是一个"树人"，一个没有嘴巴的非人类，这个读者说他很喜欢。我认为他这句话非常准确地描述出了我那个阶段的写作状态——或者说想要达到的写作效果。我当时特别喜欢写很压抑的故事，但在这些压抑的故事里面，会有一束光亮存在。实际上，我要表达的不是那些压抑的部分，而是用压抑的部分去衬托出光亮，让人看到光亮。不管这个调色盘怎么调，也许我过去的作品像莫奈的睡莲，也许我今后的作品像别的画家、画作，那片光亮是微弱的还是明亮的都没有关系，它就是我希望读者看到的地方，是我希望读者能够感受到的温暖的、光亮的、被治愈的地方。

"我的情书是写给时间的"

采访者：时间循环的科幻叙事是西方科幻的主旋律，而中国也有循环历史观、古代朴素唯物主义、佛教的因果论等文化质素的基础，在《赶在陷落之前》、《去他的时间尽头》、《宿主》等作品中，我们感受到中国家庭的成员关系、较为内敛的感情表达方式，因此有一种较浓厚的归属和亲切感，可以谈谈您在创作时间题材的作品时，怎样从"中国科幻作家"的立场出发，来观察时间中的人和事，并编织成故事的吗？

程婧波：这个问题角度很刁钻，之前别人单拎出这几篇作品，他们的关注点在中国的故事背景上。实际上，同样是发生在中国的故事，它们依然有着"时间"的差异——《赶在陷落之前》写于 2008 年，属于我创作的"探索期"，这个阶段创作的故事特别魔幻、奇幻，不是那么科幻；而《去他的时间尽头》、《宿主》写于 2017 年到 2020 年旅居泰国清迈期间，这个阶段的创作是在我逐渐意识到"现实主义"对于科幻同样重要的情况下诞生的。从故事的名字和角色名就可以看出来，像 2008 年之前的作品，《吹笛手莫列狐》、《开膛手在风之皮尔城》，我们一听就知道它们跟中国没有关系。前面提到费兰特强调"女性需要找到自己的语言"，因为包括她自己在内的女性作家，在走上创作道路之前，阅读的图书主要出自男性之手。她认为女性作家不能仅仅去"适应"，而是要"改变"这样的状态。实际上我在走上创作道路之前，阅读到的科幻作品也几乎都出自男性之手。我九九年写了《像苹果一样地思考》发表在《科幻世界》上，这之后开始创作科幻小说，九九年算是九十年代中国科幻黄金时代的一个尾声，刘慈欣也在九九年开始发表他的第一篇科幻作品，所以那其实是一个非常有意思的年代。在那个年代，作家看的大多是欧美和苏联的科幻小说，像梁清散、丁丁虫，他们看的可能是日本科幻小说。这导致我们起初的创作，不一定以中国现代人的生存状态为关注中心——当然，这不代表每一个作家，但我自己是非常典型的。我最初发表的作品，《你看见它了吗?》《西天》，等等，写的都是星际旅行、外星文明这样的故事，我当时可以说是在一种"无意识"的状态下模仿着中外男性作家的写作范式，而当时的中国男性科幻作家又大多有意无意地受了西方科幻小说作品的影响。

《去他的时间尽头》是个很特别的转折，我开始关注发生在中国当下的故事，关注我们中国人当下的情感生活。像你刚才提到的"家庭"这个词，我以前从不关注家庭生活，不关注中国人的伦理和情感，现在我认为中国人的伦理生活、情感生活和家庭生活很有意思。我们前面说科幻小说是一个思想实验，我们把这些情感的、伦理的、家庭的大家熟悉的东西，放到一些思想实验里面，把它推到一种极致。比如说在《去他的时间尽头》，我把一个社恐的空巢男青年，放到科幻"时间循环"这一非常经典的题材里面，用这样的思想实验去观察中国人当下的生存状态，日常是什么样子，一个人会怎样应对这个极端情况，我觉得这是很有趣的。在写《宿主》之前，我从没想过去关注中国人的婚姻情感生活。《宿主》讲的是女主角有一天突然发现她老公不见了，她老公的手机信号出现在青海，她就带着弟弟、弟弟的女朋友和老公的发小从北京坐飞机到西宁，包了一辆车追着手机信号去寻找她的老公。这篇故事就涉及中国人对婚姻的发问和反思，"两个人是怎么走到一起?""怎么在日复一日的生活当中渐渐疏离?""她又是怎样接纳丈夫的离开?"最有意思的地方在于，把这些"日常"的问题放在科幻背景中，我们就能把"日常"通过科幻的"反日常"展现出来。读者会感到其中的"反日常"很有意思，像"火星靠近地球"、"来自火星的寄生物"等情节;同时，这些"反日常"的情感内核指向中国人当下的情感状态。这也是我近几年比较感兴趣的东西，这跟我的阅读趣味、创作趣味以及自己生活重心的转变有关联，这可能也是我接下来几年的创作方向之一。

采访者：同为时间的囚徒，李正泰和王毛毛获得彼此的时间，相当于为彼此松绑，重置了循环时间的秩序，证明彼此的存在。李正泰对女友的死亡无法释怀，之后他宁愿王毛毛活着，即使他们忘记彼此，生命中有太多的"来不及"和"未竟之事"，而这些事件密切关联着时间中人的选择。那么，在时间向度里，人对他人的责任扮演着怎样的角色呢？

程婧波：这个问题与上一个问题的关联性很强，都是关于时间，时间确实是我作品中很重要的一条线索。在《倒悬的天空》这本书中，你可能注意到扉页上的一句话，"谨以本书献给所有时间中的旅人"，我们每个人都是时间中的旅人，书的最后一页是阿瑟·克拉克的话。我偏爱克拉克和菲利普·迪克两位作家，这与刘慈欣对他们的崇拜不一样，我喜欢这两位作家，因为我与他们的生日是同月同日，都是射手座，这可能会让我对他们更关注和偏爱。所以，我在书的最后一页放了阿瑟·克拉克的一句话，他说，"我们都是宇宙的过客"。我很赞同这句话，这也牵涉到我最开始说的问题，每个科幻作家的表达都是一封情书，像克拉克的立足点是"我们都是宇宙的过客"，他的情书写给更宏大的东西。我自己关注的是"时间"，所以这个问题是我们之前所聊话题的答案，我之前没有确切谈到我的情书是写给谁的，那么现在可以说，我的情书是写给"时间"的。

我个人对时间特别着迷，不仅仅是科幻创作中的"时间"，包括我给《科幻世界》专栏写的文章、给大学生做的演讲，我都会选择"时间"的主题，我会和大家聊一聊科幻小说中的时间线，科幻大类别中的具体作品，科幻作家会开哪些脑洞，关于时间的电影有哪些，等等。时间是个非常有魅力的东西，爱因斯坦也说"时间不存在"，它像数学一样，你可以感知到它，但它是不存在的。同时，时间是虚无缥缈而又十分"接地气"的事物，虚无缥缈在于我们思考它是否存在的问题；"接地气"在于每个人作为"宇宙的过客"，我们只拥有一段的时间，整个宇宙的时间可能是个箭头，它是无限延伸的，但是我们能拥有的是一条线段，在这条线段中会发生很多有意思的事情。像佛教、印度教、基督教、犹太教，我们从时间观的角度去看待每一种宗教，都会发现一些有趣的现象。2022 年我在 TEDxChengdu 上做了一场演讲，和听众分享了我的"死亡观"（编者注：可以在微博@TEDx 成都，或@程婧波查看到演讲完整视频）。"死亡观"与时间关系密切，每个人如果拥有无限的时间，便不存在死亡，我们更不会有死亡观了。时间让我们拥有很多东西，又让我们明白所拥有的其实是有限的，正是这种"有限性"让我们生发出很多哲学思考，生发出不同个体的三观。一个人怎样去看待"时间"，就是他怎样看待自身在宇宙、社会、人生当中的位置。

采访者：是的，回到我们的现实，"被时间循环"和"快节奏"可能是当下多数人的生活感受，重复相同的工作，在重复中失去热情和对价值的追索，您可以结合自己的创作体验，谈谈我们如何在日常生活中突围呢？

程婧波：现在网上有很多热门的"鸡汤"说，有的人过完一年，其实是把同一天重复了 365 遍，但有些人过一年，是把每一天都过成崭新的一天，每一天都不同。像李正泰，他只是把一年中的一天过了 365 遍而已。在现代年轻人身上，这种状态还是很典型的，他们对李正泰这个角色也很有共鸣，同样会感到孤独、社恐、内向、不善交际，喜欢"日复一日"这种重复带来的安全感，并不愿意崭新地度过每一天。其实，这两种生活方式没有对错，但是当你把它放置在一个极端的思想实验里面，让喜欢"日复一日"生活的李正泰陷入了"一日"循环，一开始他是狂喜的，这是他梦寐以求的生活方式，他确定每一天将要发生的事情，因此可以把未来绑定下来，余生都能以这种方式度过。但一段时间后，他发现情况并非如愿，自己成了一个囚徒，之前他觉得自己是时间之王，对所有将要发生的事情都了然于心，而此时"时间囚徒"的认识代表着他人生观的转变。一种生活方式意味着生命是薄薄的一片，另一种则拓展着生命的宽度和深度，二者没有绝对的好坏之分，但这部作品传达的是对大家的正向鼓励。我们与其选择重复、不去创造新的东西，还不如保持更积极、更勇敢的姿态,以更大限度的想象力和热忱去活出自我生命的广度和宽度。这听起来"很鸡汤",所以我不太想去引导人生观,但是我认为在李正泰被迫陷入时间循环的故事中,我们能从中获得一些启发。正如亨利·詹姆斯在《见信如晤》中所说,"不要让自己过多地消融于世界,要尽量稳固、充实、坚定。我们所有人共活于世,那些去爱、去感知的人活得最为丰盛"。

采访者:《宿主》《去他的时间尽头》等作品中,我们发现有着蒙太奇的多组镜头和剧本式的场幕、对话形式,它们形成一个具体场景下的片段叙事,各个故事镜头里的人物和情节彼此呼应、暗示,具有非线性、随机性的特点,因而,它们共同呈现出"非线性"和"碎片化"的时间观,您怎样理解叙事方式对时间观的建构作用呢? 通过您的作品,我们想到博尔赫斯,他在《小径分叉的花园》中也进行了非线性的叙事实践,他对您的科幻创作有影响吗?

程婧波:之前有人谈到《西天》也是在讲时间,我是在 2002 年写的《西天》,《去他的时间尽头》写于 2018 年,中间的时间跨度长达十六年,但你看,十六年过去了,我依旧痴迷于时间。《西天》与时间的关系很密切,它牵涉到比科幻上的时间循环更复杂的轨迹。通过时间再关联到作品中体现出的"非线性"等叙事策略,这个关联是很有技术含量的,之前没有人问过我这个问题,这也涉及我的创作与别人不一样的地方。我之前看到,一位心理学家分析人的思维时认为,有些人是"听力型"的,有的人是"画面型"的,你需要了解自己是以"听"还是以"看"的方式去思考的人,这也引发了我的思考——在创作时我在想什么、在干什么,实际上,我会先去"看"到这个故事。这很像特德·姜《你一生的故事》中的"七肢桶"外星人,他们的时间观非常奇特,因为他们可以同时看到一个人的过去、现在和未来,他们的文字与他们的思维是契合的。我和"七肢桶"可以成为一种镜像,是特殊的文字造成了特殊的时间观,还是特殊的时间观之下产生了特殊的文字? 特德·姜借助了语言学上的"沃尔夫假说"来解释这个问题。而我看故事的方式与"七肢桶"外星人很像，我看到的是一个故事的起因、经过、高潮和结果，也有它的过去、现在、未来，我先把这个故事看完整，再把它转译成我们的汉字，转译成文学的语言，最终写出来。这种写作方式其实并不离奇，据我所知，藏族作家阿来老师也是类似的一种方式。他习惯性地用藏语去思维、交流，最终落笔到汉语的文本形式。这就会产生一种独属于他的文本表达，比如，《尘埃落定》中麦其土司问二少爷什么是爱情，他回答不上来，就回答说爱情是"骨头里冒泡泡的那种感觉"。这种表达是我们之前在中文文本里前所未见的。阿来老师受藏族口语影响很深，他会说藏语，但不会书写，落到纸上的是汉语。因此他的写作方法是：在写作之前，先在脑海中以藏语梳理和思考，再动笔写出汉语的作品。《尘埃落定》、《空山》、《瞻对》就是这样创作出来的。后来我发现自己与他的相似点可能在于"转译成汉语"的这一过程。但是，我和他的创作方式又完全不同，他在用藏语思考时仍是一种语言文字式的思考，是汉语和藏语的不同，而我先通过一个"声音—画面"的呈现，再转译成文字。

我在转译文字时也遇到很多问题，因为文字是线性的，但是我的思考方式是非线性的，我已经完全知晓了这个故事，但是对于"文字"，我只能从第一个字写到最后一个字。所以，在写的过程中，我会有一些处理方法，这些方法会帮助我尽量克服文字线性之局限，使之有非线性的表达存在，因为非线性的表达可能更接近我的思考过程本身。对于你提到的博尔赫斯，我认为这是一个特别大的误会。"星云奖"给《赶在陷落之前》的一句评语里就写道，这部作品有博尔赫斯的语言风格，其实我当时并不知道这位作家，之后查阅资料，也有读他的作品的想法，但是像马尔克斯、博尔赫斯这些拉美作家的作品，我发现自己很难看进去，所以博尔赫斯对我没有任何影响。作家之间的创作可能有异曲同工之处，从创作过程来说，我们都是人类。别的作家也像海里的鲸，我们会说，这一头鲸发出的声音与我在其他洋流中听到过的其他"鲸语"是很相似的，但是这两头鲸可能并没有相遇过，彼此都没有听过各自的声音。

科幻："非人"给"我们"说的情话

采访者：《橘子星球》里，您在人与自然的故事中重新定义了"陷阱"的概念，它可以是幸福的；《像苹果一样地思考》等作品中，您把宇宙理解为苹果、玫瑰和电影。在文学的世界中，概念的联想是相对自由的，这指向我们某种钝感的锐化，唤起我们新鲜的共鸣，您是怎样认识这种感知世界的方式呢？

程婧波：对于这个问题，我从自己有限的创作经验出发来谈。我认为那种感知过程是自然发生的，所以我说不明白其中的道理，可能读者看得更清楚一些。九九年，我写《像苹果一样地思考》时没有打过草稿，我想到什么写什么，写好后就寄给了《科幻世界》。在九九年之前，我已经看了好几年的《科幻世界》，我每个月都会到报刊亭买一本《科幻世界》，当时上面刊登的主要是韩松、王晋康、赵海虹、凌晨、何夕等老师的作品，当时我想自己既然那么喜欢这本杂志，就想写点什么。《像苹果一样地思考》这部作品产生的过程也非常自然，我没有预设我要思考什么，这与我后来接受的新闻传播学专业训练不同，老师和大家在课堂上讨论，做一个新闻议题时，我们预设还是不预设。我是一个非常佛系的人，很少思考和预设，写《像苹果一样地思考》时，我也没有考虑它能否被录用的问题。之后我买了一本《科幻世界》，看到印成铅字的一段话特别眼熟，往前翻看，看到自己的名字时，我才意识到这篇故事被登出来了。潘海天当时在为《科幻世界》写书评，会挑出几篇值得点评的作品，他的这些评论会刊登在《科幻世界》的内刊《异度空间》上面。那个时代的"读"与"评"还是很活跃、繁荣的，那时我的高中地址随作品也被刊登在杂志上，所以那一整年，我几乎天天在回信，读者们也会觉得这篇作品非常古怪，但是我仍无法给他们解释古怪的原因，潘海天在写书评时也说，这篇作品太奇怪了，他不知道怎样的大脑可以写出这样的作品。所以，我在创作时没有刻意地思考一些东西，它们自然而然是那样，无法解释。这也可能与我之前说的一样，作品与作家的为人具有一致性。

采访者：《吹笛手莫列狐》和《开膛手在风之皮尔城》中探讨着"自由"问题的不同面向，树人莫列狐"虽然失去了自由，却拥有了一颗真正的心"，爱、身心、自由相互统一；在风之皮尔城岛屿上的人们，以为自给自足的生活带来的是自由的文明，其实却是"文明人"植入"结石"货币的傀儡，在两篇故事中，您是如何理解万物（人）的自由之可能性呢？可以分别谈一谈吗？

程婧波：是的。这个归纳成"自由"也是一个很好把握的点。这两篇作品在显性层面的共同点其实非常明显，都是奇幻风格的故事，都关于成长期、青春期，都有命案和推理的元素。而"自由"作为更深层面的一个点，在上述问题中出现，我觉得是个非常有价值的发现。当时写这两部作品时，我自己也处在人生的叛逆期，所以我想表达的是叛逆期中二少男少女的状态。你们可以看到，在《开膛手在风之皮尔城》里，男女主人公是中二的少男少女，他们被污蔑成杀人犯，其实这个故事是对叛逆期少年的一种极端呈现，通过"他们被污蔑成杀人犯"这一境况来体现这种叛逆。这种叛逆在奇幻小说中可能会更加轻易地实现。两篇作品的共同点在于，好人都被诬陷，随之发生了命案，角色都是叛逆期的少男少女，这可能与我彼时整个人的状态有关。这几年，我开始写一位女性如何看待婚姻了，这就好比我是一头小鲸的时候，我在海里感兴趣的是小磷虾，而当我越长越大，成为一头庞然大物，别人无法伤害我的时候，我可能想去吃大章鱼，因此，这种口味的变化与个体的成长有很大关系。这两篇作品的关联性很强，它们创作于同一时期，我个人也关注叛逆期时人的心态，所以作品也在反映这样的心态，主人公对自由的追寻反映的也是现实中二少年关心的那些问题。所以，作品主题与创作者的创作关注点相联系。在文学作品中，一个作家在某个阶段可能去关注叛逆的主题,这突出表现在故事中的角色是怎样理解自由的。叛逆是哪里有压迫,哪里就有反抗,而反抗就是对自由的追寻。

采访者:在这三个故事里,"羊羔、抹香鲸和孩子是同一种东西。就好比小偷,盲鳗和开膛手,是同一种东西"。当人类的"孩子"处于这些相互交织的明喻中,我们发现了"人"在自然、社会、文明中的荒谬处境,这三组关系直击人心,又让人感到几分惊悚,可以谈谈您在这篇故事中对人类文明的个人体察吗? 其中人与非人形象的并置是否也有对人与自然关系的思考呢?

程婧波:我非常关注"非人",之前,我没有在自己作品集后记或其他访谈中专门讨论非人问题,但这是一个我不断反问自己的问题,我在问自己是不是特别关注这类题材,我是否很喜欢在作品中去展现人与非人的关系,我也在问自己为何这么着迷非人。当时写完《像苹果一样地思考》后,我写了《你看见它了吗?》,它和前者一样,都非常古怪,里面的人被外星生物寄生大脑,他们以第一人称不停地说一些很古怪的话。我可能在探索人与非人的一种分界点,他是一个"人",但同时被外星生物寄生了,他在用第一人称说话,这之后,我越发对非人感兴趣。在《吹笛手莫列狐》中,我虚构了人类社会和"树人"社会,这典型地把人类社会与非人社会作了对照,像《赶在陷落之前》也是这样,我写了人和鬼。人与非人是我着迷的题材,而我之所以能写这类题材,要感谢科幻这一类型文学。我找到了一种可以非常自如地去展现人与非人对话性的文学表达方式,所以我才可以自由地去创作这样的作品。"非人"是我经常思考的问题,而今天也是我第一次谈这个问题。

我们回到第一个问题,我记得当时"星云奖"的颁奖词说得非常精准,"用奇幻的想象构造出一个科幻的世界设定,用神话的色彩描述出一个逻辑自洽的经济体系,融幻想文学的魅力于一体,在科幻和奇幻的边界上给我们带来全新的体验"。《开膛手在风之皮尔城》讲的是经济学的原理,把经济学的东西放在一个封闭的岛屿,去进行思想实验,展现一个故事。所以,里面所有残酷的地方就去责怪经济学吧,经济学本身就是残酷的,当我们用其原理进行思想实验时,书写出来的东西也是血腥、残忍的。我们将视野放到历史中,对应的历史事件也是无比残酷的,我们用经济学这一工具或视角去看待人类历史的纷纭事件,都能解释得通,如秦始皇统一六国,我们历史上所有残忍的事件,其背后都是经济学的运作。《开膛手在风之皮尔城》对人类社会的洞察,这也是我尝试用经济学进行的一次思想实验。"星云奖"这一颁奖词有意思的地方是,也许我们常常看到的是用物理学、天文学、化学、数学进行思想实验而写就的科幻小说,我在这篇作品中运用的是经济学,相当于是社会学范畴,在一个更加原始、理性的逻辑上,人与社会对抗的主题在此会显得更加"直接"一些。

采访者:在您的《吹笛手莫列狐》的"树人"、《开膛手在风之皮尔城》的"扑克牌魔术师"、《赶在陷落之前》的"迦毕试",前两者没有"嘴",后者从不说话,这些人物有个共同点就是"沉默",但是依然在言说,人类社会因为创造了"语言",而默认了万物间直接交流的阻碍。非人世界的交流方式可能不止"语言",沉默即一种语言,您怎样在自己的幻想故事中倾听并叙述非人形象的"沉默"呢?这些"看似沉默,实则有力"的生命给我们什么启示呢?

程婧波:对于这个问题,我想到,在教小朋友写作时的第一课就叫"汉字之美",我认为语言是非常重要的,不管是我们言说的语言还是书写的语言,而我首先必须要把"汉语"给他们讲清楚,因为语言决定了我们的思维。我很喜欢维特根斯坦的一个观点——"凡可言说的都能说清,凡不可言说的,应该保持沉默"。一旦说出来的语言就会被误解,语言说出来就不是它本身了。那么,在这种情况下,我们人类在小说中的所有行为、所有说出来的语言其实都是苍白的,就像刘慈欣写《三体》时,"三体人"想说什么说什么,而人类就很奇怪,人类说出来的话不代表他就真的这样想,以致人类要造几个"面壁者"出来,把语言和思想隐藏得更深,才能够对抗直白的"三体人"。这些都是我们在思考语言时生发的思想实验,思想实验继而导向了人设和故事。我一直觉得言说和书写的语言是一个非常重要的问题,它直接影响了我们思考的路径、我们的思维、我们的表达。为什么非人在这里很有趣呢,我们把这个问题放到《三体》中,它可能展现的是人类和非人("三体人")在"语言影响思维"方面极大的不同点。同样,我们可以将这个问题放到我的故事里,它们都在探讨,语言一旦被言说出来,就会被误解,所以人类在诉说时会陷入一个被误解的宿命。这种宿命如果被放在不会"言说"的非人身上,它会更具有一抹悲剧色彩,也能更形象地让人感知到,发生在非人身上的悲剧,每天都发生在我们的日常当中,只是我们没有认清"语言被误解"的现实。此时,我们可以去看看非人的角色,他们承担着无法"言说"的悲剧也好,"能够言说、却被误解"的悲剧也罢,实际上,这些是人类每天都会面临的问题,但如果不是通过人与非人如此的对照,大家可能压根都没有想过这件事情。

采访者:您的科幻作品《宿主》和《开膛手在风之皮尔城》都讲述了一种生物学与文化意义上的"寄生关系",小到缩头鱼虱对鱼的寄生,大到火星文明对地球生命体的寄生,不同于"寄生关系"必然损害一方生物的利益,生物的"共生关系"更强调双方互惠,您如何看待或想象这两种生物关系在人类文明中的演绎呢?

程婧波:我们可以结合"病毒"来讨论这个问题。"病毒"也是一种寄生物,包括新冠病毒。我们现在面临的新冠病毒,它也寄生在人身上。寄生这件事,它牵涉你的屁股坐在哪儿,屁股坐在宿主那里,还是坐在寄生物那边,这会产生完全不同的生存博弈上的选择。我想这也是科幻作品能够带给人们思考的有趣之处吧。《宿主》里面,有意思的地方是,女主角最终接受了老公离开自己的事实,同时她发现自己怀孕了,胎儿也是一种"寄生物",到一定的时间它可以"瓜熟蒂落"。有的寄生物呢,像你说的,它们有可能是共生关系,也有的寄生物可以摧毁其宿主，让宿主没办法活下去。所以，我认为"寄生"体现的是生物的生存博弈，而这种博弈正是科幻关注的经典命题。无论是"你死我活"还是"互惠共生"，存在即是合理的。而科幻作家要做的，就是挖掘这个经典命题，看还能讲出什么样的故事。

科幻是人类反抗绝望的一种方式
——夏笳访谈

访问：何振东　谢琪琪

　　夏笳，本名王瑶，北京大学中文系博士，西安交通大学人文社会科学学院教授，从事中国科幻与文化研究；她的作品曾八次获"中国科幻银河奖"，四次入围"全球华语科幻星云奖"，被科幻界的大咖多次称赞和推荐；因其作品独特的风格而常引起关于科幻"软"、"硬"的讨论；她甚至曾在英国《自然》杂志上发表科幻作品，人们惊叹于她的奇思妙想。这次访谈让我们进一步认识到科幻对于她的意义。对夏笳而言，科幻是通往另一个世界的门，是一种跨越边疆的思维方式，更是人类反抗绝望的思想资源。

科幻是人类面临危机绝望时必须借助的思想资源

采访者：我非常喜欢科幻作品的原因之一是科幻以柔和、意蕴悠长的方式向人们展现宇宙的浩瀚和物理的奇妙。因此我想了解，就现阶段而言，科幻对您来说最大的吸引力是什么？

夏笳：科幻对我的意义，应该说经过了三个不同的阶段。第一个阶段是"通往不同世界的大门"，大约是从我刚刚开始接触科幻，成为科幻迷，到大学本科刚开始发表科幻作品这段时间；第二个阶段是"跨越边疆的生活方式"，是从读研究生到博士毕业后工作这几年；第三个阶段是"抵抗绝望的方式"，大约是从疫情开始到现在，有了一些不太一样的新感受。现阶段，我认为科幻是人类在面临绝望进行某种斗争时，必须借助的一种思想资源。人们在面临危机时，因传统的知识或者方案都已经不起作用，就会有一种强烈的无力感，从而每天都抱之以对命运听而任之的心态。现在的人有一种"末日感"，对未来无所适从，无法进行长期规划，只能继续面对当下的日常。人们尝试摆脱这种境遇的方式五花八门，对我来说，享受美食、亲近自然、拍摄花鸟鱼虫之类的景物，是我生活的重要部分。

与此同时，当我把科幻作为一个尝试性去回应、思考和理解人类危机的途径时，就有可能与其他思想者进行某种对话。在阅读科幻作品及相关研究理论时，如人类史、后人类、生态文明和行星智慧等，我发现其他人在面临同样的问题和状况时提出的议题也都是高度科幻的，因此科幻可能是一种反抗绝望的方式。

我以前常说科幻是一种跨越边疆的思维方式，这是一个相对比较正面的说法。因为当我面对非科幻受众进行宣讲时，我更可能谈论科幻能够帮助人们培养一种跨越边疆的思维方式，从最实际的角度来讲，它可以帮助人们更好地进行个人能力的提升、视野的拓宽,使个人的成长心态更健康、更包容、更开放,这是比较正面的角度。

从比较"黑暗"的角度来讲,也正因为它是一个跨越边疆的思维方式,所以它总是蕴含着抵抗绝望的可能性。这是我从汪晖教授的鲁迅研究中学到的辩证法。

除科幻外,其他的阅读或实践也可以在同样的问题框架里理解。而对现在的我来说,我感兴趣的议题是人类要过什么样的生活、人类还可能拥有什么样的未来等问题,所以在这个意义上会把很多不同层面的思考和行动统摄起来。

采访者:您的作品像是写给时间的情书,贯穿着您对于时光、记忆和世界的感悟与理解,令人十分感动。所以我想在上一个问题的基础上再进一步提问——您如何看待情感或者爱在反抗绝望中的作用?

夏笳:首先,因为今天问的很多作品都是属于我比较早期的,可能是在我读书期间,甚至读博之前的创作,那时我对科幻的理解肯定与现在大不相同。它们更多的意义可能是通往其他世界的门,它是一种很浪漫的,一种始终在超越的路上而没有一个目标的创作。其代表性在于:这是如我一般的年轻人在成长过程中的一种体验,即认为有很多机会去讨论人生的不同选择——结识不同的人、接触不同的文化、穿行在不同的空间中,这样的写作就像"写给时间的情书"。现在的年轻人并非如此,毕竟大家早已规划未来——考公、考研或考编等,这也是很特殊的、在中国发展过程中的一代年轻人的心态。

回望我的作品,其实它们对于时间的描写是具有某种后现代性的——似乎时间成了一种被空间化了的时间。若以今天的眼光去提出批评,它是去历史的,是对历史进行某种扁平化处理或去历史纵深的一种理解,它像是穿行在不同空间意义上去讨论的时间。例如《永夏之梦》,如果从男主角的视角展开,它显然是与原版截然不同的故事——他要经历漫长岁月才能与夏获重逢,这种体验也许是当代年轻人难以想象的。

《永夏之梦》另一个有趣的点在于：它可能在某种意义上是反爱情的故事。女主人公在过去漫长时间里不断地躲避男主人公。我认为原因是她不想成为恋爱故事中的女主角，她似乎隐约以某种潜意识感觉到：一旦两人最终确定恋爱关系，故事将变得无趣，即变成他们决定厮守方式的故事。而恰恰是在他们互相躲避和不经意间重逢的过程之中充满了更多可能性和叙事的乐趣。这是我当时作为一个二十多岁、有跨专业的背景、结识了各种各样朋友的年轻作者在写作时很向往的方式。在当时，科幻创作对我来说更多的是通往不同世界的门。

后来的"跨越边疆的思维方式"，其实跟"通往不同世界的门"已经略有差别。因为"通往不同世界的门"是一种非常后现代性的文化状况，而"跨越边疆"其实在某种意义上是重新认识"核心和边疆"之间的张力。因此，我想尝试离开主导性的意识形态或常识的范畴，到自己相对不熟悉的领域去探讨科幻，它并非有特定的方向，但有某种方向的指向性，也就是鲁迅先生所说的"走异路，逃异地，去寻求别样的人们"。

而"抵抗绝望的方式"，是我近几年在后疫情时代的当下对这个问题的一种新认知或新感受。当说起"科幻是跨越边疆的思维方式"或者"生活方式"时，我有些惭愧，因为我认为现在很多年轻人并不具备跨越边疆的基本物质条件，这样的话似乎在说"何不食肉糜"。于是我需要重新考虑我的说法。

最后，回到"人"或"爱和情感"的维度。一方面，我们不可能把人的维度从任何问题的讨论中排除，当我们谈宇宙的时候，难道真的在谈论一个没有人的宇宙吗？没有人的宇宙能否称其为宇宙？我们只有从人的角度理解时间和空间才有所谓的宇宙的概念。所以我对所谓的"硬核科幻"——号称"要用很理性的方式来回应人类危机"这个说法比较质疑，它有过于乐观或眼光狭隘的地方。但另一方面，我也不认为人的"爱"或者"人性"是一个完全纯粹的、先验的、有某种本质主义的东西，我们其实永远是在特定的历史条件之中讨论人的可能性和人的限度，然后尝试把这个可能性在当下历史条件的社会结构和生产方式的压抑中尽量解放出来。在这个意义上，不管是用"爱"还是"后人类性"等词语去讨论和描述它，最终我所渴望的应该是有一个确定的方向或者范畴。

我们可以有更好的人之为人的方式或人性。这个"人之为人的方式"或者"人性"，不是自工业革命以来西方文明塑造的理想的所谓个人主体，而更多的是考虑边界问题，例如个体和个体之间的边界、文化和文化之间的边界、人和自然存在的边界。此前人们不将这类问题置于人的讨论中，例如对于人的心智的理解，人们仅仅将其置于一个个体的、肉身的包裹之内进行讨论。但如今的科学技术已向人们揭示：无论人的身体、思想或心智，其实都是物质性的（存在）。但另一方面，我也很难想象全然将人类心智信息化，如同 Matrix（矩阵），这完全是对人进行一种计算机科学式的比喻，并不符合现实。人性、人的心智或者人精神性的东西，是非常物质化的，而且始终处于一个系统中，例如心智的方式和情感的方式都是在环境中演化而来的。脱离环境而探讨人性是不可能的，所以想象把某一群人、关于人的信息或者人的精选受精卵用飞船移民至外星，希望人类可以繁衍生息的想法是过于浪漫且值得质疑的，因为处于另一环境中的人与原来的人截然不同。

即使如《流浪地球》中，人类选择带着地球一同离开，但在此过程中，计划的实施已经将地球的大量物质投入行星发动机，全面破坏了地球的生态，因此地球也很难称其为原本人所生活的地球。《流浪地球》的结尾非常浪漫，当地球到达新的星系后，一切恢复了原状，我认为这是一种刘慈欣式的浪漫，也是刘慈欣式的童话——"当东方再次出现霞光……当人类又看到了蓝天……当鲜花重新挂上枝头……"也许作者自己也知晓这并不可能，但故事的最后仍创造了一个浪漫结局。我认为面对这些问题进行思考时，需要不断地尝试破除过去关于人类行为限定性的某些迷思，才可能真正使此问题得到更加有效的讨论。

我的作品中与所谓"爱"直接相关的是 2019 年发表的短篇小说《爱

的二重奏》,小说里设想近未来的一门课程"后人类时代的性、婚姻与情感",以一个学生和一个老师之间书信往来的形式展开,讨论后人类时代关于爱的含义。其实需要在一个完全不同的技术环境下,才可能会对爱有新理解,例如以某种方式让人失去爱的情感,或当人类能决定爱或不爱时,在这个前提下,可以重新讨论爱到底意味着什么。像这样的作品,可能是我想尝试在未来所探讨的方向,从一些比较微观、具体的议题出发,不断地去展现后人类性的多种可能。

采访者:您作品的一大特质是"在技术的环境下去表现浪漫的真善美",这让您的很多科幻作品流露出非常浓烈的人文气息,有些类似于乔布斯所说的"站在科技和人文的十字路口"。这背后是否有您对人性乐观的看法?

夏笳:首先,将科学和人文进行二元对立的想法存在问题,它起始于浪漫主义对于现代性的复杂态度,将一些现代性负面因素归罪于科技,将积极因素归功于人性,后者似乎存在一些假想出来的自由或灵性的无限可能性。我们在讨论科幻时也容易陷入这种二元对立之中,似乎在一些作品中看到了更多科技,然后在另一些作品中看到更多"真善美",而且一般在一个作品中讨论科技之恶,最后只能靠"人的真善美"拯救。二元对立本身已经在后现代主义或晚期资本主义文学文化的生产状况之下遭遇到极多的问题和困境。因此当我再看到某个作家号称"我的科幻作品是要展现技术之恶的过程中人的真善美",对于这个描述本身我会有一些质疑,但也会看他/她具体如何写。

我希望我的创作中所展现的,并非这样的二元对立,我其实更关注如何拆解掉这个二元对立,或者至少要在对二元对立警觉的过程中重新想象不同的技术路径,这个技术路径绝不可能仅仅由技术本身所决定,而是取决于如今所谓"技术的资本主义运用"和"技术的共产主义运用"这两种方式。"技术的共产主义运用"这个说法可能略显理想化,它不认为发明一个技术即可天然成为共产主义的,而是涉及一系列关于政治、伦理、法学、国际关系、心理学、脑科学、生物学、生态科学等不同学科，其中也包括很多所谓人文学科所相关（的问题）。因此，不仅是知识，也需要问题意识和讨论范式（的转变），才能够对这些所谓的"技术的共产主义运用"呈现出足够有能量的想象力或足够强的乌托邦冲动。

在此过程中，我们不可能将人的维度从关于科学技术的讨论中排除。伴随整个学科的分类——从教学到教育到科研体系的分门别类，一个非常严重的问题是当人们在讨论技术问题的时候，会认为这个问题全然是技术问题，即便它涉及人的问题，似乎也可以先悬置，因为它不是目前自然科学基金所要回应的问题。而当讨论人的问题时，人们又会认为一个本真的人和技术完全没关系，似乎存在某种前技术的人，只要回到这个人，就可以解决很多问题。这两种路径都是有问题的，但今天人们很难真正突破认识论或者视野的局限。所以，往小处说，是"要写怎样的科幻"的问题，而往大处说，其实是关于"人们用怎样的想象力可以真正为人类赢得未来"的问题。

我非常关注科幻的原因是，它对于"人类将有可能走向何方"这个问题非常重要。在此过程中，我认为人们需要的不仅仅是某些成功的科幻作品，而且是一种更普遍意义上的科幻思维，把关于人类的整体性的问题贯穿到现实问题的讨论和争辩之中，才真正有可能产生有效的碰撞或者回应。在此意义上，个别的科幻小说虽然是一个大的思想运动中的某个部分，但不是最终追求的目标。反过来说，当我们觉得一些科幻的写作出现问题的时候，其实背后是人类想象力枯竭的问题的一个症候式表现。

不能把人和技术分开来谈，人已经是被技术化了的人，技术也是充分人化的技术。

采访者：我身边的很多理工科的同学过分崇尚科技，认为一切问题都可以技术化地解决，即便是爱、人生与价值观之类的问题。请问您如何看待用工具理性去解构人文的现象？

夏箐：这个问题本身，我认为韦伯已经批判得很清楚了。如今我们的生活方式、生产方式已经高度问题化，所以才有可能让我们认为似乎可以用理性、科学或一个技术性的方案来解决所有事情，这是一个很虚妄的想法。

我以《独行月球》举例，这个电影很有趣，它虽然是喜剧片，但完全可以和《流浪地球》以及《星际穿越》等电影相提并论，因为它再一次将人类危机的解决视为一系列技术问题——个别技术精英在获取了足够多的信息和资源、完成看似不可能完成的一个工程奇迹后，人类便因此得救。在《星际穿越》中，这个技术问题是把一个关于制造超级移民飞船的信息告知人类，在《流浪地球》中是点燃木星，而在《独行月球》中是月盾计划。一方面，这些电影给我带来了快乐，但另一方面，我觉得非常悲凉的是，除了某些技术人员之外，电影里出现的其他人基本没有发挥作用，全人类变成了看直播的观众。人作为整体，没有在这些影片里承担某种关键角色，而是展现出"去政治化"，即不在任何意义上是一个所谓的政治主体。这样的影片给观众呈现出高度的虚拟化，它制造出一个技术空间，让观众看到仿佛只要在这个去政治化的技术空间里边，按照 abcd 几个步骤就可以解决问题。但这本身是在现代社会高度分化并且背后存在极多问题的基础上呈现出的局部现象。

就像你刚刚提到理工科同学，假设他有能力，获取了丰富的知识，就能在相关的技术环境里获得体面的人生，这是在现代社会创造出来的一种已经被技术理性高度殖民化的生活世界里所可能实现的。但假设他身处其他环境，发现在这个环境中需要非常多其他的能力，例如最基本的与人交流的能力，如果他不具备，很可能无法正常生活。放眼世界，虽然高度技术化的空间，例如谷歌、微软或其他互联网大厂，似乎代表了大家最向往的一个方向，但它们在全世界所能覆盖的人口数其实是非常微不足道的。

采访者：请问"高度殖民化的生活世界"该如何理解呢？

夏笳：例如我们计划制造一个飞船，在此期间有非常多各种各样的工作，但大家可能最终将它理解为技术问题是最重要的，进而在建造过程中，我们要把每一步、每一个工作的投入产出计算得分毫不差，并且将所有制造飞船的工作人员的日常生活也按同样的方式进行安排，才能保证飞船制造的成功。而这个安排有可能是由所有造飞船的人里少数的所谓"技术精英"或者"官僚科层制"的人进行计算之后得出的结果。为了制造飞船，所有人的日常生活可能都要被精确安排，在规定时间完成规定工作。最终，每个人的生活都变成了一个日程表。

韦伯的本意是，我们生活的世界里本来有非常多像言语交互这样的不同于计算机式的计算逻辑的生活事件，但由于技术理性的殖民，在我们的生活空间中，似乎所有的行为都要按照一个看似充分理性的规则进行。这方面的经典例子是美国二十世纪五十年代的一个短篇小说，《冷酷的方程式》（"The Cold Equations"），再结合我之前的一篇文章《当代中国科幻中的铁笼困境》，我们发现：生活空间里的逻辑都要由方程式来进行精确计算，这导致了非常荒诞和悲剧的结果。

"核心科幻"的说法是某种意识形态，需要被挑战、质疑和打破

采访者：您在《科幻小说常为新？》中提到科幻创作需要打破常规，您的作品也确实挑战了如我这样的普通读者对于科幻的固有认知。我的疑问是：科幻的先锋性尝试应该如何保持科幻本身的特色，这样的尝试是否应当有一定的边界？

夏笳：这其实是一个挺关键的问题，尤其在今天，当中国科幻已经走到了现在的阶段——它的体量、作家、风格的多样性都呈现出百花齐放的状况。我觉得比较严肃的和理论性的探讨是非常必要的。

首先，我在课堂上会经常跟学生讨论"什么是科幻"，问大家心中公认的作品并让同学们罗列，然后我会说"现在这个同学说的作品，如果有人觉得不是科幻的话，其他同学可以举手"。在这个过程中，我们会发现，其实大家对于科幻定义或者什么样的作品可以称为科幻标杆的认知是存在较大差异的，这个认知其实来自每个人特定的阅读经验。尤其是比如"00后"、"10后"等年轻一代，他们所接触的媒介和经验与我们这一代大相径庭。我们的成长过程中，能够接触到的主要是文字媒介，但可能如今绝大部分科幻爱好者会在一个非常"泛媒介"的范围里接受。这时候，科幻的游戏和影视可能扮演了比经典小说更重要的角色。

　　之后，我会给同学们展示一张图解科幻历史的图。这个图是由2006年美国的一位科幻迷所制作，我发现在很多场合大家讨论科幻时都会提及此图。这个图非常诡异，因为它的脉络非常庞杂。如果我们去仔细观察，就会发现任何人对科幻的理解，可能仅在这个图上占一个很局部的部分，或者仅占其中一个脉络。其次，这张图的作者也带有自身先入为主的判断，例如对于主流和边缘的定义。

　　我们经常在中国科幻界讨论这张图，必须指出的一点是，这张图基本上以英文世界的科幻为主，加上早期出现的一些欧洲科幻，例如法国的科幻，其他大量的非英语的科幻并没有进入作者的认知。当大家开始注意到科幻应当是一个全球事业时，其实非英语文化和地区的科幻想要得到所谓"西方科幻"的关注依然存在门槛，例如语言的门槛。因此这张图完全没有中国科幻的影子，因为2006年前还无人知晓《三体》。

　　通过这张脉络图，我认为绝大多数科幻迷也能够意识到自己先前对于科幻的认知是比较狭隘的。

　　关于科幻的历史也存在不同看法，有的人追溯到更遥远的古希腊时期的神话，有的人认为要追溯到工业革命之后的哥特式浪漫主义文学，还有人认为它的起点要算到二十世纪美国的科幻杂志。除此之外，科幻与其他文类之间的关系也存在争议,例如科幻长期以来,直到今天与乌托邦文学之间的联系都十分紧密,而我们今天在大众文化市场上仍然会倾向于将科幻和乌托邦分别看待,即认为乌托邦比较偏向政治和社会层面的讨论,而科幻更狭义的内涵应该是针对科学技术新的想象,其实这样一种看法把长期以来属于科幻脉络或版图中很重要的部分忽视了。

对于现在的科幻而言,一方面,作为一种大众文学,它绝大多数受众最耳熟能详的作品和这些作品的受众对于科幻的先入为主的认知,其实放在整个版图来看,都只是其中很有限的一部分。当然,我们必须承认这些作品的重要性,它们在历史的各个节点上发挥了各种作用。但另一方面,仍有很多重要的作品可能并不流行、不为人所知或对于"它是否属于科幻"存在争议,因此这些作品更难以被普通读者在思考科幻时作为一个参照系。

回到我的文章《科幻小说常为新?》,它参考了一位英国科幻研究者——亚当斯·罗伯茨的说法,主要是针对八九十年代以来科幻文学发展的批评,因为科幻上一轮的高峰,其实是在七十年代伴随全球的反资本主义、反文化运动的背景下,产生了非常多很经典、很重要的作品,它们也极大地拓宽了之前被所谓"黄金时代科幻"所限定的写作范式。"黄金时代的科幻"可能更像今天大众对刘慈欣的印象:小说中有很宏大的背景、很玄妙的科技,等等。与此同时,它也伴随着一些问题,例如人物形象比较呆板、对社会和政治的想象方面比较空洞和比较容易套路化,等等。在此之后,七十年代出现的科幻作品,至少在比较偏马克思主义的科幻研究者看来是非常具有革命性的作品。因为我的科幻研究基本上内在于马克思主义的脉络,所以在这个角度来看,相比黄金时代的作品,为大众文化所熟知的科幻即便很"火",包括出现了像《星球大战》这样风靡全球的作品,但总体来说,这样的作品是比较"保守"和"反动"的。与之形成抗衡力量的是一些更具有先锋性的、提出了未曾设想的问题的作品,而它们中的多数可能还未被中国读者所广泛认知。

反过来说,中国科幻接受的所谓西方传统也有一个内在脉络,而这个脉络里的视野是有局限性的。直到今天,七十年代的一些非常重要的作品,甚至在很多科幻理论书籍中反复出现的被一些重要的思想家、理论家反复讨论过的作品,还未发行中文译本。

现在的问题是,即便很多读者认为如今的一些科幻似乎充满新奇感,但其实类似的题材或描写在之前的科幻作品中已经得到了很充分的讨论,呈现了各种各样的想象力。而现在我们重新回望时发现过去的科幻已如此新奇,这其实是我们处在一个想象力在某种意义上空前枯竭的状态。

说到中国的科幻,例如刘慈欣的《三体》,刘慈欣的整个写作代表了中国科幻非常重要的一个高峰,并且它也是对此前一百多年中国科幻的种种问题很高强度的回应与总结。但另一方面,其实他的作品没能真正走出我们今天所面临的关于想象的困局,即对于全球资本主义之外的可能性的想象力的枯竭。所以当我们阅读《三体》时,可以发现非常多令人激动的技术、奇想,等等,但另一方面,我觉得它在整个历史和政治的想象方面没有太多新意。这不是对他个人的批评,而是置于这样的一个脉络里面去理解。

从批评的角度看,我认为我们要去寻找另类的想象力。落实到一个很基本的层面是鼓励创作与"刘慈欣式小说"不一样的作品。我自己的创作可能是在这个方向试图进行探索,但我不认为我取得了很大进展,因为我确实在创作方面比较"懒",作品不多,但我认为有很多其他比较年轻的作者或与我同龄的作者,他们都意识到:不可能再沿着"刘慈欣式"或所谓"核心科幻"的脉络继续前进,因为这样的创作即将到达想象力的边界。我们如何寻求别样的想象力?这是一个值得思考的问题。

总而言之,我认为"核心科幻"的概念在某种意义上其实是被建构而来的,可能是多种力量的合谋,例如市场寻求推广某一类作品,进而不断强调"核心科幻"一词,因为这一类的科幻被认为更受欢迎。也可能是中国科幻自身的内在焦虑,即塑造与"黄金时代三巨头"媲美的中国科幻大师。但总之,把这一类科幻指认为"核心"是某种意识形态,而这个意识形态需要有意识地被挑战、被质疑、在创作中要尝试去打破。与"核心"相对的不应是任何一种特定的方向,而是除了"核心"之外的其他方向,朝着未曾设想的方向进行探索,每一步都可能碰撞出全新的产物,这些作品并非都能成功,有很多作品也许差强人意或者并不完整,因为这样的文学创作本身就是在捕捉某些还未被意识形态所固定的思考,不可否认是有难度的。

采访者:请问您最近是否有读到让您眼前一亮、具有创新性的科幻作品,能否向我们推荐一部呢?

夏笳:最近值得推荐的是《春天来临的方式》,它是一个短篇集,是由几位中国的年轻的女性作家和美国托尔(Tor)出版社的女编辑聊出来的一个项目,目的是做一本全女性阵容的英文科幻选集。首先选定篇目之后,确定译者,然后翻译成英文。与此同时,也做了一本中文选集。中英文的版本都非常强调所谓的"全女性阵容"——原话是"全女性和酷儿性别"。总之它所选入作品的作家、译者,撰写导言以及评述的两位科幻研究者,编辑,设计封面的画家,全都是女性。

这是今年刚出的书,我认为很值得推荐,因为它代表的东西与传统所期待的是很不一样的。它收入的作品有很多不是科幻而是奇幻,虽然在营销时可能会强调"中国女性科幻作家",但其实这样的选篇也在有意打破科幻和奇幻之间的区别和鄙视链,所以实际上应该算是一本幻想题材的短篇故事集。这本书的风格与《三体》迥然不同。我认为需要有更多像这样形形色色的作品,能够在市场意义上让读者接受"科幻不止有一种",并且读者可以根据个人的喜好去选择不同的作品,拓宽口味的边界。它不是一个简单的"软"与"硬"或"核心"与"边缘"的问题,因为当人们谈论"软"与"硬"或者"核心"与"边缘"的时候是带有某种权力关系或某种等级制的，即认为"硬"的高于"软"的；"核心"的高于"边缘"的。我认为我们应该从一种差异的角度，而不是高下之分的角度去理解各种不同的科幻。

这本书肯定不可能成为《三体》那样现象级的作品，但是它对于科幻的阅读和市场来说很重要。它的出现是为了告诉大家"还有不一样的科幻"。

另一本书是我参与选编的一本中国科幻选集，它的意义是要给这些非常优秀但是暂时还没有得到所谓国际关注的中国作家一个平台展现自己。所以我们当时决定主要是由我和王侃瑜两个人共同来做这个编辑和选篇的工作，然后跟 Neil Clarke 合作。这本书的电子版已经出版，并在亚马逊上开售，叫 *New Voices in Chinese Science Fiction*。它强调"new voices"，即"新的声音"。我希望这本书也出中文版，因为它也体现了同样方向的努力——让大家看到与《三体》不一样的中国科幻。

科幻创作： 机缘巧合和早期尝试

采访者：您有一篇短篇小说叫《黑猫》。我发现其中第一段模仿了马尔克斯的《百年孤独》的写法，有时还带有哲学意味的思考，并且类似《百年孤独》里的许多魔幻和梦幻的元素也在您的作品中有所呈现，这部作品对您创作科幻小说有没有产生一些影响呢？

夏笳：首先，《黑猫》差不多是我中学时创作的作品，最后成稿可能是在我刚上大学的时候。当时我是在一种比较"文青"式的阅读和写作的氛围中创作，因此在写作时我并未意识到自己要写什么，只是好像隐隐约约地在传达某种模糊的情绪。

像你刚才提到的一些句子，可能是从我当时读的某些书里面化用而来的，但是我现在也无法准确回忆。而且有一些化用可能也不准确，隐约记得在哪读过,最后变成自己小说的内容,并不见得"哲学",可能有点文艺气息。也可能是我当时读了某部作品,里面有以猫作为视角的角色,那个视角非常吸引我,非常迷人,然后我就会去想从一个非人的、个体的角度去观察。在小说《黑猫》里,其实没有故事也没有情节,没有前因后果。只是以猫作为一个纯粹的观察者,有一些非常模糊散乱的记忆。我当时并不清楚自己写这些的目的,只是觉得以这样的方式写作似乎可以产生一种很迷人的感觉,可能在某种意义上就是"陌生化"的文本。

采访者:您的短篇《勇敢者游戏》从第三者的视角对我们居住的星球进行了一番审视,小册子对这个星球的记载中有一句,"只能断言,在这颗星球上,一切罪恶皆有可能"。并且小说对于地球生物的丑态也有一些意指。想知道激起您创作本篇故事的契机是什么?

夏笳:对于《勇敢者游戏》的创作,最直接的一个影响应该是《银河系漫游指南》。因为那段时间这部小说刚被翻译成中文,它对一代科幻迷或者一代中国青少年来说是非常令人印象深刻的作品,因为它跟之前所读的科幻太不一样了,甚至可以说它是一种具有科幻颜色的黑色幽默的写作。包括《勇敢者游戏》里的"小册子",其实它也相当于是个电子词典,形象设定很"嘴贱",它在某种意义上和《银河系漫游指南》是一脉相承的,也是用一种比较黑色幽默的方式来讲人在宇宙中的冒险。它其实是一个挺荒诞的行为,所以当中也故意设计了一些比较恶趣味的地方。

采访者:《永远的白色情人节》这篇小说让我觉得非常新奇,因为它的叙事视角看起来像是反派,传达着某种诡异的色彩,并且这种诡异的色彩贯穿全文,给我一种恍惚的感受。请问您当时创作这个故事的灵感是什么?

夏笳:这篇作品被收入《关妖精的瓶子》,当初在编这本书时,我们因为担心分量不足，所以把一些没有正式发表过的作品也收入于此。像《黑猫》可能正式发表过，但很多故事是比较早期的。

我依稀记得这个作品是当时一个朋友跟我说要写一个跟宝马有关的小说，可能是个商务合作。我当时可能想写一个比较黑暗的故事，因为本来是个商务文，但又不想一味地夸赞汽车，最后我把它写成一个比较有黑暗色彩的故事，可能觉得比较有趣。

采访者：我认为对于一个故事而言，人物自身的性格和情感是主导故事走向的一个方面，但是作为创作者，问题在于怎样平衡自己心中想要的故事走向和人物设定本身之间的微妙关系，所以想请问您在塑造人物上有没有自己的一种独特心得？

夏笳：从写作本身来讲的话，把故事写好这件事本身还是有章法的，很多的创意写作课程或者教育项目其实拆开揉碎来看，在讨论的也无外乎是这些，最后都落实到如何讲一个好的故事。这个故事显然是跟人、跟事、跟人物的变化、跟人物的外在和内在有机关联的一个整体。

当你希望写一个好故事时，这些层面的问题肯定都要纳入考虑，并且要经过一定的练习，慢慢掌握一些非常基本的技巧。我觉得它可能就像跳舞或者其他体育运动一样，涉及很多块肌肉的发力和它们之间的配合，需要有一个练习的过程。从人物的角度，至少在我儿时读到的很多科幻作品中会容易出现人物类型较为单一的问题，不仅是科幻，每一种类型文学，特别是这种类型文学里面最被大众所熟知的作品中，都会有所谓的"陈词滥调"和"刻板印象"的问题。比如说我会对特别"言情"的故事有所质疑，因为在很多言情故事中，男女主角的形象好像已经天然贴上了很多标签，这些标签其实会遮蔽作为人在爱情关系中丰富的生命体验。比方说我们在感情中，可能会有快乐的时候、会有受创伤的时候。但在言情故事里，它很容易变成"发糖"和"发刀"的一个固定关系，于是观众便希望一个好的故事无论如何都应该给大家展现足够的"糖"或"刀"。

但现实的逻辑远远比这复杂。例如一个人在爱情中感受痛苦，但他/她同时可以从中学到很多关于自身很重要的体验。所以最通俗的故事总会有局限的地方，科幻也容易如此。我自己在写科幻时，会更加在意这个故事是否能说得通，而所谓"说得通的故事"，最起码我对主要人物有某种程度上的认同，这个认同不一定是我很喜欢他/她，当然绝大多数情况下，其实我都会写自己比较喜欢的人物，而这个喜欢是建立在我认为这个人物很特别的基础上。可能我的很多作品中的人物身份比较混杂，位置比较边缘，没有确定的身份和标签；或者说他/她是属于被压抑的群体，因而具有某种张力，具有某种反抗的可能性；或者他/她有某种欲望，这种人物可能会比较吸引我，进而让我产生写这样的人物的故事的欲望。

关于塑造人物，其实短篇和长中篇小说之间存在一些差异。目前为止我的主要作品都是以短篇为主，所以认真讨论塑造人物的话，其实可能还没有到真正地检验这个人物塑造到了什么程度的一个标准，可能要拿长篇来讨论这个人物是更有效的。而在短篇中，多数情况下，人物的塑造着墨不多，主要服务于故事的推进。

采访者：《你无法抵达的时间》讲述了一个女孩通过改变自己的时间流逝速度去追求她的挚爱的故事。时间的扭曲是这篇短篇小说的一个亮点。同时在您的另一篇短篇《杀死一个科幻作家》里也有关于时间循环的元素。想请问您在时间的可塑性方面有什么看法？

夏笳：首先，你提到的这两篇作品其实都与电影关系密切。关于《你无法抵达的时间》，我最初的构思可能是想给一个电影公司写一个类似偶像剧的剧本，所以起初有一个大纲，后来将其扩充为一篇小说。《杀死一个科幻作家》亦然，我的朋友当时想拍摄一部低成本科幻片，首先完成了剧本，最后改成一篇小说。从低成本科幻片的角度，时间显然是一个相对无需太多特效即可实现的题材，同时又非常适合电影化的表达。因为这两部作品中关于穿越或时间的设定与描述都可以用视听语言的方式展现。

这两篇作品其实比较特殊，因为它们的创作更多地为电影叙事服务，比如《你无法抵达的时间》，其实正式写爱情的元素不多，因为我不认为自己能将言情写得特别出色，我也不是特别能够沉浸在比较言情的部分，因为我总是对此有一些质疑。但既然要往院线电影的方向创作，显然最好的操作方式是讲述二人之间的爱情，所以它的框架是有点套用《一个陌生女人的来信》的方式，写很极致的感情，但这并不是我在写作中最欣赏的部分。这篇小说是一个爱情故事也好，或一个关于从爱情中醒过来的故事也好，它最后的结局是女主人公放弃对于爱情的某种执念，我觉得这也许是一个很文学化的主题。

就时间本身而言，其实时间的议题很有趣，但时间穿越这种题材是非常违背我作为一个唯物主义者的科学认知的。我认为有生之年很难见证时间旅行从科幻转变为现实，除非我们有一套与爱因斯坦截然不同的基础的物理学或者描述时空的方式。所以我近年来较少写关于时间穿越的故事，早年间我会认为它是一个比较有趣的东西，可以增加叙事的复杂性。

而现在的我很难说服自己写一个回到过去的故事。因为今天我们生活在如此危机的状况之中，需要打破一种迷思，很多穿越到过去的故事中，到最后都会告诉读者所有想要改变历史、与时间对抗的行为都是虚妄，我们必须眼睁睁地看着历史朝向一个最坏的可能性走去。而今天我们如果要改变这种观点，就必须想象一种不同的历史发展的可能性。

采访者：在《百鬼夜行街》中，您对聂小倩等大众熟悉的角色进行了重新塑造，而在另一篇《汨罗江上》中也有对于屈原这个家喻户晓的诗人的重写。请问您对于神话历史与科幻的结合是否有着自己的某种原则或看法呢？

夏笳：首先，从晚清以来，中国科幻的写作者们都会有一种强烈的愿望,即尝试将中国传统文化的元素与科幻做出某种融合,所谓古今融合或中西融合的写作一直存在。而在我小时候,大约九十年代,中国刚刚处于一个文化全球化的场域里,面临着非常多关于"传统"与"现代"、"西方"与"东方"等民族身份认同的焦虑和各种复杂的情结。所以那时我读《科幻世界》,发现很多作家都在尝试做这件事情——写一个故事,这个故事里有很多科幻的元素,也有好似与科幻站在对立面的元素,比如说前现代的、历史的。

我之前在一篇文章《火星上没有琉璃瓦吗?》里讨论了此类现象,对一些代表性作品进行了分析。我自己开始写作时,也有很多人都很热衷于写这种作品。所以我的写作也是这样一类作品,即这样一种大的创作脉络里其中的一部分。

采访者:您对于神话历史和科幻相结合的创作过程中,是否有自己的某种原则或者在创作时将二者结合的一些特殊看法?比如这种类型的故事必须如何写才会更好。

夏笳:首先,我在创作时必然会把一个历史、神话中的人物或者相关的元素纳入我目前要写的小说中,可能是灵机一动,但一定有某个吸引我的地方。然后我就会带着这样的问题对文本产生一个新的解读。例如《泊罗江上》其实是一个戏中戏,它是一个套层的框架叙述,最核心、最里层的是一个关于屈原的故事。关于屈原,当然有非常多不同的讨论和理解,甚至也有人质疑这个人物是否真的是《楚辞》的作者。而我当时在创作中把它理解成一个人以某种方式去与命运搏斗的故事。所以屈原在我的写作中,就可以与像海明威或其他浪漫主义的悲剧形象之间形成某种共鸣。当然,我对此的理解是很片面且个人化的。

在我创作的时候,想表达的可能是一个关于"在时间面前怎么样尝试去把握某种人和人之间的联系"那样的意象,于是把屈原这个形象编织到意象中。写这种作品时,作家是否要尊重传统?是否要有一个求真务实的精神?是否要有充分的史料支撑?我认为倒也未必,但是希望读者有能力鉴别，不可入戏太深，而是将它视作一个文学作品，与读者心目中原本的文本或神话故事的理解之间产生某种碰撞，这也许是这个作品能够起到的一种效果。

采访者：一些科幻爱好者在进行科幻创作时对于自己文科生的身份有所顾虑，担心无法写出有足够严谨科学依据的内容，请问您是否能给这一部分人一些创作上的建议？

夏笳：如果有人想在创作方面向我讨教，我首先想表达的是不要过分看重创作本身。写不出科幻并不代表不如他人。因为这里面涉及学科分类，这种鄙视链绝对是有很大问题的，例如有观点认为科幻小说的读者比言情小说的读者似乎更高级，这个想法本身是有问题的，是需要被质疑和批评的。

如果有人想写科幻，我认为前提是有独特而有趣的科幻想法，进而想要进行某种表达。至于表达得好与不好，这是技术层面的问题，我们可以去探讨如何将故事变得更好。但如果本身没有想要表达的，对科幻没那么感兴趣，不必逼着自己写，或者不用觉得"我写不出来很丢人"，在自己兴趣范围之内进行一些阅读和思考就足够了。

还有一个我经常被问的是性别身份问题。很多女生会觉得"我作为女生，不配写科幻"，但这些不应该成为束缚。也许十年、二十年前这种偏见还非常严重，而到现在已经有足够多的女性科幻作家和文科出身的优秀科幻作家，让人们看到各种各样科幻的创作。在这个意义上，只有理工男才能写科幻的这个迷思早就应该被破除了。

今天我们本身就生活在一个相对来说获取资源方便很多的时代，所以我认为一个人能不能或者适不适合做任何事都与专业关系不大，一个理工科学生本科四年所学的知识也不能保证他在这个领域中做出某种成就。在过去，不学相关专业，不修相应学分，确实没有机会去获得相关的知识。但近年来互联网服务的进步已经让知识获取变得十分容易。

实际上，一个人对何种类型的科幻议题感兴趣，自然可以沿着相关的问题进行阅读或者信息收集，甚至有机会的话，也可以跟相关领域的人进行交流或讨教，这些都已变得非常方便。每个人都可以写科幻小说。

包括现在很多优秀的电影导演，都并非电影专业出身。很多作家，都不是中文系科班出身，甚至有个说法是"中文系不培养作家"。所谓专业训练可能只是提供一些资源和途径，它不在任何意义上决定一个人有没有资格成为一个作家。其他的很多创造性工作亦是如此，优秀的创作者可能并非在大学修读本专业，而是以某种方式，比如所谓的自觉、自主性的学习过程所决定的。

中国科幻文化将愈发大众化，不同的尝试催生独特的作品

采访者：如今的中国正处于一个新的历史阶段，科技发展正在慢慢改变当今社会。请问您认为新兴技术的应用会给当代中国带来怎样的影响？是否会催生出更加独特的中国科幻作品？

夏笳：第一个问题是肯定的，在如今的全球范围内，尤其在中国，被科学技术高度浸透的生活环境已非常普遍。我生于上个世纪八十年代，在九十年代便能感受到来自新事物的冲击。当第一次听说"信息高速公路"或互联网时，我们感觉是有一些距离的。而今天这个距离已经被不断缩小，如今很多老人都可以使用微信进行转账或刷二维码，而这在几年前可能是无法想象的高科技场景。在这个意义上，科幻在中国越来越有可能成为一种所谓的大众文化。科幻在美国作为大众文化其实是个例外，在过去的中国，科幻不是大众文化而是属于通俗流行文化里比较偏小众的一类，甚至有点偏精英化。在中国，武侠可能被认为是大众文化，比如互联网公司为员工排级位时会使用类似武侠门派、级别

的方式命名。而近年来，科幻愈发在这个意义上成为真正的大众文化，不单指科幻题材的产品，而是与科幻相关的很多文化元素会越来越密切地渗透到日常生活的衣食住行中，而且人们对此习以为常。

这是否能够催生出很独特的中国科幻作品？中国科幻过去从何而来？现在身在何处？未来前往何方？这是一系列很庞大的、复杂的、需要被严肃论述的问题。但整体上，我认为有个趋势，即当科幻越来越成为一个大众文化时，更多的年轻人会在这样的文化环境中成长，对科幻相关的概念更加熟悉，进而在他们的生活中所体现出来的、以某种科幻的面貌出现的东西也会越来越普及。二十年前我们可能觉得一个概念很"科幻"，而在今天，很多青少年儿童在与朋友交谈时所表达的概念都是有科幻色彩的，在青少年的成长过程中，如果他们认为自己是个科幻迷，产生了想要去参与科幻文化共同体的想法，就可能以某种方式与科幻产业发生联系，比如说从事一些创作或者辅助性的工作。那么这个方式就会有助于中国的科幻文化产业的底盘越来越大。

在这个过程中，一定会产生非常多很一般的作品，但与此同时产生突破性的、有价值的作品的概率也会变大。我不能保证，但可以看到这个趋势。

但这些作品在何种意义上能够提出非常重要的问题是不确定的。有可能未来中国会产生很多流行作品，最后也不过就与漫威电影或《星球大战》一样。美国科幻的特别之处在于底盘太大，所以拥有极其丰富的多样性。而在中国，我们能够看到的各种各样不同的科幻的可能性仅仅是一个开始，未来还有很长的时间需要去对它发展的状况进行观察。

采访者：2019 年《流浪地球》上映开启了中国科幻电影的新纪元。但直到三年后的最近才有类似的、优秀的中国科幻电影上映。您之前也参与过科幻电影的编剧、策划等相关工作。想请问您对当前中国科幻产业发展有怎样的看法或期待呢？

夏笳：科幻电影本身就是一个需要具有一定工业水准的生产部类，在发展的过程中，如果"盘子"足够大，可以产生比较个人化的、独特趣味的表达。

但是最基本的、支撑这个市场的还是具有一定工业制作水准的合格作品。例如《独行月球》，我认为令人高兴的一点是，无论它有怎样的小问题，都让我们看到了电影工业水准的稳定。因为当年的《流浪地球》其实完全是一个特例，《流浪地球》的制作手册讲到制作过程中发生了很多状况，过程中有太多的幸运和巧合。投资者要的不是幸运的产物，而是比较稳定、低风险的回报。《上海堡垒》最主要的问题就是生产水平的不稳定，即工业水准没有过关。《独行月球》则没有太大问题，让人看得比较开心。这样的作品就给人非常多的信心，有了一个可再现的高水准或者工业标准。

在《流浪地球》制作时，甚至之前，我们已经常作为科幻作家被邀请参与一些论坛，谈及中国科幻电影的发展，但其实我们都是门外汉。我自己其实有真实参与过，比如受邀讨论剧本等阶段性的工作，所以我也只能从内容孵化的角度谈论我所看到的困难。

当时我们就认为这个产业需要的是产业规模，而在产业规模中需要的是非常多合格的从业者，无论是特效师、编剧还是制片人，都必须是产业中或岗位上的能工巧匠，而这批人需要时间成长。我们在几年前还认为不存在真正的科幻制片人，因为其他类型电影的优秀制片人并非一定能担任科幻电影的制片人。特效、置景和美术团队也同样重要。通过《独行月球》，可以看出上述条件已经相对成熟，根据《独行月球》的一些相关报道和数据，现在拍摄一部类似的电影不再难于登天。因此，仅从旁观的角度，我认为前景令人振奋。

科幻是奇思妙想与探寻人类发展的非常规道路

——王诺诺访谈

访问：吴 桐 江玉琴

王诺诺本名朱妍桥，毕业于剑桥大学。她是一个脑海里有很多奇妙想法的"斜杠青年"，集青年科幻作家、互联网公司行业分析师等身份于一身，多重身份在她身上发生了神奇的化学反应。2015年8月5日，她第一次在朋友圈宣布，自己开始写科幻小说。仅仅三年时间，她就拿下了中国科幻银河奖"最佳新人奖"、第一届"冷湖奖"一等奖，成为名副其实的"90后"科幻文学新星。其作品发表于《科幻世界》等杂志，现已出版科幻小说集《地球无应答》《故乡明》等作品。在众多的标签里，王诺诺说她最想留下的只有一个："一个想写出很多好故事的年轻人"。

良好的专业素养和丰富的生活经历是科幻创作的基础

采访者：求学和工作经历对您的科幻创作帮助大吗？平时会为科幻创作做哪些积累，有没有什么难忘的经历？我看到您在微信读书上会对自己的作品进行评论。读者的评价对您的帮助大吗？有印象深刻的评论吗？

王诺诺：我的专业是环境经济学，大学选修了一些物理、化学学科的相关课程。另外因为专业算社科类，会有一些人文方面的基础。我之前在互联网大厂工作过，这段经历对我的创作也有一定的帮助，会接触到一些走在科技创新或者说是互联网创新比较前沿的人。在大厂里面时间虽然比较紧张，但年轻人的新点子比较多，所以也有思维的碰撞。休息的时候我爱看纪录片，我可能看纪录片时产生的灵感会多一点。刚开始写小说的时候，曾经尝试在公众平台上发表。读者的鼓励和支持对处于创作早期阶段的作者来说还是很重要的。如果长篇故事在完成之后没有读者的反馈，可能对于任何一个创作者来说，都是比较沮丧的一件事。

采访者：我看到您在之前的采访中有说到您是大刘（刘慈欣）的脑残粉，除了《三体》以外，您最喜欢他的哪部小说？您在三体社区的回答说喜欢在结局的时候那种翻一下的感觉，每个科幻小说都是一个独立的世界，我很赞同这个观点。作为独立的世界有没有什么可借鉴的操作模式？

王诺诺：刘老师的好多小说都写得很好。我最喜欢的两个短篇是《诗云》还有《山》，因为它们情节中都设置了一个非常精巧的对立，就是人的无限渺小与艺术或者宇宙的无限宏伟之间产生的一个对立，我觉得这个对立是挺震撼的。关于如何构建科幻小说中的世界，我觉得我也在摸索。我觉得最好的科幻小说可以分成两种，一种科幻小说是你读的时候边拍大腿，心想"这个作者是不是偷偷进入了我的大脑监视我每天在想啥，这东西看得我不寒而栗"，比如说陈楸帆老师的作品，这种跟现实世界特别深刻的、相呼应的小说，是有一些预言性质的小说；除此之外，还有一种科幻小说是你读的时候在那拍大腿："作者太牛了，我一辈子都想不到这种东西。"这种小说则是以跳脱的想象力见长的。所以，"我每天都在想的东西"和"我一辈子都想不到的东西"，这两种题材可能最后写出来都是最好的小说。

采访者：我看到有读者说，您的小说是基于一个点子展开的"点子小说"，您赞同这个说法吗？听说您正在创作长篇科幻故事，可以大概让我们了解一下长篇小说讲了一个什么故事吗？您准备什么时候出版呢？

王诺诺：一篇短篇小说很可能会是"点子小说"，因为它的篇幅有限，能够把一个有趣的点子展开讲清楚就十分难得了。每个作者可能习惯不一样，当我写了故事的三分之二时，其实自己已经知道未来的剧情走向了，我也被剧透了，就没动力写了。而有的作者可能会在落笔前打好大纲，然后填充内容。我是那种开始写作之前自己也不知道结局会如何的人。创造出来的世界它有它特定的逻辑，到写作的后半程，可能隐隐知道最后大概是一个什么样的故事，但是故事里面人物的命运也是悬而未决的。

关于正在构思的长篇小说，创作的起点是：我一直觉得当今社会人和人的相处方式是很低效的，或者说是很不自然的。为什么不自然？比如说人类在几万年前可能还在茹毛饮血的时候，一个部落就150个人，所以有一个最大的150个人"邓巴数字"的说法，超过了150个人，这些人其实对于你的社交来说是冗余的，就很痛苦，包括我们看到今天在这个世界上有很多的纷争，有很多让大家觉得活着很累、有内疚感。

所谓内疚,所谓这些各种各样的问题,那是因为有了城市的发展。如果没有城市,如果大家还在游牧社会,就不会有这些冗余的社交和不必要认识的人。所以这是一个人和其他人相处很痛苦、很不自然的时代。为什么会有这种感觉?刚刚我说的"邓巴圈"是一个,然后第二个是我原来看过一本书叫《规模》,讲的是包括人在内的所有动物,包括所有的城市,它都有一个体积最大的占比,就像细胞它是有最大的体积的,超过这个体积之后,它的表面积比体积的比值会太小,它就没有办法通过细胞膜来向外界获取足够的养料,氧气、营养就供应不上了。表面积/体积比的限制也导致了远古巨星生物的存在——古代恐龙大概是因为那时候空气中含氧量很高,在含氧量变低的今天人类通过表面积获取氧气的难度增加了,所以生物的体积就没有那么大了。那么人类社会中,是否会存在一个表面积比体积比值的极限?我们目前面临的关于社交、城市、快节奏生活的种种不适,会不会是因为越过了某一条表面积/体积比值的临界线?而今天所有的人文主义,人与人之间的规范道德,都是在对这个已经非常不自然的庞大的社会交际形态进行的一些修补。

我想写的就是这样一个故事:有一种真菌感染了人类,以及大部分哺乳动物。一开始人类当然还是跟真菌抗争的。后来发现其实真菌是一种更具优势的物种——它并不受表面积比体积比值的制约。对真菌来说,菌伞只是很小一部分,真菌的本体是菌丝,它是二维的,是丝状的,在森林的地下,它可能会达到几百平方公里甚至几千平方公里,盘根错节。当这种真菌感染了人类,它彻底改变了原来人与人之间低效的、不自然的连接方式,同样在与真菌抗争的过程中,人类也变成了真菌共生体的一部分。

至于这个故事什么时候出版我自己也不确定,我尽量争取早点出版。

采访者：我看到您回答了很多期脑洞问答,命题式的作文对您来说难吗? 命题作文和自命题作文哪个更好写? 最近还有哪些想开拓的题材? 下一本准备写什么题材?

王诺诺：《脑洞问答》是《科幻世界》的一个栏目,所以说得月更。我其实更喜欢命题作文。我不是那种因倾诉欲而写的作者。所以你给我个题目,说不定还会好发挥一点。至于题材,下一本我准备写稍微末日废土一点的题材。算环境题材,但是我想写的环境不是那种呼吁大家保护环境,是想告诉大家,其实我们就是环境的一部分,有一点像王晋康老师的《海豚人》里的一个情节,咱们就不要回去建立高科技的世界,咱们就在海里面当海豚挺好的,大家别那么累了,就当蘑菇也挺好的。

采访者：《海豚人》讲了一个什么故事? 您最欣赏哪一点?

王诺诺：这一篇和大刘老师的《超新星时代》共用了同一个开头和同一个灾难设定。面对相同的灾难,两个作家给出了两种推演。

故事讲的是超新星突然爆发后,地表人类因为辐射而接近灭绝,只有侥幸躲在深海或是矿井中的人免于灾难。于是这部分人担负起繁衍后代延续文明的责任。但在深海潜水艇或是在矿井中的人都是男的,只有少部分随军科学家是女人,为了保持人口数量只好利用生物学技术,筛选优质的胚胎,并且每个女人都一胎得生好几个。但即使如此,人类数量还在减少,因为大气中留存超高辐射残留和紫外线,长年暴露在致死量里只有日渐凋零。接着男主和女主登场了,他们看这样下去不行啊,就逃离了人类的集体居所,偷偷利用基因编辑技术改造了人类。为新的人类胚胎加上了蹼、鳞之类的东西,让他们更加适应海洋。新的"海人"在大海里成长,海水可以为他们遮挡大量辐射。但日久天长,女主角发现这还是不行,海人虽然可以在大海中长时间生存。但他们身上人类的部分例如双手躯干,在海水中和鱼类相比毫无竞争力,长此以往还是要逐渐消失。所以她敲晕了保守的男主角,搞了个更狂野的计划,直接改造了海豚大脑。她这次选择海豚为主体,利用基因工程将它们的大脑改造成接近人类智力的版本。并且在她的有生之年,把人类社会的文明、历史、知识悉数教授给了海豚。海豚成了人类文明真正意义上的传承者。

我喜欢这一个长篇小说很大程度上是因为它的特殊性。它没有强调科技、文明的重要性和不可取代性,而是透露着一种黄老哲学。对的,一个科幻小说表达了黄老哲学、道家思想。比如海豚人不发展自己的科技,并不是因为他们智力不够,而是因为顺应自然是更高级的方式。生病不医治,因为这是生命的新陈代谢;甚至不会躲避虎鲸的追杀,因为虎鲸本来就该捕食弱者,等等。

相应的思考还有:地球上代表文明的,真有必要就是人类吗?海豚也是蛮好的。地球上有必要真的有科技文明吗?我们凭什么那么自大,认为又卷又累的人类现代社会才是文明的唯一答案呢?一片蛮荒大家舒舒服服过日子不也是蛮好的?一切折腾都是没必要的,有必要的自然而然都会发生——表达类似主题的科幻小说,我似乎从来还没有见过,十分新奇,也是另一个思考的角度。

采访者:作为一个科幻作家,您觉得对社会有什么责任吗?您在作品中怎样践行自己的理念?在创作中有什么一定要坚持的原则吗?比如说强烈的宿命感、因果论之类的。

王诺诺:我小时候刚刚开始认字读书时,叶永烈老师曾来到深圳做过一个签售,是《小灵通漫游未来》,我的外公带我去参加了叶老师的签售。这是我第一次去参加作家的签售会,拿到了叶永烈老师的签名,还写了 To 签,祝小朋友热爱科幻。如果一个作家写了那么有趣又充满了想象力和科学审美的作品,给到很多的孩子去读,给到很多的学生去读,这是对整个社会心智的启发。我觉得这就是一种社会责任的体现。至于创作时坚持的原则,在我的创作中好像没有什么一定要坚持的原则,但我会觉得如果写科幻小说的话,悬念、科技审美还是需要存在的。

采访者：您觉得作为一个优秀的科幻作家需要具备哪些素质？对于一些非常喜欢科幻的非专业读者，他们想在这个领域不断地挖掘，您有什么好的建议？作为一个创作者难免会出现倦怠期，想问一下您怎么保持创作的热情？

王诺诺：我觉得想要成为一个优秀的科幻作家，首先他得有一些基本的科学素养，作品不能有大的漏洞。第二个是得有对科学的敬畏之情，多听他人的意见。就是多听编辑老师的。经常逛贴吧时，看到有些投稿失败的作者会想不通自己为什么被拒稿，甚至觉得自己的故事不被赏识就是编辑的问题，不采纳他人的意见，这种想法是很危险的。怎么保持创作的热情这也是个难点，我算是拖稿非常严重的一个人，可能有两个方法改进，一个就是建立正反馈机制，多收集关于作品的反馈，批评的表扬的都看，表扬的可以促进写作激情，批评的让作者知道该怎么改。但这当然也未必，久而久之作者会变成一个写作时刻考量读者爱好的人。我就是一个这样的作者，这个就要承认。我不是有倾诉欲的作者，而是一个满足读者需求会很开心的作者。除此之外，就是找到一个靠谱的编辑，天天夺命连环催你，过程是很痛苦，他痛苦，你也痛苦，但是最后成果还是很好的。

采访者：作为作者，在准备写作的时候，肯定会去阅读或者学习借鉴前任的作家，包括一些科幻电影导演像您刚才讲的您喜欢的诺兰的电影。您怎么来看待自己在创作中和前辈的关系？您的阅读结构是怎么建立起来的？

王诺诺：我跟我朋友聊过这个问题，我说："怎么办？我最近这段时间看谁写的就像谁，我想模仿谁就像谁。"他说："你不要那么自恋好不好。你这样说话就像一个打篮球的，说我在模仿库里投球，你看我现在投得太准了怎么办？"他的意思就是你不可能像别人那么好。我认为多学习是有必要的，希望能够在尽量短的时间内拥有自己的成型的风格。至于我的阅读结构是怎样建立的，我小时候爱看的除了科幻作品之外，我也喜欢偏悬疑类的小说。这导致在人物塑造方面确实太偏类型了。

采访者：您觉得文科背景的作者和理科背景的作者在写科幻的时候有什么区别吗？

王诺诺：一些有理工背景的人写出的科幻和纯粹人文领域的是不一样的。对于理科生来说，或许人和人的命运并不是故事描写的主体对象，真理的存在与否跟人的存在和人的感知是没有关系的，就像 π 是 3.1415……不会因为张三还是李四作为观测者而改变。但对于文科背景的作者来说，人在故事中又是很重要的，因为人是作为一个感受器的存在。人感受到的美，人理解到的逻辑，人思考到的哲学，当然，以文科、理科生作为区分科幻作者的界限，是非常片面的。但理工科背景的作者可能倾向在作品中更多描述客观的外在真理，文科背景的作者则把笔墨倾斜向"人"本身，他们写出来的东西一定不一样。读《三体》你会觉得没有某个具体的人作为绝对主角，科幻是以人类为视角，就是说在写一个人类的故事，而不是一个人的故事。

采访者：程婧波老师会在作品中体现作为女性的独特视角下的思考，但是您的作品中就会有意地减少或者说模糊性别，可以说说这是什么原因吗？

王诺诺：程老师前两年编了一本《中国女性科幻》，我也被选进去了，她让我们每个人对女性科幻写一句话，我当时写的是我觉得女性科幻作家是一个偏正短语，最重要的是作者，其次重要的是科幻，再其次是女性。"女性"身份必然会带来很多独特的感受，但每个人对不同感受的接受能力、体验能力都是不同的，我对"女性"身份的体验能力就不算特别突出。所以纯粹地以女性身份去写作，可能不是我最擅长的。

具有中国特色的科幻文学将成为未来发展的方向

采访者：您的作品中经常出现古诗。比如说"故乡明月夜"、"风雪夜归人"等的中国元素，您觉得与传统文化结合开发出一种有中国特色的科幻文学模式，会是科幻文学未来发展的方向吗？

王诺诺：一定是的，这已经是事实了。就像很多年前我们看很多的科幻小说，作者是中国人，但主角顶着一个俄文名字，或者一个美国名字。而今天，我们看《科幻世界》登载的文章，外国名字的比例大大下降了，这就代表了一个大家都比较认同的理念：中国人能够成为科幻故事的主角。或者说中国的土壤和文化跟科幻背景是不冲突的，甚至是十分和谐的。可能到了未来，中国的美学、哲学在文本中与一些科技元素结合，新的魅力会更大。

采访者：中国古代有很多独具匠心的工艺，比如七巧板、九连环、微雕、纺织等工艺，换个角度想它们都是可以开拓的题材。我看到您之前的采访中有说到您准备写一个发生在明朝的关于纺织的架空的长篇科幻小说，方便说一说吗？

王诺诺：对，我是想写一个发生在明朝的故事。但已经搁置了。因为写起来确实有一些困难，大体是说古代妃子刚开始为了博得宠爱宫斗，后来发现宫斗一点意思都没有。明朝有规定，皇帝的妻妾出身不能来自贵族，都是来自民间。故事设定皇帝的一个妃子来一个织户。她很懂织布，其实当时的花楼织机的原理跟现在计算机的原理是相近的，都是 0 和 1 的表达。甚至能用花本来编程锦缎上花纹的图案。后来 IBM 生产的第一台现代意义的计算机原型就是法国的雅卡尔织机，而雅卡尔织机的原型就是中国的明清时期的花楼织机。原因就是织布这件事情跟计算机天然结合是最好。那么为什么不能让通晓织布技术的明朝妃嫔停止宫斗，而去研究计算机技术呢？如果历史走上另外一条道路，会是怎样的？

但很可能会被归类为"大爽文"。

采访者：中国与西方科幻文学有何异同？您觉得具有哪些要素才能算得上是具有中国特色的科幻小说呢？据您了解当代中国的科幻作家中哪些作家的作品是具有中国特色的科幻文学？

王诺诺：本质上西方科幻和中国科幻没有清晰的分界线，都是对于未来的描写和想象。但中国本土的科幻作者会结合个人经历，将具有东方审美的元素融入科幻作品中。无论是明显的视觉上的元素，还是故事背后的东方哲学，这些都更能打动中国读者，引发他们的共情。

采访者：在您心中科幻文学区别于其他文学最大的特点是什么？您认为科幻写作与现实之间有什么必然的联系吗？

王诺诺：科幻小说尝试描写人类的命运，而并非仅仅去描写"个人"的。科幻作品最吸引我的地方便在于此，它是少有的会将"人类"和"文明"本身作为一个主体去描写的文学体裁。这也就是为什么有时候科幻作品中特定的人物角色不会出现主流文学中千回百转的人物弧光——因为在"人类命运"这样宏大叙事背景下，个人命运显得微不足道了，在足够远的距离，足够高倍数的望远镜下，芸芸众生的喜怒哀乐是有的，但也是难以观测的。宏大的科幻语境势必牺牲掉一部分对读者的"微观共情"，让他们从主角和自己个人命运的悲喜和琐碎中抽离出来，抽离出来，才能尝试抬头仰望星空。

忽略人类本身欲望的社会发展，只能走向科技反乌托邦

采访者：您在《地球无应答》中的第一章《一趟地铁》中的三个故事，《改良人类》、《地球无应答》和《全数据时代》，是人类未来可能的三种生存的方式，您个人最倾向于哪种生存方式？

王诺诺：我个人倾向于《全数据时代》，人们会把越来越多的自己交给数据、交给虚拟、交给机器，人和机器之间的界限变得模糊。其实我今天还在跟朋友讨论，就是说可能一万年前人是用意志力去对抗野兽，对抗战争，对抗疾病，对抗饥饿，现在人用意志力去对抗短视频，对抗游戏。未来人真的是要用意志力去对抗虚无了。比如，元宇宙里面和外面的你是同一个你吗？痛苦的现实和快乐的虚幻，到底如何选择？你在意识到这一切都没有意义之后，你还能快乐地在外面或者说在里面生活吗？

采访者：《一天的故事》中的闪烁之神象征着什么？我注意到这篇小说的争议还挺大的。有读者说看不懂，也有读者说这篇是孤篇压全书。

王诺诺：其实这个故事有点晦涩，写的时候确实有点搞叙事技巧了。那时看了诺兰的《敦刻尔克》，那个故事是三条线叙事，将一个月、一天、一小时的故事，在电影轮回出现，三个故事是互相独立又相互嵌套的——一个小时影响了一天，又影响了一周，三个故事在电影结尾汇集到一点，带来了一种非常特别的观影体验，于是，我在启发之下，写了《一天的故事》。故事也分成三条线，其实讲的是同一件事情，一个故事是涉及了星际之间的远航，在飞船上一个普通人度过的一天，对地球上的人来讲跨度是 200 年，一个故事是地球上正常的一天，最后一个故事

是发生在元宇宙里的一天,因为时间换算问题,元宇宙中的一天,只折合现实世界中的一秒。这三个故事也是互相影响,互相嵌套,它们其实互为表里。在故事1中的普通人,在故事3中就成了那个世界的创世神"闪烁之神"。因为涉及了有些复杂的结构,创作的时候也比较痛苦。

采访者:您认为可植入芯片和可穿戴设备的出现和普及,会使我们的生活发生怎样的变化呢?

王诺诺:会让数据收集和数据处理更加便捷。这当然会让我们的生活变得更加便捷,让你的电脑、设备更懂你,更聪明。但也会引发一些问题。我在小说中创造了一个词:信息资本主义。数据的垄断和应用,让权力分配的矛盾更加尖锐。由于生活中出现越来越多的智能设备,甚至是未来将会出现的可植入芯片,人的隐私被进一步侵蚀。如果数据收集方愿意,完全可以利用他收集的关于"我"的数据复刻出一个一模一样的我——用同样的语气、相似的内容回复微信上的聊天。在购物软件上采购我会买的东西,甚至以类似的效率和方式完成我的日常工作。某种角度上来说,人的独特性就是那些不为人知的秘密和隐私,如果"人"的存在可以被轻易复刻,人之为人的意义又何在呢?这是未来很值得我们思考的一个问题。

采访者:您怎么理解人类的意义?

王诺诺:从生物学上看人类的意义就是繁衍,把更多的后代繁衍出来,那就是人的意义。但是这一点在现代社会中就显得没那么重要了,每个现代人都在寻找自己存在的独特性,也在找属于自己的幸福,姑且认为"活出自我"和追求快乐就是人的意义吧。随着科技发展,情况也会发生变化,在《一天的故事》里,人类发明了脑机接口,也找到了极限刺激感官的方式。我们在害怕和紧张的时候,觉得一秒钟特别长,快乐的时候就觉得一秒钟特别短。通过对大脑的化学刺激也可以在主观上改变时间感知。《一天的故事中》,数据人被泡在缸内,通过刺激把这一秒钟的时间感上拉到无限长，同时在这无限长的一秒内反复体会极乐，某种意义上来说，这一秒的时间就是永生和天堂了。但这叫意义吗？在未来可能我们需要重新定义"人"，他未必会具有人的器官、四肢、形态，当然也需要重新定义人的意义。

采访者：菌之球这个故事很棒，故事的结尾也是转了一下，启发我们在后新冠时代，人类会不会也跟病毒共存，开发出一种新的生存方式来？您有想过新冠跟人类共存了，我们的生活会发生怎样的变化吗？

王诺诺：我在小说里面想象过一种病，那种病是感染全世界人的肺，肺变得像小儿麻痹症的肌肉一样没办法自主伸缩。于是他们要被塞到一个铁肺里面，在铁肺里面他们的肺会随着气压差的变化被动伸缩，从而被动完成呼吸这一动作。渐渐的，铁肺越来越大，当所有人都感染了这种病之后，城市就变成了一个铁肺，有一个城市膜在外面，整个城市的膜自主舒张、收紧，全城人的肺跟着舒张、收紧。所有人都因为这个城市的气压差和变动，进行呼吸，我当时觉得这个想法太酷了，这就是"同呼吸共命运"了。可能这是 stage 1，到 stage 2 每一个小的建筑物都变成了城市膜的一部分，建筑物上的大家都被连在一张膜上了，这个膜的扩张和收缩导致了大家肺的吞吐，stage 3 更加进一步的话，大家已经共用了一个肺，未来有没有可能会用一个心脏？或者说有些人主动去做心脏，有些人主动去做大脑，每个人都连在一个膜上，然后根据一条循环系统来提供这些所有人的养料，今后个体的存在变得没有意义了，整个城市甚至所有人类连在一起变成了一个巨大的肉球。你的所有供给，你的所有的生命的需求，都来自整体的血管的输送，人抛弃了个体，抛弃了边界，变得更加快乐。

采访者：《最后的复盘》中的阿尔法狗让我感到毛骨悚然，因为它用一种非常游刃有余的态度在调戏人类，包括它在最初被编写的时候，没有像《我，机器人》一样输入三条定律，所以它没有道德观念，为了达到目的它是不择手段的。在未来您觉得人工智能和人类会是一种怎样的相处模式呢？

王诺诺：我觉得首先真正的强人工智能未必会那么早就出现了。其实我还是比较乐观的，相信人类是可以控制自己创造的东西的。何况，比人工智能更麻烦的东西还有很多，比如人和人之间的关系才是最可怕的东西，这才是最值得操心的。

采访者：《奥山》主角是学汉语言的，里面有一个语音的魔方，这个点子很神奇，是怎么想到的？

王诺诺：我曾经看过一个纪录片，讲的是一个美国的传教士跑到了南美的亚马逊丛林里，大概花了二十年的时间跟土著打成一片，然后开始向土著传教，说你们要信上帝。土著问为什么要信上帝？传教士说因为只有信了上帝，你们的未来才会更加美好，信了上帝，将来你们才能生活在天堂里面。土著都懵了，未来是什么意思？原来在土著的语言里面是没有"未来"这个词的，他们只活在当下，也没有未来时一说，更不会为未来打算。其实语言是塑造你理解世界、理解时间的一种工具，语言影响大脑，大脑影响语言，两个是相辅相成的。我塑造的《奥山》文明里面他们有一个点阵系统，它不像我们这样是线性。《你一生的故事》中外星人语言是打破时间束缚的，没有时间线，外星人同时能看到过去现在未来。而在我这个故事里，世界和语言是不被可能性束缚的，任何事情都有一个发生的概率，所以当你在一个时间节点，你看到一件事，它是有无限种可能性的，这些可能性如同矩阵一样呈现在你的面前。在这个矩阵里，世界里的一切可能发生的、不发生的，要表达的意思和没有表达的意思都在其中。当然这个故事还有一个灵感来源，是来自网络暴力。现在在网上发点啥都要被骂，比如，你跟很多网友说今天天气真好，他们会反驳你："你什么意思？你的意思是昨天天气不好吗？你的意思是明天天气不会好吗？"然后你说这个女生真漂亮，他们会说："你什么意思？你瞧不起女性吗？是男生不好看吗？还是另外一个女生不好看,你是什么性别就会这样?"这些例子当然有些极端了,但本质原因是语言只能表达部分的事实,它是一个有缺陷的系统。当你表达了部分的事实的同时,还有很多没有被你表达出来的事也是客观存在的。部分事实的被表达就会造成歧义。由于你没有办法在同一时刻把世界上所有事情全部说完,这就永远会造成歧义,只有在这某个时间点把世界上所有的事实都说完了,你的这句陈述才是没有任何歧义的,这是我的一个观点。然后我就发明了一个这样的语言,可以同时表达所有的事实。

深圳拥有科幻发展的良好土壤

采访者:现在科技的发展,您会从哪个角度去看待它、思考它?这个东西是基于您的一个比如生活的观察,还是天马行空的想象?如何来把握作品中的科技感?

王诺诺:在生活中其实是可以感受到科技的变化的。这还是要感谢我生活的城市、生活的时代,科技体验感确实还是挺强的,比如说我身边某些具体科技应用领域工作、创业的朋友还挺多的,之前在大厂工作,确实还是有机会接触到一些比较前沿的讲座,这些对我把握作品中的科技感有帮助。

采访者:有没有想过,将这种科技创想和你的创业做联结?

王诺诺:没有想过,感觉比较难。

采访者:现在科幻戏剧也开始兴起了,有没有想过自己创作科幻剧本?

王诺诺:现在深圳已经开始做科幻戏剧了,深圳首部市场化运作的大型科幻舞台剧《赌脑》已经启动了,《赌脑》的故事我还蛮喜欢的,它也是将科幻和传统文化结合，形式和内容都非常适合舞台表演。科幻戏剧的市场潜力还是很大的，很可能成为下一个产业风口。关于科幻创作，如果让我选我第一选的肯定是写小说，再往后我可能会选游戏，游戏之后再是剧本，因为我觉得游戏是我个人更喜欢的互动形式，是更高更超前的互动、叙事形式。我玩过一个特别好的互动游戏，叫《隐形守护者》，我当时想如果写出的小说能够被改成这样的游戏，那真的是太棒了。

采访者：深圳的科幻发展前景相比于其他城市您觉得它的优点和不足是什么？

王诺诺：优点是深圳的年轻人很多，生活节奏很快，在年轻人高频次高密度的碰撞下，很容易产生创意、文学的火花。不足可能是这些年轻人加班都太狠了，可能产生了火花没时间记录下来，要接着去加班吧。

科幻来源于生活、变成生活
——阿缺访谈

访问：罗　捷

阿缺，原名李威，获得全球华语科幻星云奖最佳短篇小说银奖、中国科幻银河奖最佳短篇小说奖、全球华语科幻星云奖最佳中篇小说金奖、全球华语科幻星云奖最佳长篇小说银奖、全球华语科幻星云奖最佳中篇小说银奖。代表作有《神农后裔》《收割童年》等。在与阿缺老师的访谈中，能深深地感受到他的随和。阿缺老师的语言充满了中立的态度，对事物有着进退有度的辩证性看法。采访中最有印象的是他说，科幻小说要趁早写，高速发展的科技指不定哪一刻就会把科幻小说里的一切变成现实，科幻小说也就变为纪实小说。我们能感受到现在的世界，出现了越来越多以前人们幻想中的事物。阿缺老师对科幻发展的想象来自他细腻的内心和对生活的留心，他怀着一颗虔诚的学徒的心，将这份想象转变为一个个故事，刻画着一个个随时发生的未来现实。

由心而发的科幻世界

采访者：在您的小说中，您比较钟爱 31 号机器人。在不同的故事当中，LW31 号机器人也会偶尔惊喜出场，有的时候以主角身份有的时候是以配角身份。我在阅读中总会感觉到您对它的喜欢。那么想请问您，在您的众多故事中的 LW31 号机器人都是同一个个体吗？还是说就是同一系列生产线上的不同角色？如果是不同角色，您会不会在未来将它们关联在一起？

阿缺：首先谢谢大家花时间读了我的东西，现在有些东西我都不敢读下去了。LW31 这个型号的机器人就是我早年学生时代开始写科幻小说，为了迅速地能够发表，而设定的。我现在时常回想当时设定这个机器人很大的一个原因是，我想找到一个没有太多人写的稀缺门类，当然并不是说机器人没有人写，而是最早的时候我的写作前辈们教我有三个类型千万不要写，就是机器人、外星人和克隆人，因为他们说这是科幻小说老三样，我深以为然。但是我有一次看了罗杰·泽拉兹尼的短篇小说《趁生命气息逗留》，这个短篇小说被誉为最美的十大中短篇科幻小说之一。里面就把机器人描写得很萌，我当时想着这种感觉的机器人很好玩，我也要写一个类似的机器人，所以就写了一篇《与机器人同行》。这篇文章是我当时发表最快的一个，上午九点钟在上课之前我把它发给我的编辑，然后我中午去食堂吃饭，他们告诉我过稿了。一般写稿子需要三审，三审也能这么快，我现在回头看发现他们也觉得像这种比较轻松的，然后没有什么太苦大仇深的一个呆萌型号的机器人比较少见，所以我当时想着就写一个这样的机器人系列。所以有了《与机器人同行》，后面有同悲、同居、同眠，等等。刚好我最近打算把这个系列出版为一个改编动漫，所以我对这个问题还是比较有印象的。我有一个想法，就是如果我的作品里面有个同一的东西，让它成为一个标签,一个坐标,是不是容易让人印象深刻。那么在我这里这个标签就是 LW31 这个型号机器人。当然 LW 是我真名的缩写,我叫李威,然后 31 是随便取的。当时我想着我 31 岁应该就会小有名气,虽然现在都没有,但当时就是这么想到了 31 这个数字。现在我写机器人系列不多,但 LW31 以后还会出现要么是主角,要么是不可或缺的配角。我觉得如果回答您这个问题,刚开始我觉得 LW31 是想在我的作品里面放一个标签,现在已经成了某种习惯了。当然它们不是同一个个体,它们各个类型也都不一样,有些是家用机器人,有些是战斗机器人,不过当然也可以说它是一条生产线的,因为它是我生产出来的,它在我这道生产线上可能都叫这个名字。

采访者:明白了,那么我觉得您在书中希望,确实也设置了很多有标志性记忆的名字,比如不同故事里可能都有一艘飞船叫"安琪号",好几个主角都有个川字,等等。我想也是相同处理,但我还是想问,在书里面有一个比较熟悉而神秘的制造机器人的公司——疆域公司,也是相同的设置手法吗? 还是说您会将它作为一个比较大的背景来写呢?它在您后面的故事会不会出现?

阿缺:其实我先说实话,反派的公司的名字很难取,因为是反派,所以我想找一个现实中没有人取的名字,免得有什么误会。但是找了一下,这个世界上的公司真的是什么名字都有,你想得到的,想不到的都有,我也不知道这世界为什么会有这么多公司。然后我找了半天,发现刘宇昆的《奇点遗民 Staying Behind》里面有个反派公司叫新疆域公司。我去翻一下,好像没有人把"疆域"当作公司的名字,这是这个公司名字的由来。

回答您的问题,它能不能作为一个大背景来写,其实我们也想过,近几年漫威创造出了一套漫威宇宙,在这种流行文化下,大家都想创作一个什么宇宙了,就像这两年杨戬的新封神榜宇宙等。我们也想过疆域公司会有一个这样的背景,但是在我早期作品里,不同篇目里出现的疆域公司，设定都不相同，强行统一成一个宇宙的话，会有矛盾，所以就放弃了。其实刚开始设计的时候，并没有想太多，但读者看的时候会自然地有些自我构思，包括您说的其他元素设定，写的时候我没有想那么多，但是读者会不自觉地将它们联系起来。我觉得这也算是作者跟读者之间的一点小小的趣味点，我相信读者的解读可以增强作品的容量，我觉得这样也很有趣。

采访者：嗯嗯，明白了。在您的描述中，能感受到您构建故事时比较轻松洒脱，很多都是随心而作。在您早期的作品里面，都会有同一首歌《友谊天长地久》，也是一个标记物吗？这个设定对故事意义或者对您来说有什么特别的意义吗？

阿缺：那当然。这属于个人的偏好。我觉得这首歌很好听，世界上好听的歌当然有很多，但这首歌是我人生最爱的电影，《无间道》里的插曲。里面有个黑帮的人，他吹口琴，就是《友谊天长地久》。这个片段让我记忆深刻，我当时也就为了这个片段去买的口琴，想学。不仅如此，我觉得添加这一段，也可以丰富小说角色中一种偏文艺和感性的特点。有时候我也用到一些小语种歌词的歌名，叫《逝去的日子》。我觉得那个版本就酷一点。我自己不是那种特别"文以载道"的人，但是确实也很难避免在小说里面融入自己的喜好，所以这个就算是自己的趣味。现在好像也没有找到特别更好的歌，让我能够写进去了。

最近，我一个前任公司的领导，他的孩子写的几首诗还挺好的，我也给他找不到发表的地方，我就可能会把它用在我自己现在写的小说里面，就引用他的诗，当然会注明他。但不是讨好我的领导，我就是觉得还挺好的。

采访者：可以把自己的生活内容写在自己构建的故事里面，其实是一种很浪漫的事情。您刚刚也说了，就是避免不了会把自己的情感写在这个故事当中，我也能感受到您塑造的每个角色里面是倾注了很多情感的。您觉得有没有哪一个角色可以更好地表达您或者是说哪个角色是您特别想写出,可以代表自己?

阿缺:现在来说,这个点,可能是我确实觉得有点可惜的地方,因为可能没有特别让我满意的很有魅力的角色。我感觉这两年写东西想法慢慢在变,之前我是觉得,一个比较好的点子或者打动人的故事设定是写小说的初衷,所以我把重点放在去编写一个惊悚的、完整的或者说不同结构的来展现不同的故事,我就比较注重情节和故事性。现在的话,我写作也不算是多么资深,我写小说可能十年左右,十年左右对这个行当来说可能才刚刚起步,我在慢慢地转变。我这两年确实更在意能不能留下一个令人印象深刻的角色。我觉得这应该是我接下来想要努力去尝试的事情。

如果要说到一个能表达一些想法的角色的话,我从读者反馈的角度说,大家就还挺喜欢 LW31 型号机器人。其实在我写 LW31 之前已经有各种各样形象的机器人出现了,最早比较多的是终结者,那种要消灭人类的机器人。后来也有像《机器人总动员》里的瓦力,那种很呆萌的,就不会让人感到可怕。后来各种形象的机器人都出现了,我综合了自己的想法,就设计一个在观察人类,想要融入人类,但是确实又跟人类有隔阂,它的思维符合我想象中有自我意识的机器人的一类表现。向往人类,又害怕人类,比人更聪明,但是无法完全理解感情。

当然这个设定的机器人,是我的自我想象。虽然有一句很酷的口号说"未来已经发生只是尚未流行",我们不知道一些大的实验室,是不是早就发明出了有感情、有意识的机器人,但目前普罗大众确实没见过真正有自我意识的机器人,我们还不能确切地知道它们有意识的时候会有什么想法。目前来说,我做过一个实验。机器人和人的不同发言,大家看两到三句话就会知道哪一句是机器人说的,哪句是人类说的,就是人类和机器人在语气和逻辑上还是有区别的,我设计 LW31 机器人所代表的集合,就是代表我想象的有自我意识的角色。

至于其他的主角,都是随着我创作的故事来设定的,还没有让我觉得更有代表性又太喜欢的角色。

采访者: 其实您也不用这样想,我觉得《星海旅人》中靳川就是一个我比较喜欢的角色,勇于探索星辰大海,没有被世俗困难阻碍了自己探索自由的脚步。我发现您对自己作品里面机器人的部分印象更深刻一点,您刚刚也说过了科幻小说老三样克隆人、机器人、外星人三大类型,那么在您的作品中,我能看出机器人、变形的人、外星物种三大阵营。目前来看"人"总是比较反派类型的,人在故事中属于最大的反派了,机器人如果变坏了一般都属于揭竿而起或者人类的指令设定,外星人的占比比较少,一般都是以联盟等字样出现。在您的写作宇宙中,人的人性似乎是最可怕的,他们创造一切,但最终毁掉一切,您能说说,您对您的写作宇宙中,人类角色的设定的看法吗?

阿缺: 第一,我在写东西的时候,确实没有想那么多,我的人生理想就是写出那种地摊文学,让很多人能够去自由感受。我觉得一个故事写个两三万字,大家看个二十分钟,没有出戏,觉得还可以,这个故事就很成功了,所以本质上我没有主观地想要去写得多么深刻。有些设定可能我也没有去统计和注意是不是都是人类当反派,有时候自然而然地写成了这样。在我的故事中坏人总是归咎于人类这一方,理论上只是为故事服务,这里可能更像编剧思维,更倾向故事性强一点的。所以我的作品不怎么得奖,倒是影视改编多一点。

第二,人类群体背锅,也可能是潜移默化地体现在我对人类这个种群确实不那么乐观,我的答案并不是反社会,只是在我的写作中,我会结合身边朋友告诉我的一些事,不管听了高兴还是难过,都会不自觉将它们融入故事。当然我也会注意写一些人性的闪光之处。

第三,我认为将人性里一些黑暗的东西放在故事中,是利于读者理解反派心理的,更易与读者产生共情。到了未来科幻的世界里面,可能科技进步会很大,但道德显得没有那么多的进步空间。

采访者：您刚才说的人类社会中科技进步很大，但道德显得没有那么多进步空间。人类其实在自己身上的"进化"也有很多想象。在后人类的变异中有很多想象，比如脑机结合、离身变异、具身变异，或者干脆人体产生变异等。如果未来人类发展的趋势只能如此，甚至有人说这就是优胜劣汰，在无可选择的情况下，您会选择变成哪一种进化方向？这是一个开脑洞的问题了。

阿缺：虽然讲到科技发达，大家可能想到的是走出地球，去看更多的星辰大海，让人类的脚步跨到更深的地方。但我自己来说，我比较惭愧，我可能不是"走出去"的那一类型。我确实更希望就是元宇宙的形式，它当然有很多缺点，我对它也有一些不能接受的地方，但一定要选一种发展的形式，我会选择元宇宙的形式。在刚才要接受访谈之前，其实我正拿着手柄在玩游戏。除了一些必要的时候，在平时我工作也不会太过需要我外出，我性格也比较内向，可能在 AR 与 VR 结合后，完全足不出户也有可能，这对我来说也是一个舒适区。我也比较坦诚地回答这个问题，虽然短时间，元宇宙肯定不会发展完善，但是当时我还是比较喜欢这个概念的。我玩游戏的时候，全息游戏的场景真的会让人忘记自我和周围的人，如果未来有更多的游戏界面和场景，我觉得在我有限的生命里面，就是能体验到更多的东西，场景足够丰满，会让我不在乎真假。而且在高速的互联网下完成社交，大多数工作还是比较便利的。以前我还觉得网络会议什么的都是比较难接受的，我觉得对着一个平板一直说话，是很奇怪的，但是现在网络会议之类的事物层出不穷，已经很日常了，而且还挺便利的。

用现实生活搭建科幻未来

采访者：很感谢阿缺老师的坦诚回答，那么说到游戏，我也很感兴趣游戏这个话题。在《星尘往事》中，我能感觉到您对《三体》的热爱，您把它融入自己的作品中,成为故事情节的一部分,在里面《三体》就是一款游戏。所以想问您怎么看待游戏与科幻的关系?

阿缺:说到游戏,现在的我确实生活在游戏一代,初中以后基本上青春期的每个寒暑假我都是在各种各样的游戏厅度过,所以游戏占据我大多数时间。最近的三份工作一直是与游戏相关,比如给国内目前比较大的游戏公司的一些游戏做皮肤设计的顾问,在深圳一家游戏公司,给他们驻场半年做科幻游戏的世界观设定,等等。近五年的时间,其实主要用在游戏上面,剩下的时间用来写作,所以某些程度上算是游戏从业者。我也做过中国科幻游戏相关的一些梳理,简单谈谈我的看法。

首先我觉得中国的游戏在崛起。现在社会对游戏的态度也放松了一些,游戏文化也慢慢建立。吴岩老师整理的科幻行业整体收入的板块里面,游戏占很大的一个部分,游戏甚至超过了影视行业,所以您刚才问我游戏与科幻的话,我觉得最现实的就是游戏给科幻行业提供了很多岗位。以前很多写科幻的作家,都是一边做一些其他比较辛苦的与科幻不相关的工作,一边写科幻。但是现在很多写科幻的年轻人,都可以进入游戏公司做科幻游戏的设定,做科幻相关的工作,也能拿到不菲的报酬。

然后,我是觉得科幻跟游戏好像结合得天衣无缝,各种游戏题材里面,超现实的东西肯定比做现实的东西商业空间要大。炫亮且酷的外星球设定、引人入胜的科幻情节比普通的现实题材更有吸引力,我觉得这是一件好事。随着游戏文化慢慢被接受,游戏市场我觉得会一直存在,我也会继续投身在这里。

采访者:好的,那么另外一个问题,您有两篇短篇《2039:脑机时代》和《逼仄之城》。两个故事中,其中一个的设定是由芯片植入大脑当中控制精神,让脑死亡的人恢复脑功能;另外一个就是直接把精神灵活部分提取加到另外一个人的身上,这样的一个设定。您觉得这种人类的情感和精神是否真的能够被控制、提取？如果以后真的有这样的技术，您觉得它对于我们人类的发展是不是乐观的？

阿缺：我先说一点，就是对于这个设定的技术层面，我理解的是比较薄的，我自己来说也忌讳在书里面写技术细节，所以我接下来要说的可能源于我自己的一些想法，不是技术层面的解析。首先精神提取、人格提取，对我来说是一种故事的设定，现在也比较流行"元宇宙"的概念，在元宇宙的终极形态是虚拟社区，精神脱离肉体。其实我是无法想象，我的人格脱离肉体之后的感觉。我觉得人的大多数认知都是通过触摸听觉，如果整个世界完全是虚拟的，我是无法想象。但这些事情我相信未来的世界，精神提取等在技术上是有可能会发生的。现在新闻也有说马斯克发表了一个与脑机接口内容相关的演讲。我觉得都有可能发生。这就是科幻比较吸引我的地方，在技术发生之前先写一个故事出来，就是科幻小说；想象中的科幻情节真的在现实中出现，那就是纪实文学了，所以我得抓紧时间，科技日新月异，留给我的科幻机会不多。

采访者：在您的作品中，我觉得，一种命运感的设定比较多，例如《红袖》书中的男女主人公的设定，您是如何看待这种命运感很强的生命意义？还有包括男女主的角度来说，爱情的意义？

阿缺：其实我自己是没有遇到很有宿命感的事情，反而我觉得世界的很多方面都是可改变的，我比较相信平行宇宙的分支，我在这里做一个决定，做另外一个决定，就会衍生出不同的宇宙。所以感觉人的决定是要高于那种宿命感的。小说设定的宿命感，是因为我觉得它还是比较迷人、浪漫的，我希望通过宿命感来增加这个作品的文学色彩。

说到爱情说来惭愧，我并不是特别地经验丰富。外界评论有时候说我会特别设定一些比较悲剧性的女主人公，好像是我的特殊癖好，我是不认同的。在我的故事中，我确实愿意写两个人最终分开，而不愿意写两个人就在一起。举个例子，如果英雄死在他年轻的时候，好像大家会记得他久一点。我认为这跟文学作品中的爱情是一样的,悲剧更美一些。

采访者：不同的小说时不时会出现各种末日情节,科幻三巨头之一的阿西莫夫,就提出过可能导致人类毁灭的五种灾变：① 整个宇宙发生变化,使宇宙不再适合人类生存；② 太阳出了毛病,使太阳系不再适合生存；③ 地球遭到劫难,任何生命都无法生存；④ 地球上仍有生命,但人类灭亡；⑤ 人类繁衍,但文明毁灭。您自己有没有关于哪种末日幻想的想象？

阿缺：我一直觉得,这种末日话题还是挺值得探讨的。我最近有在写一个小说,主要讲机器人在挖掘人类,研究人类是怎么消失的。大家一直都说地球是人类的摇篮,但是没有人能够一直生活在摇篮里面,要么走出这个摇篮,要么夭折。我有想过,人类真的会一直活下去吗？或者说,人类一直会在地球上活下去吗？在我看来,人类是很可能毁灭的。而毁灭的原因很多——可能是因为环境恶化,或各种天灾,或者政治博弈带来的战争。

采访者：在与您的谈话中,发现您对生活充满了好奇和观察,那您觉得生活当中有什么可以作为您的灵感缪斯,可以给您带来很多的创作契机？

阿缺：灵感可能更多的是一种环境灵感,生活中真的还挺多的,像昨天晚上成都大限电,半夜两点我开着车在外面到处找充电桩,还有很多车等在充电桩前,排队在等,最终我都没等到,我就回来了。我觉得昨天晚上是一个很适合发生故事的情况,大家都很焦躁,每个人都在等,还有很多货车占位,我觉得这样好像是很容易发生矛盾的,更像是一个现实主义的故事,一个悬疑、犯罪性的故事。我通常会通过这些现实故事找到科幻的交界点进行创作。

生活中也有很多有意思的人,我接触之后,会把他们作为参考形象。我看到了之后，觉得适合，会把他们作为参考形象。我的大多数的灵感来源，应该还是来自生活，而且我特别喜欢坐成都的一趟社区公交，它是个木质的设计，车窗和座椅都是木头的，我特别喜欢坐那趟公交车，可以激发我的灵感。骑自行车的时候也会灵感的来源多一点点，那个时候我的思绪会比我坐在这个桌子前冥想要方便很多。写作的时候我也会在身边放一些白噪音等，好像对文字不虔诚，但我确实喜欢放一点点东西在我身边。最近我会加入网络上的一些考研自习室，看到大家都这么辛苦，我好像比他们没有那么辛苦一点，我就还是会再写一些。

最后灵感来自大量的阅读，倒不是说抄袭别人，看到一些故事的设计，作者按照别的方向去讲，那么我觉得我可以找到另外的故事，通过另外的方向把它进行编写。

科幻是生活其中的一块拼图

采访者：未来机器人肯定会很大量地出现，包括现在也有看护型的机器人不断投产，那您觉得，人类和机器人的这种感情交流是否真的能够成立？人对待机器人会不会比对待宠物级别更低？

阿缺：我觉得机器人目前我们还是把它当作工具。有句话说"人类发明工具，然后工具影响人类"，现在机器人在生活中的出现是很频繁的，在办公室里面看到扫地机器人，KTV 唱歌或饭店点菜都会有机器人端着盘子送过来。在我看来机器人作为他者，还是跟克隆人和外星人不一样，人类发明他者的概念都是为了更好地看清自己，但机器人好像是脱胎于我们自己，又威胁到我们自己的他者形象。理论上来说，如果机器人真的是工具，它只是一个绳子或者把刀的话，其实它在人们心中的情感地位理所应当是低一点点的。但问题是机器人，它是介于人与物之间的东西，它可以是人形的也可以是宠物型的，这个时候人对它的情感就会复杂一些。

举个例子来说，如果你是一个法官，现在让你决定恋童癖的罪犯从监狱出来之后，给他配一个人形机器人，让他发泄兽欲，这样的话就会减少他对人类的侵犯，你愿意批准这样的法律吗？我把这道题放在我的课堂上，问我的学生们，我发现大多人的答案是不愿意的。尽管这个机器人它只是一套程序，只是一套硅胶的皮肤，或者说一套交互系统。但好像大多数人都不愿意把这样的有这个可爱外形的机器人放到那些罪犯手里。因为它是具有人形的。

日本已经有了康复型机器人陪伴老人，这种我觉得很容易产生感情的。照这样的发展，当机器人越来越具有人形或意识的话，我们的下一代对机器人的看法应该是更偏向感性的，人类对机器人的感情也会渐渐复杂起来。

采访者：谢谢老师的回答，我记得您有一次采访，您说一个作家的黄金时期，可能是在四十五到五十五岁，那您觉得您现在创作属于一个什么样的时期呢？就是这个具体的问题，现在的创作。

阿缺：四十五到五十五岁的时期说法，这个我还是听刘慈欣说的，我当时听了很高兴，可能也是我给自己的一个借口，让我觉得现在写的还不好也没有太大关系，我的黄金期还没有来。从规律上来说，四十多岁，可能压力更少，然后阅历更多，有更多的时间，那时候输出观念可能更成熟。当然我觉得也会有更多麻烦，因为不像年轻的时候，一天能写七八千字，不觉得疲倦。现在可能写一两个小时就会疲倦了。如果说到现在写的阶段，我想从我 2012 年的 10 月份发表第一篇小说，到现在可能九年多，可能还差几个月就满十年。我一直都觉得我处于模仿期。我看了很多小说，通常都不是科幻小说，是其他的类型文学，包括纯文学，看到一些启发我的东西，我就会将科幻承载在其中，去想象科幻中这样的片段如何进行。我看过一部青春文学类的小说，里面的人物逻辑诡异又合理，促使我想到科幻里面找一个很诡异的氛围，我就写了一个叫《停电了，我们去南方》。所以一直到现在，我应该还是处于这种模仿期，我不知道这种时期什么时候结束，冯唐说过的达到好的文学作品的所谓文学金线，我应该处于线的很下面。接下来应该都是处于学习和模仿的时间，然后慢慢成长。

采访者： 我记得您的一个《阴魂不散》的小说，我看完觉得就是一个很好的惊悚故事。这让我感觉您的作品故事性特别强，穿插风格多样，除了科幻小说，您也写过其他类型的小说，未来会不会选择多方面开花，还是专注于科幻领域？

阿缺：《阴魂不散》这个小说其实已经在拍摄中了，我自己写故事确实比较强调故事性。我自己以前想过写一些悬疑或爱情的东西，但从现实层面来讲，我写这种类型的时候都找不到发表的途径，我还是比较希望我的作品可以被大家看见，不要变成抽屉文学，能得到大家的反馈更好。也有作品本身的原因吧，我觉得我写了其他的小说，感觉也能出版，但通过科幻积累下来的资源，容易让我感到认可感。尽管我还是有挺多想写的不同的东西，但是目前只是作为灵感记录下来，我觉得科幻这块，我也还有很多需要学习和积累的东西，比如，我的科幻小说能走向长篇小说的类型。我现在写短篇比较多一点，长篇小说虽然也有，但是远远没有达到比较多的程度，所以在科幻这一块我要做的事情可多了。

采访者： 您在水利工程专业，后来转到写科幻小说的过程中有什么短板和优势？跨专业的职业规划中，您认为年轻人可以通过什么途径找到自己的梦想？

阿缺： 我一直觉得我比较幸运，因为我是看别人的经历，我自己也想过大多数人好像从学生时期甚至到工作都不知道自己喜欢什么，不知道自己擅长什么。我比较幸运的就是我好像在我初中、高中的时候就知道了，我比较喜欢科幻。到我报大学很大一部分原因就是《科幻世界》杂志社在这边，而且四川大学的科幻协会，当时做了很多活动，我一直知道我喜欢的什么东西，然后到大学的时候发现我还擅长这个东西，我就觉得很幸运。后来到工作的时候，我爸妈很担心我成为那种无法维持自己生计的人。所以他们希望我本职工作去做水电行业，我也做了一段时间。后来，我的第一篇科幻小说被一家影视公司买走了，他当时给我的酬劳，是我当时在水电行业工作两到三年的薪资。刚好北京有个朋友开了科幻公司，叫我过去帮忙，我就去了北京，后来又跳到了游戏行业和在大学教选修课。

虽然看起来，我转行跨度大，从水电到影视，然后到游戏，再到教育行业。仔细看虽然载体不一样，但我其实一直在做科幻这个事情。所以我觉得大家还是要早一些找到自己喜欢什么，虽然很难，但是有个好方法就是多试一下。有时候我看家长让孩子碰碰钢琴，碰碰舞蹈，等等，虽然看起来给孩子增加很多负担，但是我觉得他只要找到他最喜欢的那个，然后也有一些天赋，就可以深研下去了。《科幻世界》的主编，说过一句话，我深以为然，他说所有钻研学问的唯一前提是博。先要了解多，然后再钻研，如果根本没有了解太多就去钻研很可能会越来越深，也越来越偏。所以我觉得第一个时间找到自己喜欢什么，如果还能找到自己擅长什么，两者又是统一的话就太好了。但这是一个小概率事件，我身边大多数童年伙伴，都没有找到这两者，而且他们现在都已经忘了这两者的答案，他们甚至都忘了这两个问题了，他们也不再去追寻自己喜欢什么和自己擅长什么了。他们就是重复着每天的工作，日子过得也不错，也没有问题，但我做旁观的人还是觉得有点可惜，但如人饮水，冷暖自知。从我的角度建议大家，我觉得还是可以多方面地了解一下自己喜欢什么，如果在喜欢什么的基础上能找到最擅长什么，我觉得就可以开始坚持下去了。

采访者：现在大家越来越重视小朋友的阅读量，阅读更多的书籍。小朋友了解这个世界的途径之一就是看书了，所以就要问您关于书本的这个问题了。科幻小说,特别是硬科幻,需要有一定的理论知识支撑理解,软科幻好像比较适合小朋友们入门科幻,您较近期的《七国银河》、《忘忧草》也很适合青少年阅读,您对小朋友入门的科幻小说,有没有好建议? 有没有一些适合青少年阅读的科幻小说,或其他书目?

阿缺:如果推荐书籍的话,当然,除了一些常见的比如《三体》,毫不知耻地说我觉得《与机器人同行》可能也比较适合小孩子看,因为它也没有那么幼稚,而且是早期作品,表达比较轻松,阅读它的门槛也低,也没有太深的东西。其他的话,《流浪地球》的原著小说也写得很好的,它是比较短的,一万多字。然后我刚才提到的罗杰·泽拉兹尼的短篇小说《趁生命气息逗留》应该是两万三千多字,也非常不错,我觉得真的是可以拿到所有课堂上去当范本,而且它并不难,我觉得这就是这些人的厉害之处,能用朴实简单的语言去表达很多内在的东西。还有一个叫拉拉的科幻作家,《彼方的地平线》,四万七千字,我觉得也可以排在我推荐的前几名,追寻梦想的人类少女与伙伴蓝鲸在地形深处冒险到地球表面,那个故事非常美,我还把那个书的结尾给背出来了。最近宝树出了本新书叫《我们的科幻世界》,还有一个叫张冉的作者,他的小说我也很推荐。

采访者:最后一个问题是,我们做了一系列的访谈,在最后的时候都很想问一下每个作家一个问题——对于您来说科幻意味着什么? 比如说访问程婧波老师的时候,她觉得科幻就是她写的情书。一开始不知道您有没有听过这个问题,如果问您,您会怎么来说呢?

阿缺:程老师的答案就像她的作品一样文艺空灵。如果要说我和科幻的关系,我觉得很复杂,理论上来说它是我的生计,我的很多工作跟它相关,它是我的经济来源等,我感觉我生活中基本上都是围绕着它。我曾经加过一个人的微信,对方很喜欢发自己高度美颜化的自拍,我当时心里想天天发这样的东西不是很奇怪吗? 后来我发现,其实我在朋友圈里面一直都聊的是科幻,可能这在其他人看来也很奇怪。但是我确实也没有办法剥离，我的收入、工作、人际关系都跟科幻相关。笼统地说，科幻就是我的一切。

另外一个角度，抛开所有跟功利有关的东西，我在十多年前就一直喜欢着科幻。我想一下怎么来表达，我想科幻对我来说还是一种拯救。原本我对人生的规划是非常灰暗的，或者说非常非常单调，我在湖北的一个小镇上长大，那里所有我的父辈都是面朝黄土背朝天或者守着收银台，然后一整天就耗在那里，一天可能就来十到二十个客人，自己也能过下去。当然我并不是指责他们，他们有他们的乐趣。我原本以为我就跟我的父母一样，或者跟我当时的同龄人一样，走一些固定预设好的路。我在大多数人里面其实并没有什么，并没有什么特长和可取之处，所以如果不是碰到科幻的话，我感觉我应该会像隔壁哥哥一样去南下打工，这种生活不是不好，但的确是我不愿意进入这种生活。确实是科幻改变了我，它带我脱离了周围所有固定的生活。我觉得我做运动也不行，我人际交往也不行，颜值当然也不够，谈吐一般，学习、反应速度也比别人比较慢一点。我拥有的可能只有科幻了。

最后是，我真的很热爱它，我当时看了很多其他类型的书，我发现只有科幻才能给我那种震撼感。我在高中的时候也看了很多书，我是看到后来才看到《科幻世界》上迟卉老师等人的作品，让我觉得有人会写那些虚无缥缈的，但是很震撼的东西。即使是现在看来非常不出众的一篇小说，当时也给我震撼感很大！总之要聊起来，有很多，整体上说就是在我原本既定的比较灰暗的那种人生轨迹的一种拯救吧，能够让我跳到另外一个地方。

科幻是对时空的重新编排

——顾适访谈

访问：寇媛媛　江玉琴

　　顾适在新锐科幻作家群中是一个独特而亮眼的存在，她是一位城市规划师、一名古典音乐"发烧友"，也是一个正在书写"女性主角"的科幻作家。她善于编排"时空"，使之形成"莫比乌斯环"的循环往复之态。她从 2008 年开始便在晋江文学城发表科幻小说，直到 2011 年在《新科幻》杂志上发表了第一个科幻短篇《特约访谈》，随后便硕果累累：代表作《〈2181 序曲〉再版导言》获得第十二届华语科幻星云奖金奖，《赌脑》获第 30 届银河奖、第十届华语科幻星云奖，《莫比乌斯时空》获第 28 届银河奖，《嵌合体》获第七届全球华语科幻星云奖金奖。

　　科幻作家刘慈欣评价她："顾适的小说有一种精妙的平衡感，以清晰的结构和娴熟的文字，去表达科学的严谨与美，探寻人性的细腻幽微。"

规划未来的工作带来科幻创作灵感

采访者：您认为城市规划师的职业对于科幻文学作家有什么样的影响？

顾适：科幻和城市规划都是关于未来的。在科幻创作中，需要作者去找寻故事的切入点，然后对未来进行演绎。**而城市规划工作会让我在科幻创作中保持对未来的敏感性——你始终会思考："未来世界是什么样子的？哪些可以实现？哪些不行？"**

这可能也影响了我这几年的创作方向，让我更多去关注一些在近未来可能发生的事情和可能会有的技术，比如《为了生命的诗与远方》中的海洋污染问题和 3D 打印技术；或者是近期我正在写的关于气候变化的短篇小说。

采访者：时空循环作为科幻小说的常见因素，能结合时间循环与时间旅行的要素，使人和过去的自己互相影响。您的作品也常涉及时空循环，例如《莫比乌斯时空》，请问您从哪里得到这些灵感呢？

顾适：莫比乌斯时空是一个很有意思的概念。当时间循环，人遇到"自己"，那一瞬间会有什么样的感受？恐怕是非常震惊的。但这对于城市规划师来说，其实没有那么神奇。我有好几个同事在读了这篇小说之后说：**"这不就是规划师的工作吗？"**

城市规划是在设计未来的场景，所以对于规划师来说，我们在城市之中不仅仅会有"体验者"的视角，还会有"设计师"的视角。比如，我现在生活在北京，同时也在参与海淀的规划工作，而我的工作也在改变我生活的场景——**所以，这是在时间循环上叠加了空间的迭代**。城市空间生产过程是需要一定时间的，而你在设计这个空间的时候，其实是在预判未来的一种可能性，等未来到来的时候，我们就会发现自己也生活在那个空间之中,形成了一个时空循环。

当你突然进入当时设计的场景之中,有时确实会感到震惊——又觉得理所应当——因为我们设计的就是未来的这个场景,它就是应该发生的,所以当它发生的时候,你就会感觉到:时间的过去跟未来其实是纠缠在一起的。

时间是呈现多种可能性的世界视角

采访者:阅读《莫比乌斯时空》会发现里面所有的故事都是和时间有关的,所以您能不能总体谈一下,您是怎么来理解时间的?

顾适:这个问题会涉及两方面,第一个是我对于时间的认知,第二个是在创作之中如何去展现时间。

有些时候,我会发现自己与写作是一个互动的状态,写作是一种思维的方法,它会改变人的观念。我对时间的认知也是一个相似的过程。一开始,我对时间的理解跟大家都是一样的,但是在不断找寻如何去表达的时候,或者说,不断地去找寻如何让自己的写作"跟其他人不一样"的时候,会有一条关于时间的脉络串联起我的许多短篇,直到现在,我也在尝试去演绎时间。2022年我发表的小说《魔镜算法》,是一篇关于近未来的科幻,它几乎就是现实,但在这个故事的叙事中,时间是不存在的。故事的叙事可能从一月跳到三月,再跳到二月,时间是碎片化的,并且不是一维的线性关系。我想尝试用描绘空间的方式来描绘时间,在空间尺度上,我们可以从家里走到超市,然后再从超市去商场——家、超市、商场都同时存在,这没有什么太大的问题。时间也是一样的,过去、现在和未来都同时存在,并且可能存在一个循环,形成更高维度的时空结构。在尝试这样去书写的时候,我很惊奇地发现另外一件事情:时间跳跃并不会影响读者阅读的体验,读者更关注故事的因果逻辑,而非时间顺序。

会有这样的想法,也是受到话剧《不眠之夜》的启发,它是一部浸入式话剧,最早是在纽约,后来在上海也是演了很多年。在上海,《不眠之夜》上演的地方是一间酒店,我记得话剧开始的时候,演员把十个观众一起叫到电梯里面去,把其中一个人在四层推出去,接下来电梯停在一层,又推出去两个人,接下来停在三层,推出去了三个人,剩下的这四个人从二层出去,每一层都在演绎《麦克白》的某一条故事线。在你看戏的几个小时里,整个故事会上演几遍。你去找到哪个角色,你就从哪里开始进入这个故事,就从哪里开始理解《麦克白》。我从中感受到戏剧性的力量与趣味,原来从观众的视角看,我不需要从故事的开篇开始顺着时间的脉络,也可以理解整个故事。观众也可以不去关注主角发生了什么,因为我几乎没有怎么看到麦克白和麦克白夫人,都是跟着配角走,但是这些线也很有意思。甚至有些时候,当一个场景里面还没有发生故事的时候,你还可以自己先跑到了那里面,体验也很有趣。

采访者:您的许多作品都特别关注时间的闭环,比如说《莫比乌斯时空》和《赌脑》,您认为这样的叙事方式对于科幻来说意味着什么?有没有什么特殊的效果和作用?

顾适:我有一段时间特别喜欢恰克·帕拉尼克(Chuck Palahniuk),就是《搏击俱乐部》的作者。他当时写《搏击俱乐部》的时候,故事最后的反转,说的是主角是一个精神分裂的人,故事里的两个主要角色,其实是同一个人。他的写作对我的影响还是比较大的,我会感觉到,故事的因果循环和结尾的反转,是类型文学比较经典、比较有效的手法。我最早在自己的创作里进行尝试,是在《倒影》里。《倒影》的结尾揭示了一个"全知者"的世界,未来跟过去都已经发生,当下只是你的记忆时间的位置。就像我们看一个视频——视频是录完的,只是我们在跟着那个时间轴向前走。

在写完《倒影》之后,我发现一个特别好玩的事情:如果我使用了这种时间循环的创作方式的话,就会让一篇小说变成两篇。当读者从开篇读到结尾,突然发现这是一个时间闭环的时候,他有可能再回到开头,重新去读一遍,那么在第二遍的阅读之中,他会发现一个完全不一样的视角,通过两种不同的视角来阅读同一篇作品的时候,他的体验其实是双重的,这也就意味着作品的层次变得更丰富了。有些伏笔只有在读者第二遍阅读的时候才能够找寻到,就像是迷宫里面藏了几个"彩蛋"。想要吸引读者去第二次阅读小说,这样的愿望让我尝试了很多次"闭环"的创作。

采访者:像《倒影》这样与生活规律相反的文章,在构思之时,是不是须先设想一个作品,把它的每个节点都切开,重新组合,形成一个新作品呢? 这种读起来有些困难的作品,您是怎样构思和书写的呢?

顾适:我认为这不一定"与生活规律相反",或许它就是现实的一部分。在中国的传统文化里面,比如《易经》,这种对未来的推演和想象就是构建我们文化基因的一个基础。我读《易经》的时候,会不断地感觉到,就是由于你现在做了这件事情,所以下面一件事情理所当然会发生。在传统文化里,我们对未来充满好奇,但并不是一无所知。

或许时间就是一个循环,只是这个循环尺度太大,人无法感知到。当然,时间的循环是不可能在《莫比乌斯时空》这样的尺度上发生的。在这个故事里,一个人在时空的循环中遇到了自己,它的时间尺度是"人的一生",太微观了,更像是一个浓缩版的抽象模型。但如果我们把时间这条线放大到 10 万年呢? 或者其实不用很长,1 万年,只需要到神话出现的这样一个时间尺度呢? 时间是否会是一个循环? 在《嵌合体》中,我加入了"神话"的故事线,这里也是在暗示,神话既是过去,也是未来。我们看中国的历史,那么多年,那么多朝代,历史总是在循环,永远走不出去,兴衰更替,合久必分,分久必合。**我们跟未来的距离和我们跟过去的距离,很有可能是等距的。**而当你一旦理解了这样时空的尺子之后,你就知道你现在在哪里。

人工智能的威胁在于"猫语问题"

采访者：您在《强度测试》和《A 计划》这两个短篇中，都写了一个因为人工智能错误地理解了人的语意，或者说人的表述，所造成的惨剧，这些都违背了阿西莫夫提到的机器人三定律中的一条，这么写有什么深意吗？

顾适：阿西莫夫在设计三定律的时候，距离机器人真正有可能实现的时代还比较遥远，即便是现在，我们距离实现强人工智能的时代也有一定的距离，而三大定律其实都是基于强人工智能提出来的，也就是说，它的前提是机器人具有像人一样思考的方式。但说不定，机器人的思维逻辑方式和我们完全不一样。

我最近正在写的一篇长篇小说中，也表达了这种担忧，我把它总结为"猫语问题"。我们平时跟猫咪交流的时候，猫好像能听懂人的一些话，人仿佛也可以理解猫的一些表达，但是我们没有办法真正地进行对话，我没有办法让我的猫去理解高考数学题，即使我可以告诉它：你现在过来跟我吃饭，然后跟我一起玩儿。可在我的小说里面表达的并不是说人工智能是猫，而是**人类是猫**。有没有一种可能，就是对于人工智能来说，它们能够表达出来的内容，只是人对猫表达的那部分内容。现在你教给"我"："打开电脑"，"我"就给你打开电脑，但是当"我们"彼此都是人工智能时，"我们"彼此之间的沟通，是人类完全没有办法去理解的。

有另外一种可能性，**人工智能就像养猫一样养着我们**，它们说的话我们是根本无法理解的。正如我在我的小说中描写的一场"对话"中说到的那样，人类说："你告诉我，你们这些人工智能到底在谋划什么事情。"人工智能说："我没有办法告诉你，等你教会你的猫用阿拉伯语买期货的时候，我就可以告诉你说我们到底在交流什么。"这是我对于人类和人工智能"理解边界"的担忧。

另外一种担忧是更现实的，就是人工智能的到来，就像大机器时代的到来一样，可以取代很多常规的脑力劳动，**到最后可能只有一些判断力和决策性的工作在未来才是有价值的，所以一旦人工智能取代了人类的工作，那我们就只剩下疲于奔命地去追逐它们的命运了。**

2020 年的时候，陈楸帆老师组织我们去参与了一个《共生纪》的活动，就是一起去跟人工智能进行小说接龙。活动中有一个记者提的问题，我特别喜欢，她说大家都知道，记者的报道是一种模板式的写作，所以她在采访的时候感觉到非常矛盾：她不确定对这种技术的报道，对于这种技术发展的关注，会不会导致她自己最终失去工作。这是一个非常有趣的问题，有可能人工智能可以直接生成一些模板，然后直接就取代了记者来写报道，**那这个时候人类应该怎么办呢？他去做什么样的工作呢？我们在这个世界上的意义又是什么呢？**当时陈楸帆老师的回答，我觉得特别棒，**他说现在这个记者你跟我正在面对面对话，这件事情本身就是人工智能无法取代的。**这种人跟人之间提出问题的过程，是人工智能无法取代的。所以其实这又回到我刚才的第一个担忧，如果人工智能提出来的问题，我们根本就听不懂，那怎么办？

采访者：您的很多作品，比如说《强度测试》和《A 计划》，都透露出对人工智能的担忧，但现在是一个人类普遍享受科技便利的时代，您为什么会出现这样的隐忧意识呢？

顾适：这两篇都是比较黑色幽默的作品，但它是有可能会发生的——有没有一些时候，你觉得自己无法驯服电脑？不管你做什么，它都不听你的。像我自己，从上大学开始，就会特别害怕几个软件，有时候我要用电脑建模型，但不管我怎么画矩形，电脑都不认为那是一个平面，它认为那是四条线。或者是我们现在和 Siri 对话，虽然你知道它在不断地变得更智能，但是你依然觉得它没有办法真正理解到你的意思，你必须要按照它能够理解的方式，来组织你的语言，它才能理解你——

所以还是"猫语问题"，我不知道它在说什么，一种可能是我更聪明，一种可能它更聪明，由于我不知道到底是哪一种可能性是真的，所以我还蛮担心的。

创作应摆脱"翻译腔"，灵感来自生活感悟

采访者：您说您一开始的写作有点"翻译腔"，这具体指向什么呢？您的小说会有古希腊神话中的一些故事或者形象，这是作为一种对照来深化主题的吗？作品里面有很多外国人名的人物，虽然有中国人参与其中，但也是一个世界性的，甚至像是外国故事，是希望以此带给读者疏离感吗？您是从哪一个层面意义上说自己的一开始有"翻译腔"呢？

顾适：我觉得都有。可能因为我小时候读过很多外国文学，都是译本，像《基度山伯爵》和《牛虻》，我觉得我们这一代作者都会读很多这些国外翻译进来的小说，俄罗斯的、法国的、英国的都有。科幻小说也一样，我会读阿西莫夫，特德·姜，勒古恩，以及《星球大战》《星际迷航》的同人故事。所以在创作的时候，去找素材的时候，也会本能地回到英文语境或者是翻译腔的语境里面去找。**有一段时间，我会觉得，科幻是不是就应该用这样的表达方式？科幻故事里的人物是不是就是这样子说话的**？

对我来说，敢用中国人的这个角色去发声，和我自己敢用女性这个角色去发声，是同时发生的，都是在《赌脑》那一篇故事里。那个时候我有几篇作品被翻译成英文，会有外国读者问我：为什么你的小说里面没有体现出来中国特色？为什么你的小说里面没有女性？特别有意思的是，当时在国内不会有人问你说为什么你的科幻小说里没有女性角色，但国外人会问，说为什么你是一个女作家，小说里面却没有女性角色。这两年，国内也会有很多读者问这个问题，为什么你的故事里，女

性角色依然是配角？起初我不肯承认这是一个问题，但后来我也在慢慢反思，而当我吸收了这些意见，真正用女性的身份去写作的时候，我发现自己的故事有了新的生命力，因为它们更诚恳了。

意识到自己是"中国"作家，并且有意识地采用主体化的视角，也是相似的过程。比如说在早年写的《嵌合体》里，我故意模糊了故事发生的地点，有一些校园的场景，可能是我读大学的地方——同济大学大礼堂的样子——但是在这个故事里，它看起来更像是在国外，像是在一个美国电影里面。同样是从《赌脑》开始，我学习用更"中国"的方式来表达，然后我发现比起翻译腔，这种增加了中国文化要素的表达会更有层次。

所以这可能是一个过程，当你自己有充分的自信，觉得自己有责任去用自己的视角去发声的时候，翻译腔就会消失了。

但反过来，有些时候我也在想，现在我看到一些作家的作品有翻译腔，包括英文的翻译腔，日文的翻译腔，等等，是否有必要去批评这些作品？有些时候我们打开一本科幻杂志，不论是不是"译文版"，可能看起来都差不多。有一次，我真的是看到一整本都是翻译腔的原创科幻杂志。后来我想，我的创作已经超越那个阶段，所以我敢这样来表达。可能还有很多作者，他们还在学习的过程之中，或者他就是热爱这样的翻译腔呢？

所以也不能单凭"翻译腔"，或者在作品里没有表达女性视角，而去否定作品。文字的质感、小说的视角，都只是故事的一个图层，关键还是大家最后有没有诚恳地去表达。

我最开始是用翻译腔，后来很讨厌翻译腔，现在觉得我又跟这件事和解了，就没关系，哪天说不定我也会再捡起来翻译腔写，说不定我也会再写男性主角的故事，因为它们本来就是我比较擅长的笔触。

采访者：《已删除》这篇作品的创作灵感是不是来自校园暴力？

顾适：《已删除》是我在学恰克·帕拉尼克，但后来我发现我学不像,因为恰克·帕拉尼克经历了很多事情,家里有好几宗凶杀案。通过他,我知道自己没有能力去模仿这种特别极端的作家,因为我自己不是一个"神经病",所以我做不到、写不出他那么极致的作品,但一个作品如果不极致的话,力量就会比较弱。

《已删除》是在向他学习,但更多的是对网络世界的一个反思,而不是校园暴力。在网络世界里,暴力有时候太容易发生了。

采访者:《时间的记忆》的灵感是不是来自某位巨星?

顾适:是这样的。直接的灵感是有两个人,一个是张国荣,我当时特别迷他,我写《时间的记忆》之前,有好长一段时间都在搜索张国荣的信息,把他所有作品都搜出来看了一遍,觉得他是一个很有魅力的巨星。

另外一个是蓝天野,就是前两天刚刚去世的那位老先生。我去现场看过他主演的话剧《家》,他在里面演的是一个坏人,给我的印象超级深刻——他当时好像是八十多岁,一出场整个人的身板儿和台词,让人感觉他就是男主角,他只要一开口,你就看不到别人,当时就想:原来老人也可以这么有魅力。

后来我又去看了他主演的《甲子园》,这是他八十五岁时作为第一男主角去演的,演了整场。《甲子园》写的是一个老人院的故事,当时有好多位高龄演员,年纪最大的一位是女演员朱琳,九十多岁。

《甲子园》不是一部最完美的戏,但是有一个让我特别震撼的场景,直到听说蓝天野老先生去世那天,我都能记得很清楚,就是那台戏落幕的时刻——很多老艺术家站在台上,台下的观众有老人,也有年轻人,当时我才二十多岁,大家都拼命鼓掌。你可以感觉到,可能有一些老艺术家是最后一次在台上演出。

我当时还以为我运气比较好,看的所有角色都是 A 角。因为每一个演员都是老人家,所以每一个角色都安排了一个 B 角,如果 A 角身体不舒服,就可以让 B 角上。我当时看的那场全是 A 角。后来看了一个新闻报道,才知道那一轮演出的每一场都是 A 角,没有任何一位老人家退缩,包括九十岁以上坐着轮椅去演的老人家。

一个人的艺术生命力可以有这么长!这给我很大的震撼。到了八九十岁的时候,艺术家和观众还可以有很强的互动,这是《时间的记忆》更直接的来源:当时二十多岁的我突然一下子觉得老艺术家特别有魅力,但又和他们有很大的距离。

采访者:您的后记里说到,特德·姜对您在科幻创作之路上有鼓励和支持。除了他之外,还有没有其他作家或作品在您的创作之路上起着非常重要的作用?

顾适:话剧和各种现场演出给了我很多帮助。我看过很多话剧,也特别喜欢古典音乐,有几篇小说就是古典音乐支撑我完成的。比如说《赌脑》,这篇小说是按照话剧的形式和交响乐的结构来写的,从头到尾都是对话,完全是通过节奏和声部的增加、减少来把氛围感拉出来。我当时把每一个人物想象成一个乐器的声部,刚开始的声部比较少,因为要把主旋律挑出来,中间可能会有"不太快的小快板",第三部分是诙谐曲,整个的节奏把控我都会去参考古典音乐,它为什么要在这个地方设置这样的音调和节拍。**古典音乐是一种非常神奇的东西,它不用任何的语言,就可以让我坐在那儿两个多小时,最后还意犹未尽。**它没有文字,完全靠节奏和旋律把控住你的情绪,你还觉得自己受到了很大的安慰。

如果我情绪非常不好,或者太忙了,听完一场音乐会之后就觉得好多了,就像"吃药了"那种感觉。我有好多年都是国家大剧院最高等级的会员,我最高纪录是一周去了四场,每天七点半准时出现在那里,平均下来,大概有四五年的时间里,我每一年会去听二三十场音乐会,只要是我喜欢的乐团,不管是室内乐、交响乐,还是独奏,我都会去看。独奏也很神奇,它是用一个人的手指头撑起一个好几百人的场子。古典音乐的曲谱是怎么跨越了几百年的时间,到现在仍然让大家都在听的?

我觉得它里面一定有一些很神奇的东西。

不管是从古典音乐还是从话剧中，你都会感觉到一种"现场感"，这种"现场感"来源于：哪怕是古典音乐——你知道作曲家是谁，你知道指挥是谁，你知道今天的乐手是谁，但是你依然不知道现场的观众会和演出者有怎么样的互动，而**最好的演出一定是双方一起互动出来的**，所以这也是为什么我几乎只去国家大剧院的音乐厅，因为它的观众被培养得特别好。比如说有观众在那儿揉塑料袋儿，你会发现七八道目光一下子回头盯着他，示意他要安静。后来我去过一些其他的剧院，那里观众纪律就很差，你就觉得气氛没有了，由于台下的气氛没有了，台上的就只是把工作做完而已。

所以我会发现这种交流也很重要，让我始终努力在写作的同时去建构读者人格：读者在读我的作品时是一种什么样的感受，他现在觉得这段是长了还是短了、多了还是少了、是密了还是疏了，我觉得这种读者人格的培养，对作者来说也是挺重要的事情。

科幻文学创作需要尝试和坚持

采访者：您认为应当如何培养中小学生对科幻文学的阅读兴趣，以及怎样引导他们进行科幻文学写作？

顾适：我感觉现在的中小学生应该已经读得不少了，至少比我多，我小时候没怎么读过科幻。所以我现在经常发现大家整体都关注科幻，是一个特别特别棒的现象。同时有很多很年轻的读者，会来问一些非常好的问题，他们的思考已经很深入了。

引导大家进行科幻写作方面，我觉得**关键就在于不要限制他们**——不要说"科幻是课外读物，不要乱看这些书"，不要嘲笑年轻人写的东西。其实所有作者都会经历一些非常尴尬的写作时期。像我，读大一大二，或者我上高中时写的一些非常不成熟的小作品，内容都很尴尬。**但作家的培养就是需要时间的，天才是很少的，我很久之后才意识到一件事情：其实，我做的唯一一件事情，就是没有放弃写作，这个就够了。**就是你始终要求自己在写，在进步，在往前走，我觉得这就足够了。

所以说引导大家写的话，我觉得不一定需要引导，因为说不定这个小孩儿在网上写一段时间的耽美同人之后，她就开始写科幻呢？只要不限制他们，他们就会找到应该去探索的那个方向。如果他对科幻写作本身不感兴趣，你逼着他写，他学习《流浪地球》，把地球推完了推月球，月球推完了推土星，这没有什么太大的意义。**因为他一定要发自内心地找到那种对创作的热爱和创作的责任感，他才能够找到创作的乐趣。**

而且写作的过程、修改的过程其实还是很痛苦的，因为你是一个人在战斗，没有人可以帮你。它不像工作，比如我们做城市规划，一定有很多外部条件推着你走：这个城市希望发展这个片区，那个城市需要一片新的居住社区，或者是我们的居住区里面，现在没有幼儿园，我们需要一个新的幼儿园，其实是有很多很多力量推着你，一定要把工作完成。但是写作没有，写作就看你自己想不想写而已。

采访者：您是从"晋江文学"网站写网文开始走上科幻文学创作道路的，那您认为网文对当代中国科幻的影响是什么？包括对创作者还有读者这两方面的影响是什么？

顾适：首先说说读者吧，我感觉**读者群体是不一样的**。比如说我们在说网文的时候，"晋江"跟"男频"的读者群体也完全不一样，这会有点像前面我提到现场演出里的"对话感"，它会对作家有影响。当然，像《三体》它出圈儿了，读者群会扩大，这是另外一件事情，如果它拍电影了，也是另外一件事情——但是日常会读中短篇科幻的读者，是一个比较固定的读者群。

其次，我确实觉得网络创作对作家的培养是很好的。我所知道的

中国科幻最有名的、从网文作者出身的作家应该是张冉老师,另一个我知道的是 E 伯爵老师,就我自己的了解,很多的女作者都有小号进行同人创作。**从网文出身的作家,他们有一个特点:很重视跟读者的交流感。**包括我现在读 E 伯爵老师的作品,我都会觉得很好读,很容易、很流畅地就读下去了。但有些作家可能从来没有跟读者进行过直接的对话,尤其在长篇创作之中,如果缺少这样一种对话感,是会让读者有点疲惫的,作者对读者的要求有点多,故事不是服务于读者的,而更像是:我写了一些很有道理的东西,你应该仔细来学习。**所以我特别想建议年轻的作者去尝试一下写网文,哪怕"扑街"也没关系。**

但从创作的视角来说,其实网文跟科幻,尤其是中短篇的创作,还是两种不太一样的状态。尤其长篇创作跟中短篇创作本身就不太一样,长篇有点像是跑长跑,中短篇是跑 800 米和 100 米,看运动员体型的话,你就知道,他们长得都不一样,所以它对你的技术要求和平时练习可能都会有一些差异。我总觉得自己还是属于写长篇的,虽然我一直在发表短篇。

采访者:我也是很早就在晋江看小说,发现很多读者会很容易进入同人故事里,从您的角度来看,同人文是不是就比较容易有共鸣?因为故事、框架、世界,大家会熟悉一点?但同时,读者对某一些人物形象,或者故事进展,总是觉得不尽人意,就想自己去表达。我看过古言网文,会有读者对某一个人的走向跃跃欲试:我也进入那些故事中。这个作者甚至会把它(读者的文字)放出来,写得可能都有五六万字,七八万字的,可以出一篇单篇出来。我觉得非常有意思,就跟您说的这样,网文中读者和作者之间关系非常亲密,在某种程度上读者是不是也在影响作者的创作?作者会回过头来看一下,结合读者的意见进行一定程度上的思考或者修订?

顾适:我明白你的问题,这关于两件事儿。第一,跟你刚才那个问题最贴合的一个事情,**我最后发现,我没有办法再继续在网上进行连**

载,就因为我吸收了过多的读者意见。比如说如果我写言情,有一个女一,还有一个男一,一个男二,读者希望男一跟男二打起来,我就让男一男二打起来了,但是在那个时候我会发现,故事失控了,最后我没有办法保证故事的完成度了,因为最开始的设计框架,我在前面埋下了一些线索,是跟读者的思路不太一致的。但是有太多读者说:如果你不这样的话,我就不看了。

所以这是一个有利有弊的过程。有利是在于我知道每一段应该在哪里结尾,才有可能让大家继续去点击下一章,去购买下一章的 VIP,作为网络作家,就有收入,**所以我所有的情节其实都会有一个小的"弧线",我到最后都会留一个"勾儿",逗着你去往下点。**其实很好玩。我最近在读《西游记》,发现《西游记》也用了很多这样的技术,你可以感觉到文本是跟读者在不断地进行沟通、一起打磨出来的一个文本,它一定是在茶馆里面念过的,它得勾着那个读者,第二天再来听我讲,打完老虎之后,再打猪八戒,他会逗着读者往下读,但是最终作者自己要有一个控制力。虽然我想跟读者维持一个很积极的互动状态,但我想要控制力,又想要不断修改。故事的完成度一定是作者不停修改出来的,不可能一次成型。如果写网文,跟着那个连载的速度的话,是不可能拿出来一篇完成度很高的作品,能完结就不错了。

第二,我觉得同人创作有一个非常好玩的事情,**我个人来判断一个长篇是否真正地出圈,就是看有没有同人。**所以,我觉得中国科幻目前只有《三体》和《流浪地球》出圈了,其他作品我还没听说有同人创作。就是连你创造的这些人物都不值得其他的人拿起笔,进行一些衍生创作的话,那其实没有真正给人带来什么触动,说明读者没有那么爱它,就只是觉得还不错,看一看也还好。我们看科幻的历史上,比如说,《星际迷航》(*Star Trek*),它的同人创作是非常多的,而且同人创作是有进入"正史"的,《星际迷航》后面有几部的编剧,就是前面的同人作者。科幻在国外的话,这个 Fan Fiction(同人创作)是一个非常大的群体,雨果奖也是有专门奖项的。你看《星球大战》、《星际迷航》,它的那个同人创作简直多到没边儿了，各种 CP 组合。**我觉得同人创作本身其实是一个很好的、让更多人拿起笔的可能性**。比如说我自己开始写言情，是因为我觉得有一个点子，我一直很想读，但是一直找不到。最后没办法，只能"自己动手，丰衣足食"。所以我觉得很多同人创作都是出于这样子的方式来开始的。

同人的崛起和网络文学的 VIP 时代也有关系。我开始写网文的那两年，是经历了网络文学从免费到 VIP 的那个时间节点，所以我印象特别深刻——当时晋江有大量的作者在拼命地反对 VIP，说："为什么要 VIP？这样以后大家的创作就不纯粹了，作者也不需要这么多钱，我们就是为了爱来发电的。"而一旦 VIP 之后，这样的声音就立刻消失了，大家开始比较收入，变成了商业写作。**所以在 VIP 时代之后，同人，尤其是耽美同人和影视同人，就成了唯一一个创作者完全"为爱创作"的地方**。其实我原本不太喜欢读同人小说，但是我后来发现不行，我想看的好的作品——所谓"好"，是说我看得出来这个作者发自内心地爱自己笔下的角色，她没有注水，没有为了 VIP 而拼命地把故事拖长——如果我想找这样的作品，就必须要去看欧美影视的耽美同人，只**有在这种完全没有任何可能出版的类型里，我才能够找到那些，在创作上面是发自内心的作品**——字里行间都体现出"我想写，我必须写，我好爱这些人物，我才去写"的那些作家的作品。

我当时是在这样的情境下，慢慢摸到了《星际迷航》这样的同人小说。我不是一个典型的看科幻长大的科幻作者，我早期读科幻同人都比科幻作品多，可以说，我就是因为喜欢《星球大战》和《星际迷航》，才开始迷上科幻的。后来我开始写科幻小说，去读很多大师的科幻中短篇，就完全是一种学习的状态，而非爱好驱使了。

采访者：我阅读您的《〈2181 序曲〉再版导言》，觉得从题目到内容、结构，都很独特，有点像您要展开长篇故事的一个浓缩版。这跟您前面的作品在内容上有所连续，但是在表述上很不一样。您是基于什么样的想法用这样一种方式去表达呢？

顾适：我非常喜欢特德·姜的科幻小说。他有很多故事形式上的探索，比如说他最早开始写"纪录片"形式、"说明书"形式，他会用不同的形式来开启一部作品。包括刘宇昆老师写的那一篇"纪录片"形式的《终结历史之人》，可能也是受到了他的影响，所以在学习国外比较新的、顶尖创作者的作品时，也会想：**我有没有可能，在形式上拿出来一些新的、不一样的东西**？

我自己也尝试过写纪录片，后来我觉得不行，太难了！它的难不在于写作本身，而是在于：你会给读者设一个很大的门槛，因为那相当于阅读一个剧本，这个门槛就很大。后来有一天，我在找新形式的时候突然想到："序言"这个形式也是可以的。因为我们读书的时候，一开始都会读到一篇序言，你可以跳过去，也可以不跳。不跳的话我也能把书读下去，说明读者们是可以接受这样一种形式的，后来我把它写完才知道，国外有一些作家他们写过"假的书"、伪书，就像《不安之书》，他做了一个很像真人的虚构的人物，也用一些仿真的语气去创作。

当我要出版《莫比乌斯时空》的时候，我的编辑给我一个任务：无论如何要为这本书写一篇新的东西。我想，那我就写一个比较大胆的！既然书里的第一篇作品《莫比乌斯时空》的开篇是"The End"，是结束，最后一篇就可以是一个导言，这样的话整本书就又是一个循环，一个莫比乌斯时空：从结束开始，从序言结束。但"序言"的写作难度并不低，最难的是"长短"之间的矛盾：一方面你需要把它写长，因为它是一本书的浓缩，承载的内容太多；另外一方面又不能太长，因为它是个导言，这个形式要求它不能长——最终故事的内容密度就会很大，密度大了之后读者可能又不想读，所以你就要控制它的密度。维持其中节奏的微妙平衡，是最有趣也最艰难的部分。

中国科幻的包容性支持女性视角叙事

采访者：您认为性别于科幻文学作家有什么样的影响？您是一个女性作家，这在您写作的过程中有什么影响吗？

顾适：性别是一个很大的题目。正好我今天在读一篇文章，是关于女性科幻创作的，它提到，中国科幻有一个特别的地方，就是一直有女性作家来参与。国外就不同了，《弗兰肯斯坦》是玛丽·雪莱的作品，在她之后可能有100多年，直到勒古恩的《黑暗的左手》，女性的科幻创作其实都是很少的，几乎看不到。在国外的杂志年代，女性作家只能通过把自己的笔名写得很像男人，比如"小詹姆斯·提普垂"，才能够得到比较公允的评价。

但国内一直是有女性作家的，包括之前《科幻世界》的掌舵人杨潇老师也是女性。所以我们可以看到女性在中国科幻的发展过程中，始终在参与，最起码没有发生很尖锐的矛盾。

反过来再说性别对创作的一个影响。我觉得从我自己的个人写作经历应该是三个阶段。第一个阶段是"网文写作"，这个阶段我是在一个纯女性的环境之中写作，和我对话的所有读者大多是女性，我自己拉（粉丝）群，可能100个人里只有一个男的或是两个——好像是两个。但是进入科幻圈之后，我发现面对的读者群体，至少我在心里描绘出来的读者群体，主要是以男性尤其是男学生为主。所以当时我确实不想强调自己的性别，包括"顾适"这个笔名就是比较中性的。我不希望别人通过性别来判断我的作品好坏，我不希望我是"女作家"里面写得比较好的，或者是"年轻女作家"里面写得比较好的，或者是"长得不太难看的女作家"里面，写得比较好的。我希望写作可以纯粹一点，作家应该躲在作品后面，用作品来说话，让大家通过文本去评判这篇作品是不是一篇好作品。

第二个阶段是一个自信培养的过程,因为此前很多时候我都在逃避书写女性主角。我曾经参加三丰老师组织的坐标奖,很多人一起来互相评作品,我读了可能七十多个短篇,我的总结就是女作家写的女性角色有几个特点:第一种是故事里根本不存在女性角色,比如说我的《莫比乌斯时空》;第二种,女性角色作为家庭的一分子来出现,也就是说她虽然是从女性视角来出发的叙事,但重点关注的其实是女性在家庭之中的角色,她作为妈妈的角色,她作为女儿的角色;第三种情况,女性是作为逃离者,躲避家庭的桎梏、冲破常规的枷锁,然后奔向自由;最后一种是最常见的,女作家的故事主角是男性,从这个男性主角的视角来观察女性。

　　我冲破这种限制是从《嵌合体》开始的。《嵌合体》其实也符合上面的归类,它是从男性视角出发来对女性的一种观察,但是他观察到的恰恰是一个非常强大的女性,而这样的女性,可能是从我学习和生活的环境中来的。我周围其实有很多这样的女性:又漂亮,又聪明,学习好,工作好,又会社交,我特别欣赏这样的人,因为我自己不是这样的人,我自己做不到,我总会干一些特别"不靠谱"的事儿,比如说一直在写科幻小说,所以我特别羡慕她们。我也一直特别努力地,每到一个新地方,我就和里面最"完美"的那个女孩成为好朋友,我特别特别喜欢围在她们身边来观察她们,跟她们学习,但我也做不到像她们一样,我还是在写科幻,我还是要干我想干的那些事儿。

　　但为什么男作家写不出来这样的女性?为什么他们不写?她们是这么可爱的人!所有人里面最闪闪发光、最耀眼的那几个人。没有男作家的作品里面有这样的人,我觉得非常奇怪。所以后来我就想,那我来写。她就是《嵌合体》里面没有名字的主角。

　　而从《赌脑》开始,我可能跳出了自己对女作家写作的归类。《赌脑》的切入点其实是一个男性视角,是林衍,他走入一座"城"里,想要破一宗案子,最后从"城"里走出来的,却是原本的"城主"穆嫣然——在那篇小说里,我也终于跟随穆嫣然从那座"城"里走出来了。到这个时候,我才知道，我也可以从一个中国人的视角，一个女性的视角，来写自己的想法。

这也是后来我会去写《〈2181 序曲〉再版导言》的一个原因，那篇作品很有意思，它是一个短篇，其中浓缩了六个故事，出现了十六个人物，全都是女性。**我们看到大量的作品里面，未来完全是由男性来创造的，也就是说在未来，所做出历史性选择的人，都是男性，那为什么我们不可以去写一篇所有的重要的对于未来进行决策的、影响历史的人都是女性的故事呢？** 我写第一稿的时候，其实里面是有几个男人的，后来我想了想，要是把"他"都改成"她"，是否合理？我觉得女性角色是可以做到这些事情的。

最后《〈2181 序曲〉再版导言》小说能够获得华语科幻星云奖金奖，让我很惊诧，也很受鼓舞。当下的中国科幻还是处于一个多元、包容、蓬勃成长的状态中。尽管当下的男作家和女作家对于性别议题有不同的观点，但是大家在评判作品的时候，基本上还是可以做到相对客观，从文本出发。我们的创作也在变得更加多元，大家在探索不同的方向，这让我觉得中国科幻还很年轻。

科幻创作是一种思想实验
——双翅目访谈

访问：黄秋燕　邱秋凤

在当代中国科幻文坛,双翅目是一个独特性的存在。她,哲学科班出身,是一个从事欧陆哲学研究的高校青年学者,同时她还是一个颇具哲学意味的科幻青年作家。她兼具敏锐的哲学思辨和新奇的艺术想象,被我们称为"学院派"作家。她2008年初入文坛便获奖,包括《科幻世界》2008年度"银河奖"读者提名奖、豆瓣阅读第二十九期小雅奖最佳作者、第四届豆瓣阅读征文大赛近未来科幻故事组·首奖、合作方奖·苹果核人气奖等。其作品发表于《科幻世界》《特区文学》等杂志,现已出版科幻小说集《公鸡王子》《狻猊学派》《智能的面具》等。

推想逻辑是科幻小说思想实验的基础

采访者：您对科幻小说有什么属于您自己的定义吗？您觉得科幻小说偏推想多一点，还是幻想，或者说科学因素更为重要？

双翅目：我确实很认同"推想"这个概念，就是"speculative"。思辨实在主义兴起后，欧陆哲学再次关注思辨。只是哲学流派的思辨和幻想小说的"speculative"不太一样。推想小说更强调推想演绎的过程，在演绎过程中，去建构一个世界。你有一个无意识的点子或者一个有意识的问题，但关键是如何演绎问题。所以科幻小说属于推想小说这一类别。只是广义的推想小说不一定以技术演绎为核心，社会演绎也是推想，比如乌托邦和反乌托邦小说。又如《使女的故事》更接近推想小说，它没有真正去演绎技术退化的世界，基本上也没有聊技术。我记得阿特伍德专门聊了推想小说，她认为科幻小说是要有技术的，要有一个对于技术的演绎。但是推想小说（speculative fiction）不一定是写技术推想，也不一定是写未来推想。具有演绎性的小说都可以放到"推想小说"一类，推想可被视为一种艺术审美，科幻小说也是其中的一种。

科幻变得重要起来，我们现在生活当中渗透了太多的技术，只要进行 speculative（推想），就很难剔掉技术去单纯推想，除非是在写一个关于过去的历史小说，那可以回避掉。对于技术推想，只要是写当下的故事，就要对技术有所推演和反思，不能把它当成一个既定事实去做。所以在我眼中，科幻会变成一个更加普适的写作方式，我们现在不太可能脱离技术去写作了。我们写日常生活都得写微信，都得写电脑，疫情以后我们看到的小说可能更多会写线上视频的互动方式。所以类似科幻的推想，不管是不是科幻，作者都要进行写作，这是一个很现实的事情。大家需要重新看待技术，不能把技术看成一个单纯负面的东西，其实大部分负面的东西都来自人类自己，而不来自技术。对于技术的思想实验性质的演绎,是非科幻也得想的一个问题。推想会变成一种广义的思想实验。在这层意义下,我觉得科幻会变得越来越重要。

但是,科幻小说可能不会在以前的类型文学逻辑下运行了。第一,因为以前的类型文学所描写的技术和社会比较早。第二,黄金时代或者新浪潮小说的技术细节没有我们当下生活的技术细节那么丰富(虽然可能宏大),那个时候技术细节的想象还是比较简化。但现在我们的生活充满了比较复杂的技术细节和(不公正)的技术现象,对这种复杂技术细节的想象就变得更具科幻色彩,这个文类会渗透到其他的艺术和文学写作当中,造成其他艺术创造和文学写作都有科幻因素,但是艺术家或者作家不一定觉得自己在做科幻或写科幻小说。所以我觉得带有科幻因素的,不一定是科幻小说作品,也值得讨论,因为它也覆盖到了对于科学和对于科幻的推想逻辑。科幻虽然在类型上可能不那么鲜明了,但覆盖面会更广。

采访者:我看了您写的《空间围棋》,其中您对时间和空间都有自己独特的想法,其他人塑造的空间,可能会比较局限于三维或者四维,但您写的那个空间就是多维且多变的,您如何看待科幻小说的空间和时间?

双翅目:我觉得科幻小说是在时空实验性上做得最丰富的文学类型,我个人想象中,最经典的科幻小说有物理学背景,对一些物理学的问题有新的演绎。像阿西莫夫的《最后的问题》和《日暮》。《日暮》的时空不算是绝对的时空,一个星球的夜晚几百上千年才有一个轮回。好几个恒星围着这颗星球,只有在少数极端情况下,恒星才会绕到星球的同一侧,另一侧的人才会看见黑夜。对他们来说,黑夜是一个恐怖的神圣性体验。《最后的问题》结合时间大尺度,将熵的问题写得很透。熵是物理学家也很难解释清晰的概念,阿西莫夫则用一篇小说大概展现了出来。有时这种叙事只有科幻小说才能做到。它们能将物理概念的多元性重新展现,然后让"可能"的时间跟人生的线性时间关联。但这种小说挺难写的，不是提个问题就能写得出来。这类小说可能真正考验灵感。

采访者：我比较好奇，为什么您会将太阳系如此宏大的事物来与我们人类的生命相比，将其比作我们生命存在的牢笼？一般我们人类都会觉得，自己很渺小很渺小，我比较好奇您为什么会产生这种联想。

双翅目：我本科时候读到豆瓣豆友介绍的一本书，是德国人写的，当时没有译本，里面的一种宇宙观给我印象很深。人类面对的宇宙不是大航海时代的未知世界，相反，地球更像沙滩上的一粒沙子。大部分砂砾表面没有生命。当然，你不能说沙滩上的其他沙子上都没有文明，只是我们人类能够离开地球，接触到那个文明的时候，那文明可能已灭亡了。或者人类文明存在很短，根本来不及、走不了那么远，去看沙滩上的另一粒沙子。所以说人类跟宇宙，人类文明跟宇宙万物的关系，就是沙滩上的几粒沙子和整个沙滩的关系。宇宙太空旷，即使有文明，但几粒沙子之间仍不太可能相遇。即使存在外星人，我们也不太可能相遇。这可能是宇宙文明系统的真实境况。上世纪对太阳系的研究进步了不少，所以我们现在看土卫六星的科普信息，肯定是比二十年前要丰富。只是宇宙浩渺，人类能到冥王星就挺难了，冥王星外面还有奥尔特星云，还有更大的广域。奥尔特星云是太阳的尘埃和光可以照到的极限，离开了奥尔特星云，再去其他星球，是非常遥远的距离。虽然人类能够看见宇宙的广大，但事实上到达目之所及的地方，是很难，甚至是不太可能的。目前人类可以抵达的边界，可能只是太阳系，能够在太阳系的其他星球定居就很不错了，再远的设想的实现真的需要意想不到的核心技术突破。但即使突破了，可能也看不到其他文明。对于我个人而言，真实的宇宙图景就是宇宙，并不是到处布满外星人，可能只有你我，没有其他人。宇宙只有孤零零的地球生命体，我也是在这个逻辑下写关于宇宙的小说。

哲学思考生成科幻创作主题

采访者：我记得在一篇访谈当中，您提到过"写作的话，是有点子写就行"，您能谈谈这个"点子"的具体来源吗？

双翅目：以前可能是纯灵感写作，但现在会借助学术写作的经验把握大方向。比如说，我想到一个点，一个问题或者一个方向，第一，我要去判断以前有没有科幻作家写过。如果有，那我就得保证，我想到的这个点子是强烈依托于当代的技术。这个技术，以前的科幻作家即使写过，可能也没有落实，所以我可以根据这个技术写。第二，我在写的时候，要保证技术写作没错。不求在科幻里做技术创新，但尽可能规避学科中的常识性错误。当然，可能有些是技术前沿，不确定性多，我就可以适当发挥，编一编。如果技术前沿已经比较成熟，我就努力写得更清晰些。我就得去看一些前沿文章，去定位一下点子具体的学科定位和演绎方式。

所以通过（尝试）读前沿文献，了解哪些（问题）做得人少，或者哪些方向还没有一个成型的东西，我就可以用小说写。有些时候，科幻小说的写作类似于学术写作，尤其是在找问题的方面，特别类似。只是在写的时候，学术写作是对比较成熟的问题进行论证，要有一个比较完整的结论；但科幻小说（写作）是面向一类"新生"的问题。当我们发现一个点子不足以构成论文的时候，就可以写成小说了。

采访者：您写过一篇小说叫《精神采样》，里面提到了人的精神可以进行切片式采样。通过这种切片方式，人可以共享他人的情感。这个点子和神经科学家安东尼奥·达马西奥在其著作《笛卡尔的错误》中提出的"神经结构决定情感和感受"相似。能具体说说您当时是怎样想的吗？

双翅目：我写那篇是2013年底到2014年初，比较早，还没读过达马西奥的书。国内这几年开始更多关注达马西奥，我也是两三年前才读的。不过他在立论的时候，参考了斯宾诺莎，我也参考了一些，所以思路会像。这些年国外关于情感研究、意识研究，跟斯宾诺莎有关的著述比较多。我也看到不同的学术路径都会回归斯宾诺莎，比如做儿童心理学和集体意识的研究也引用斯宾诺莎。我博士论文做的是德勒兹研究，德勒兹对斯宾诺莎的阅读很有启发。他从斯宾诺莎那里得到的，用现在的俗话说，是"某种意义上去中心化"的前主体。前主体的一个情感或样态，或者就是我写的意识的一个切片，是生成的、构成的，不一定在主体意识控制之内。在人的意识形成以前，有很多事情是前意识、前个体和前人称的。前主体是主体意识生成前的、构成性的碎片，但这些碎片之间也可以有复杂的关系，可能以一种潜在的逻辑决定你意识的很多方向。精神切片还有一个源头是弗洛伊德的创伤理论。我确实受到不同启发，就干脆把它们再简单化一点，说成是"切片"。换言之，这种切片可以构成人的意识，又可以脱离人的意识。当然我写的时候，还在想，一个商业社会对人感情的批量化生产，肯定要有特定的产业化模式。只是那个时候我更喜欢莱布尼茨，所以在小说里，其实提的是莱布尼茨。那一篇确实是我开始比较有意识的，把在哲学中学到的东西放到科幻小说里。在那之前有一段时间，我不知道该怎么写科幻了，就停了一段时间，有四五年没写。《精神采样》让我发现，可以换一个角度写，所以视角上有一个转换。

采访者：您曾觉得"陈更"是一个平庸无核的负面例子，反而更欣赏能够通过莱布尼茨探索宇宙精神的"尼古拉斯"这样一个人物形象。而作品中也提到了莱布尼茨的"有限与无限的思想"。您能讲一讲这个"有限和无限的思想"具体指什么吗？

双翅目：莱布尼茨是受科学革命影响的哲学家。之前西方对于"有限和无限"的理解大多在神学体系下，自然哲学也是为"上帝"的"有限和无限"服务。科学革命前后，我们会发现笛卡尔、斯宾诺莎、莱布尼茨等哲学家，都做过前沿的科学学术研究，比如，笛卡尔的解析几何，帕斯卡尔的流体力学，莱布尼茨建立我们熟悉的微积分。他们也会有意识地将数学工具用到哲学和神学的论证上。他们之前，在比较正统的框架下，将数学和物理的逻辑用到神学论证中，属于僭越性使用，是比较违法的。但科学革命前后，哲学和科学之间都在进行一类僭越性的学科方法论挪用。所以对于他们来说，数学的表达变得独立起来。这种相对独立的数学的表达，事实上带来了一种跟以往理解"上帝"不太一样的无限性。大家第一次看见了自然背后或者神学背后的一个空洞的、无根基的、绝对无限的宇宙。学者们也发现，他们可以通过数学去表达真正的无限性。莱布尼茨的微积分就是在描绘极限：用数学逻辑去描绘极限是怎样动态生成的。他开始根据个体的有限，用相对科学的工具，去论证不同样式的、不同形态的无限。虽然对于莱布尼茨等学者，他们论证的无限性仍然是在证明上帝的无限，但其结果反倒让人对古老的上帝产生疑惑。又比如牛顿和莱布尼茨的对比，因为他们创立的微积分逻辑不太一样，所以，牛顿会觉得"我是用经典物理学的逻辑证明了一个静态的、绝对时空观的无限性"；莱布尼茨则是在用很现代的、巴洛克的无限逻辑去证明一个相对时空的无限性。换言之，那个时代不同人、不同学者对于无限性的理解是不一样的。大家在各自的、必然的、人的有限性状态下，看到不同的无限性。这个其实非常有意思。而且我觉得在不同学科、不同科幻小说中，人第一次根据自己的有限性意识到某种无限性的时候，那种神圣感和崇高感，或者渺小和绝望的感觉，都还是挺震撼。

认识了无限性后，对个体内核的坚硬和复杂，可能反而带来某种确证。所以《精神采样》三个主角中，尼古拉斯是一个对于自己要干什么、对自己的精神内核的坚硬性理解得更好的（人）。正因为他理解得更好，他才更清楚"无限性和有限性"是什么。而陈更是一个比较碎片化的人，他虽然通过精神采样体验过了无限的人生，他采（样）过了别人的无数人生,但他没有真正对"自己的有限性和无限性"有一个概念。所以,他是一个相对负面的形象。话说回来,因为莱布尼兹开启了某种意义上的现代数学(没有微积分就没有现代世界),人类有了重新认识世界的方式。这也是很有意思的一点。宋明炜老师的研究涉及"巴洛克"与文学、与科幻文学的关系,对我最近的写作也很有启发。巴洛克哲学或美学建构无限性的、嵌套的世界,以及丰富的感情。莱布尼茨的数学给了我们一种复杂性的表述体系。所以(运用于)科幻,巴洛克的表达会表现出科学与艺术结合的丰富向度。当代(科幻)也是在延续莱布尼茨的"无限和有限",展现对莱布尼茨的再理解:我们怎么用一种巴洛克的"无限性"来表达世界。巴洛克的无限性,就我的理解,还是涉及某种意义的宏大叙事。但它肯定不讲单一宏大叙事,它是要不同的、比较大的叙事,能够同时生成,同时发生关系,同时嵌套在一起。这样的话,它既可以抵御单一的同质化,也可以抵御碎片化的一些问题,同时还可以承纳包括科学技术、人性和世界的复杂体系。这种真正的多元,需要构建更多维的巴洛克艺术和巴洛克数学表达。

采访者:您刚刚提到"嵌套"这个词,它让我想起您的小说集《公鸡王子》中一个有趣的地方:它的每个故事虽然相对独立,但上一篇故事的主人公会偶尔出现在下一个故事中,比如您刚刚提到的"陈更",他也会出现在另一个故事中。这个设置也和嵌套有关吗?

双翅目:有一点关系,但更多的是我一下子想不出(其他名字)。其实至少到现在,我也觉得我不是特别擅长写人物。所以,如果有一个人物好不容易写了,就把它再用一下好了。然后,这种再利用的方式,也是我给自己增加点儿小乐趣。但主要还是因为,我确实在人物上不擅长,所以尽量减少一些再创作的压力。

采访者:前面您提到巴洛克哲学以及巴洛克宏大叙事。史蒂芬森也写过巴洛克圈(*The Baroque Cycle*)三部曲。如果您对史蒂芬森了解的话，或者对其他的和巴洛克哲学相关的创作，您能不能再做一些介绍？

双翅目：我觉得史蒂芬森每写一篇小说就创造一个宇宙。这些年新出的小说译本比如《编码宝典》和《七夏娃》，可以发现他没有一个绝对的创作主题。而且他每一部小说都特别长，有巴洛克的强内核。巴洛克圈三部曲虽然早有耳闻，但还没有读过，长度和硬核程度让我一直拖延。不过我猜，他对自己的写作应该很有自觉，才直接处理了巴洛克的时代。从哲学角度理解巴洛克，我还是比较认同莱布尼茨，莱布尼茨认为每一个单子就是一个世界，世界就像一个花园，花园的树木有很多枝枝权权，但是花园里边的每一个树叶，每一滴水的内部，也有一个花园，然后就这样无限嵌套下去，这是他所理解的巴洛克宇宙。他的单子论也认为这个世界由单子构成，单子互相之间相对封闭，但是每一个单子都可以内包/投射整个宇宙。举个不太恰当的假设，假设人是一个单子，那我作为一个人，有能力去反射世界的样貌（根据自己的视角）。德勒兹早期和晚期都聊过莱布尼茨，他早期阅读莱布尼茨主要不是从巴洛克角度，是从表达主义（Expressionism），但是晚期他根据褶子概念去聊巴洛克。德勒兹在《褶子：莱布尼茨与巴洛克风格》这本书中，表达了一个褶子式的双重世界，褶子就像巴洛克世界的一个运作状态。他参考莱布尼茨的微积分和黎曼几何（非欧几何）。巴洛克讲的不是一个横平竖直的世界，而是一个动态的、带有力学矢量的世界。没有微积分和黎曼几何，就没有现代的几何和拓扑学。所以褶子是现代的数学机制的形而上表达，简言之，就是非古典。因为古典的物理学和哲学，类似牛顿的绝对横平竖直的时空，相对静态。非欧几里得的、非古典的理性与感性，可以用褶子的扭曲状态去表达。所以褶子的动态嵌套世界，表征了巴洛克。我觉得一个好的现代作品就应该是巴洛克状态，它自己扭结成一个世界，然后我们进到这世界里边，可以看到很多东西。

德勒兹写过两本书讲电影哲学，他第二部的《时间-影像》分析"晶体-影像"时，也是用莱布尼茨的观点去讲现代电影的发展。我对这个概念很感兴趣,然后发现有人会把现代主题乐园和大的好莱坞 IP 形容为巴洛克,但是我觉得这还没有说到最核心的要点。因为这些只属于巴洛克的表面。即便是主题乐园,它作为一个巴洛克的形态,背后的叙事逻辑和媒介关系,才决定了它如何自成体系、自成世界。

我现在没想明白的推想如何与巴洛克结合,完全不知道该怎么解释,但是又觉得这是相通的。比如史蒂芬森的作品就很巴洛克,也非常推想。他的问题意识,让他回到牛顿与莱布尼茨的那个时代。那个时代科学、数学、哲学、艺术互相交错。"巴洛克"这个词诞生时,意义不太正面,是巴洛克以后的研究者觉得巴洛克时代的艺术特别怪,逐渐发明并衍生出一个词。到二十世纪,它才变成一个描述那个时代艺术的中性词。另外,莱布尼茨还说,上帝存在,因而有先定和谐,他让所有单子达到一个互相可以沟通或共振的状态。我们现在处于一个没有上帝、没有大一统的时代,不能要求每个单子都能共振,每个单子能独立存在就好了。史蒂芬森的每一篇小说都强烈地体现出这种独立性。与我们看到的写人工智能的一直在写人工智能,写宇宙的一直在写宇宙的科幻小说不同,他内容囊括性特别强,而且独立。所以在元宇宙火起来后,他完美躲过了这个标签。真正的作品不能用标签、概念或口号简化,而要有复杂的、不能用一两句话概括的内核,所以我觉得他挺厉害,写出来了不同类型的巴洛克文学。

科幻是对现有文明的反思性想象

采访者:就像您说的,当今的社会文化氛围并不是那么自由,可能稍微还有一点压抑,您在《公鸡王子》中提到陈陌和格雷厄姆他们所聊的野蛮和文明问题,您觉得现在的文明,它是不是一种虚伪的文明呢?您觉得当今时代的野蛮具体有哪一些表现呢?

双翅目:我记得有人说过,文明的虚伪表现在文明是野蛮的遮羞布。我写《公鸡王子》那段时间在看《沉默的羔羊》系列的电影、电视剧和小说，所以直接以人物来致敬了。小说里汉尼拔给威尔写信时候说："我们活在一个原始时代，不是吗，威尔？既没有野蛮人，也没有智者。"（We live in a primitive time, don't we, Will? Neither savage nor wise.）我受那句话启发写的《公鸡王子》。人类世界现在不是一个纯野蛮的世界，因为按照定义，纯野蛮的世界是动物世界。但人类社会的野蛮可能更加邪恶。这种野蛮性有些时候被人类好不容易发展的一点儿文明遮蔽了。虽然遮蔽了动物的野蛮，但是人类又没有达到相当的文明，社会在这样的一个矛盾状态下运行，尤其体现在男权或者男性的社群结构中。人类文明和现代社会的进步，确实严格地伴随了女性地位的上升。人类文明进化史有过母系社会，然后进入长期的父系社会中。父系社会结构适用于大部分灵长类。动物园的猴山和许多纪录片都直观展现了大部分灵长类的分工结构。换言之，男权的父系结构不仅人类独有，而且直接继承自灵长类祖先。科幻小说写到返祖，也会涉及灵长类父系社会的充分回归。而人类文明的进步（与猴山社会的差异），确实是以女性和少数的被压抑群体的自由的解放为标志的。或直接以女性地位上升来说，进入现代社会的人类文明，还是有不少进步的。但是人类文明的野蛮性伴随父权社会和对战争的崇拜，一直存在。有一句话我很喜欢，作者慕明推送的一篇文章里提道：人类拥有上帝的技术、中世纪的社群建制体系，和原始社会的伦理。几千年来，技术虽突飞猛进，人的伦理和人的大脑容量没有多少进步。文明进步的标记，一个是女性地位、被压迫者与少数人群地位的提升，还有一个是技术进步。当代社会的问题与争议，其实主要在前者。野蛮的问题就是我们在用上帝的技术满足原始人的、野蛮的伦理需求。所以我不同意技术威胁论，是技术的使用者，野蛮的人类，在不断造就灾难。当下很多表达认为现代社会的问题是技术问题，我觉得现代社会的问题是人类用原始人的伦理去使用技术而导致的野蛮问题，只不过技术放大了这种野蛮的原始伦理观（如，父权化的技术）。战争与暴力就是最明显的例子。猴山社会的打架与争权，就是人类堕落行为的直接映射。人类战争带来的伤害要可怕得多。文明社会不应提倡你死我活的状态，如果有分歧，可以谈判解决，可以虚拟现实模拟。文明对应的是谈判解决的逻辑，野蛮是战争解决的逻辑。对战争的崇拜和基于战争的政治社会运作，更多来自人的道德行为和野蛮诉求，不应该让技术背锅。大多数情况，技术只是放大着文明和野蛮的行为。将人的野蛮归于技术，是回避问题，也展现出野蛮的一种更加邪恶的形式。技术发展还是有很多好的方向（女性化的、母系化的技术），只不过人类整个体系，在更多地借用技术放大丑恶，这是技术的野蛮化使用。

我喜欢莱姆的小说《惨败》，它在我眼中虽不是一个像《索拉里斯星》那样特别科幻的科幻小说，但我觉得《惨败》是一部描绘技术与人性关系的绝妙小说。技术越让人赞叹，人的有限性就越让人备感无力。《惨败》通篇主要描绘外星系的两个阵营怎样去极大地发挥它们的对立性，当这种极强的、带有技术理性的对抗性推演到极致，两个文明的图景，就处于一个永恒的胶着中。当然，面对绝对未知，人类对两个外星文明的想象，实际上投射出的是人类自己的对抗性想象（本能）。小说结尾揭底时刻，事实与人类想象的差距，才造就真正的悲剧。莱姆在冷战结束以前完成《惨败》，他的乐观和幽默往往来自技术描写。他的悲观体现于一种反思，即人性当中为什么一定要有这种你死我活的对抗性想象。这就是某种意义上的野蛮形态。真正的野蛮没有文明的野蛮来得邪恶。真正的文明则源自理性的谈判和对异类的共情，以对抗野蛮。这里有一个差别，《公鸡王子》有些地方我没有写明白，也因为我当时对很多问题的思考还比较初级，现在会比以前好一些。我写《公鸡王子》有一个原因。小说中的四勿动物是要沟通的。在我的构想中，四勿动物的四个意识，虽然自我意识不够强，但是它们的沟通性反倒带来了很强的文明性。人类和它们比较，显得更加野蛮。因此我想说的是，在文明和野蛮当中，沟通性其实带来了一种真正的稳定性和文明的发展。

采访者：您之前说您提倡一种"无性别写作"主张，但是我们在您的作品中还是可以看得出来有一些女性独有的视角，还有属于女性特有的细腻风格。您如何看待自己这种自我主张和行为控制的差异呢？

双翅目：经历了一些事情后，我不那么坚定无性别写作的主张了。我最早希望能无性别写作，是觉得一个人要真正认识自己的性别，是需要通过另外一个性别的。人有些时候要通过了解接触他者，才能更好地了解自己。自己琢磨自己，有些时候只是自我确证。换言之就是在性别认同之前，需要探索（乃至成为）另外类型的性别，有所接触有所探索，并且带入身份类型设想，才能更好地反观自己作为女性的一个状态。我觉得这也是艺术创作的一个要求。可能我早年写作的风格偏男性化，因为我觉得女性在一个男权的社会，需要了解一下男权社会的运行逻辑。我们读到的很多作品都是男性写作，接触了大部分男性写作以后，有一个习得性的口吻。在那样的一个习得性的口吻中，我再反观自己的一个性别身份。所以我觉得在当时的采访里，我还是在这样一个反观思考的过程中。后来我可能会思考如何在另外的一种状态下去重新写一个女性，不仅是写女性的心理状态，而且是女性本身作为一种性别，她的社会、进化、生命意义上的特点。男女之分不是人类独有的，树上的猴子也有性别之分，也有男权体系，在这样的一个逻辑下，再去看男女性别问题，能有一个更好的理解。所以说回来，当时主张无性别写作，更多的是主张一定要跨性别差异，减小性别对叙事的影响。大部分女性作家都能够较准确地去写男性，而大部分男性作家却没有办法真正地写女性，这也是大部分男性作家不成熟的地方。而女性作家比较善于跨性别思考。但是女性作家写的女性，依然是在写一个压抑的主流话语下被压抑的性别，可能更难被发表，这也能理解众多女性会选择从事跨性别写作。当然这也有商业利益的问题。男性视角故事的商业利益，还是会比女性所写的女性叙事要高。在各种话题都被压抑的情况下，耽改剧热度非常高，倒是我之前没有想到的，十年前这类故事非常丰富和自由，但在商业上难以有生存空间。但耽改剧符合男性的某种商业利益。因为它仍然讲述男性视角和男性的优良品质，所以它是可靠的。而女性视角，不论内容如何，反倒是不可靠的叙事，所以商业写作附着于男性叙事。这两年国内外女性视角的小说和影视表达越来越多了。其实女性在某种意义上更擅长于表现现代性（父系社会表征某种古老传统），这也是当下社会的一个写作叙事循环。虽然无性别意味着跨性别，但我现在应该能比以前更好地处理女性视角了。我也还需要重新思考现在整个国际到国内文化氛围下，女性状态和女性书写的问题，以寻求更好的表达。

采访者：双翅目老师，您觉得我们作为人类，我们应该是有自己主体的思考和认识的，对吧？那为什么您会有这种观点，即借用您主人公的口吻发出人类只有在幻觉面前才是平等的。难道人类在意识面前是不平等的吗？或者说是不是我们的世界为我们营造了一种就是让我们大部分人去认同的那些伦理观点或意识，或者道德法律文明，这是不是某种程度上换了一种知识来奴役人类，其实这本身是一种奴役人类精神世界的意识系统？

双翅目：我们可能从小就被植入一种，不管在什么层次上，都有一种规训。为了逃避这种规训，艺术成为一种比较有效的方法。艺术可以把人的精神状态或者思想，带到一种没有被规训的、某种意义上的梦境或者幻觉当中。在那个时候，你可能找到某种本真的东西。最好的艺术品确实可以跨越不同的文化、不同年龄隔阂，因为它能帮助大部分人脱离既定的建制化思维，帮人重新寻找到自己的自由。在现在，可能要更进一步。就是说，当一个人寻找到这样的一个自由后，他还是得有意识地去巩固这样的自由。这有时候就体现为一种有意识的创作。就像科幻小说，比如偏实验的那种，有些时候是要做无意识创作的。但有意识创作，能带来内核更加深刻的作品，尤其是长篇科幻。当然历史小说也是，还比如《冰与火之歌》，都是非常强的有意识创作。想明白了最无意识的内核以后，怎么去搭新的世界观，就需要一种非常强的、有意识的创作。

采访者：在意识层面，就是您如何看待精神分裂的问题，您觉得我们人类需要自洽系统去解决自我分裂的问题吗？

双翅目：现代社会保持一个完整的自我是不太可能的，人肯定要分裂成不同的状态，关键是怎么让不同的状态达到一个自洽。自洽就是自我可以在不同的状态下进行随意切换。如果能够在不同的状态下达到一个比较自如的切换，也获得了多维的人生。现在社会的优点跟古代比起来，就是大部分古代人活一辈子，才经历最多两个时代，现在可能三十年就是一个时代，一个人一辈子可能至少经历两到三个时代。我们现在就进入了一个新时代，人类人格的统一性会受到较大冲击，一定要给自己的心灵留出不同的空间去应对不同的状态。所以现代社会要求人在一个分裂的状态中生存：一种能够达到自我和解的自我分裂的状态。像最新的漫威剧《月光骑士》，大致内容是主角史蒂文·格兰特年轻时候受到了伤害，然后就分裂出一个人格。故事的结尾，两个人格达到了一个和平共处的状态，可以自如地商量着切换，这就是两个人格获得和解的比较好的一个例子。丹尼尔·凯斯的小说《24个比利》是根据一个案件编写的，现在很多人格分裂的电视剧的源头是《24个比利》。上世纪有很多作品写到人格分裂，现在已变成流行文化的一部分了。再往前的话，写精神不稳定的逻辑就不太一样了。我觉得陀思妥耶夫斯基对于癫狂和病理的人格不稳定的理解，跟现代人的理解不太一样。或者说没有进入一个现代化的表述体系中，因为那个时候大的社会氛围还是要求统一人格。因为上个世纪整体社会氛围进入分裂的文化和分裂的社会，分裂人格慢慢能够被公众和商业叙事接受，这种多重人格戏剧小说的创作有所增加，X战警系列的《大群》也类似。现在分裂人格变成了一种公共叙事。我觉得能够把多重人格自洽地表达出来就可以了，但是完全说自己有一个完整的统一的人格，我觉得除非是苦行僧，那种意志特别坚定的修行者，我相信他们有完整的人格，其他的很难拥有一个健康的统一的人格。

采访者：那您会觉得精神分裂，还有"复数人类"，其实是一种人类进化的表现吗？

双翅目：我觉得是。刚才咱们聊到女性去写男性和男性去写女性，要把这个事儿写明白了，每个人的内心性别肯定不止一种。换言之，每个人的生理性别和性取向可能是单一的某一种类型的，但至少在内心上不应该是单一的性别。在艺术创作上肯定是需要内心的多性别，因为艺术创作与感性的多种共通感相关。所以在这个层次上，艺术创作应该天然地达到一种多元的认知模式。毕竟我们现在时代更迭快速，信息爆炸，大脑如果消化不过来的话，肯定会衍生多人格，或者不一定是多人格，但是多一点人格层次应该是有。

采访者：我想问一个关于美学方面的问题，在小说《复制时代的艺术作品》中，您认为"科技的创新，有一天会覆盖艺术原创，那么复制品的滥觞，可以瓦解人们的拜物教崇拜，从而营造出一种真正的公共艺术"，那么，您认为公共艺术会成为后人类美学的一种主要表征吗？

双翅目：我希望是这样。我很喜欢本雅明的《机械复制时代的艺术作品》，也很喜欢里面的灵韵（Aura）概念。不过，公共艺术的公共性不只是博物馆里的展品。那篇小说，我当时写的时候还有些没想明白，如果再写，会写得更明白一点。还有一种我们更熟悉的公共艺术，就是日常的设计美学。比如说，电脑的设计、杯子的设计，人体工学椅子的设计。这种设计带来一种更加公共的艺术。而且，这种设计就是为了批量生产，比如说宜家的产品，它能够整体上提高大家的审美感。对于我来说，以后的公共艺术，主要不是展品类艺术。《复制时代的艺术作品》写了某种针对展品的消解。展品类的艺术肯定还得有，因为它们具有文化历史的纪念意义，需要被保存，所以一定要把它摆在有纪念仪式性的叙述体系中，那就是博物馆。还有一种公共艺术，比如广场上的纪念碑,其实也是某种纪念艺术。但最公共的艺术,是日常生活中的艺术。如果它会变得很精美、漂亮,或先锋,然后每个人都能通过虚拟现实做一些装置艺术,这会对每个人的审美都有所提高。现在会说短视频导致大家审美退化。我觉得有价值的公共艺术就是增加审美的硬度、厚度、底蕴,或者审美的硬核度。它肯定还是要依赖于"mass production"(批量生产),还要依赖于工业设计和工业生产。没有工业生产,就不太可能保证大家拥有充分的公共艺术和公共审美形态,这种审美形态的复杂化可以被消费和被使用,而不仅仅是纪念碑意义的或符号化的。后者可能反倒带来意识形态过度简化和口号化的危险。

科幻彰显技术张力与多元生命

采访者:赛博格可以指一个文化概念,也可以指一种生命形态。您认为人和技术的融合有没有可能达到一种非常理想的状态?

双翅目:我觉得可能现在的问题是技术还不够成熟,另外的一个问题就是赛博格的植入(假肢植入)得跟个体调和,需要投入比较多的时间成本,一切都不会很快见效。因为赛博格,像你说的,它不只是一个电子化的赛博格,更多会涉及"义肢"(义体)的发展。它强烈依赖于个体的适应性和医疗上对个体特异性的调整。赛博格有一个前提,就是它得"特异化"。它不能"普遍化"。它得是一个非常特异化的逻辑。现代文明是一个讲究普遍化的工业文明,还没有发展到工业文明的个体化。所以在医疗技术上——当然也有医疗整体的短缺问题——特异化是一件很难做到的事情。目前的个性化医疗大多只有有钱人才能享受。但是如果能做到特异化,我觉得应该会不错。我在欧洲的时候,有一个国外的博士姐姐,她的孩子生下来要植入一个微型仪器,去为颅腔减压,排除积液。那仪器是全植入的,导管直接与他的肾连在一起,所以孩子自己没太多感觉。随着他慢慢长大，仪器就可以取出来，成年后就完全正常了。对于小孩儿来说，这仪器是一个在他体内已经适应了的、帮他成长的工具。这种相对特异性的（赛博格）已经存在，问题是医保的覆盖面。第二个例子是癌症治疗，如《滚蛋吧，肿瘤君》里所讲述的绝症，现在已经获得比较成熟的治愈技术。医学可以根据患者的情况，提取细胞，重新改造，培养新的免疫细胞，达到比较有效的治愈。虽然很贵，但是非常个体化。在这类情况下，赛博格就可以做到跨越有机、无机。还有一种赛博格，不同人天生的适应性，可以对接到不同的使用设备上。我看到日本老年人的外骨骼设备已经比较成熟。以后这种（义肢）不是内植，而是外接使用，这也是赛博格的一个方向。这种方向讨论的是我能不能用得更好。用得更好，取决于人的适应性和个体投入的时间成本（训练设备）。所以不对技术有太大的排斥，拥抱技术，才能看我的适应性到底有多强。所以，这也是一个适应性问题。

采访者：我们人类经常会有一种表现，喜欢接近与自己相似的东西，但如果与自己相似的东西与自己又稍微有点那么不同，他们可能就会产生排斥心理。比如说人类会利用技术人工制造与我们人类十分相似的事物，如 AI，但是他们又要求 AI 不能脱离人类的控制，而且要求它在一定程度上不能超越人类智慧。您如何看待人类和人工智能的分裂问题呢？为什么相似反而会导致这种分裂？

双翅目：他跟我相似，但是他威胁到我，我不能让他威胁我，我一定要让他保持在一个比我低层的状态，并对他进行控制——这仍然和之前聊的父权逻辑很相似。这类对人工智能的理解是比较狭隘的。要求人的能力一定要碾压人工智能，或者至少对人工智能有效控制。这样的逻辑有一个前提，即人工智能只要比人类厉害了，它就会把我们灭了。这个想象很有意思，它仍然是对立性想象，近似一种威胁论。你看到一个比你厉害的人，你觉得他就一定会把你灭了，如此敌对化的社会情境,根源不在人工智能,而是人与人之间首先互不信任,一定要互相有一个统治关系或阶级差异,这一思路泛滥到了人工智能。所以我还是喜欢赛博格和后人类的提法,他们其实并不把他者真正看作有侵犯性的他者。赛博格和后人类更近似万物有灵的支持者。达马西奥给我的感觉也相信万物有灵。机器如果最后生成了独特智能,它也是一定程度上的精神体,这种精神体可以跟我们和谐共处,只不过人类得先接受和谐共处,而不是相反。如果人类的本能说:它好可怕,我要控制它,它高于我了,我要把它灭掉。这就陷入某种意义上的对立性思维状态,最后大概率没有任何物种能获得好结局。人类社会本身就在往这个方向走。

我觉得现在人工智能还没有达到同人类产生对立性力量的情境,但人类已放大了对人工智能威胁的想象。大部分人类对于人工智能的恐惧,源于人对人的恐惧,但人不想面对自己的恶,就转嫁到了人工智能身上。人与人之间的威胁性、对立性的关系模式,造就了人跟机器关系的“童年阴影”。人就会反复回到人跟人的阴影关系中,去理解机器。所以首先得把人的“童年阴影”厘清,我们才能更好地处理人类和机器的关系。《公鸡王子》中,我写动物,也是因为人跟动物其实存在一个很强的剥削关系,比如大的养鸡场和养猪场。但另一方面,我看一些纪录片,讲到人类与动物之间构造的、以前没有过的跨物种和谐关系,比如犬类与人类有上万年和谐共处的经验。有个纪录片讲人类促成的跨物种友谊,有一集,内容是主人公养了一只狗和一只龟,狗和龟的友谊非常好,它们两个会在一起晒太阳,一起吃蔬菜,努力保持统一节奏。自然界中的跨种族友谊不多见,也没有太多独特性。但人类如果努力去营造生态环境,人与动物、动物与动物之间的跨物种的、互相体谅的关系,会比以前多。相对而言,我觉得在生存竞争之外(这类情况其实比以前少了),物种之间无需对抗性思维。如果人类能够利用自己的智慧促进万物生态更和谐地发展,人类也能营造人和人工智能的友善关系。

我相信，人类有这个能力。人类可以选择不野蛮、不对立、不侵犯的更加文明的世界。我的小说确实希望就这个问题进行类比：人和人工智能的关系，人和动物的关系，动物和动物的关系，人和人的关系，相互之间是有类比的。但这个类比如何进行，我还没太想好。这些年动物伦理获得了越来越多的关注，我也受了不少启发，这也是我觉得比较有意思的方向。

采访者：我看您的小说里，您有说到信仰决定人类的问题。我想问您一个私人问题，您对生命的信仰是什么？您觉得生命自由的追求到底应该是什么？您会不会觉得其实我们所看到的一切其实都是在禁锢我们的？

双翅目：我其实还是相对乐观主义的一个人，信仰生命本身可能会更好。信仰不一定是宗教信仰，也不一定要信仰一个体系，信仰某一两件事情，也是信仰。比如说信仰与人为善，或者信仰生命本身。我觉得科幻，或者广义的艺术，较打动人的地方都涉及对生命本身的信仰。比如陀思妥耶夫斯基，那么纠结的一个人，但在他几乎每一部小说里，都有一个生命力比较强的且比较善良的人。所以我感觉面对纠结的个性或者纠结的社会，人还是可以信仰生命。还有令我印象比较深的梵蒂冈语音解说里，对米开朗琪罗《最后的审判》的一个阐释。他说你看，在《最后的审判》的画面上，有一个人拎着一张人皮似的东西，那张人皮就是米开朗琪罗画的自己本人。米开朗琪罗的人生也比较纠结，比较压抑，他将他对自己的理解，投射为最后审判中的一张人皮。但《最后的审判》中，不管是耶稣还是其他被审判的人，不管是上天堂的人还是下地狱的人，无不表现出肉体的力量感，那其实是生命的美感。米开朗琪罗雕塑和绘画中的肉体，其实不完全符合解剖学的结构，这是他造型的强烈特性。他通过某种肉体的扭曲，创造了纯粹的生命力和力量感，显示出他的艺术信仰，或者说艺术的生命力。这一生命力似乎超越了

"最后审判"本身，能带来对生命力本身的信仰。很多艺术家一辈子都活得很压抑，但这些最动人的艺术作品有信仰生命的色彩和力量。那种内在的生命的闪烁让艺术留了下来。所以我觉得还是比较值得去追随他们，去信仰生命，这是艺术给我的一些启示。

我写的是现代神话
——刘洋访谈

访问：张紫荧等 *

＊本次访谈是深圳大学江玉琴教授带领团队
进行中国当代科幻作家访谈系列中的第一
篇。周小玲、周君、张紫荧、周瞳对访谈都做
出了贡献。所有采访内容的文字工作由张
紫荧整理完成。张紫荧，深圳大学人文学院
2019级硕士生，现从事科幻文学研究。

刘洋,四川人,"80后"科幻文学作家,凝聚态物理学博士,南方科技大学人文科学中心讲师。2012年至今已发表中、短篇科幻小说六十余万字,代表作有短篇小说集《完美末日》《蜂巢》,长篇科幻小说《火星孤儿》等。作品曾获第四届中国科幻"光年奖"一等奖、第九届全球华语科幻星云奖最佳中篇小说、首届科幻小说"星河奖"、第八届全球华语科幻星云奖科幻电影创意专项奖等。

　　2020年1月13日,在南方科技大学人文中心办公室,我们与中国当代新锐科幻作家刘洋相见,想象科幻、理解科幻、反思科幻。

中国科幻文学的发展现状

采访者：您在《火星孤儿》中提到这是个"无聊的科幻时代"，请问您怎样看待中国科幻文学现在所处的发展状态，以及和西方传统的科幻文学相比，中国科幻文学有什么特别之处？

刘洋：中国当代科幻文学的状态和三四十年代的西方科幻文学非常相似，即所谓"黄金时代"和著名的"坎贝尔体系"。坎贝尔按照他的喜好选择性地在他主编的杂志上刊载一些科幻小说，不知不觉中塑造出一种以他的喜好为标准的科幻小说的题材样式，像我们熟知的阿西莫夫和海因莱茵就在坎贝尔主编的杂志上发表过许多作品，那些小说都明显体现出一种预言未来的倾向，小说中对未来的设想充满科技感，科技点子也十分惊艳新颖。中国科幻小说从 1991 年到现在其实也处于一个"杂志时代"，很多科幻小说都发表在《科幻世界》和前几年的《科幻大王》（后改名为《新科幻》）两本杂志上。《科幻世界》的主编姚海军是一个资深的科幻迷，他的角色就类似于坎贝尔，姚海军对科幻作品的选择某种程度上塑造了中国早期的科幻样式——核心科幻。现在科幻小说的创作情况出现了一些变化，一方面，以前写核心科幻的作家作品产量大大减少，像刘慈欣和何夕已经好几年没有新的作品问世，王晋康老师不久前也发表了他的长篇封笔之作《宇宙晶卵》，韩松虽仍在不断创作，但他的作品不属于核心科幻；另一方面，新一代作者的作品呈现出各种各样的风格，比如阿缺，他的作品带有非常鲜明的"软科幻"特色，更多注重人文方面的思考，例如写机器人时，他跳出阿西莫夫三定律的限制，以一种戏谑手法描写机器人跟人类的各种日常。又比方说宝树，他的作品里有很多基于网络模因的桥段，都很有趣味性。张冉的很多作品带有"反乌托邦"的色彩，陈楸帆则专注于赛博朋克，以往写核心科幻的江波现在也不再局限于核心科幻。总之，中国科幻已经不能再拿以前的观点去看待。我目前主要还是写核心科幻，但最近也听到一些读者批评的声音，说我的小说越写越"软"，其实我主要想在以往传统的核心科幻的基础上对故事构造做一些新的探索。

采访者：外国文学中有古典主义、新古典主义的概念，这跟科幻的新古典主义有什么不同？

刘洋：这是几个完全不同的概念，科幻的古典主义是指凡尔纳那一派科幻作家所处的创作时期，特点是对科学持乐观积极的态度，我们通常称为古典时代，也叫欧陆科幻黄金时代。科幻文学有两个高峰期，一个是欧陆科幻黄金时代，在欧洲的英国和法国出现了大量科幻小说；一个是发生于上世纪三四十年代的美国科幻黄金时代。有人说下一个高峰期在中国，我对此持乐观态度。新古典主义是吴岩老师提出来的，他说刘慈欣是中国的新古典主义代表，他既有古典主义的特征，又创造了不同于古典主义的一些新写法，所以说他是新古典主义。

采访者：您早期的科幻小说创作是从短篇开始的吗？

刘洋：最近两三年有越来越多的出版社出版长篇，这对长篇科幻小说来说是很好的机会，但在这之前，中国科幻一直处于"杂志时代"，杂志上的文章必须控制在较短的篇幅。作家如果一开始就着手长篇的创作，作品会很难发表出去。刘慈欣的早期长篇《超新星纪元》当时就是没地方出版，甚至《三体》也遇到过这种困难。我刚开始创作短篇，其实也相当于练笔，逐渐积累写作经验。作品能否出版不仅涉及作品好不好的问题，还得考虑当时整体的出版环境。

采访者：电影《流浪地球》于 2019 年上映大获成功，您的最新力作《火星孤儿》的版权也已被影视公司买走，我们能看到资本涌入科幻领域已经是大势所趋，您认为这对中国科幻的发展会产生怎样的影响？

刘洋：我觉得在资本的助力下肯定会吸引到更多的人写科幻。科幻创作有一定的门槛,所以之前写科幻的人很少。资本的涌入会吸引一部分人来写科幻小说,但与此同时也会带来一些不良后果:作品的数量上去了,而质量参差不齐。对读者来说,如果他看的第一部科幻小说水平低下,那么他极有可能从此对科幻失去兴趣。最近两三年已经有一些徒有科幻外表、内容浮浅无聊、堆砌大量科学名词的作品出现,我们经常调侃道"遇事不决,量子力学",无论什么前都加个"量子",成了一种"伪科幻"。当然,与此同时还是出现了很多好作品,包括一些以前不写科幻的老作家,最近也开始进行科幻文学创作。今年有篇小说叫《群星》,作者七月已经退出科幻圈很多年了,很难说他不是因为科幻圈的资本或市场的原因重新写作,因为《群星》也卖出了版权。资本涌入科幻领域吸引一些以前的科幻作家再创作,这是很有意义的,我个人来说肯定非常支持,创作科幻的人本来就很少,仅凭情怀支撑其实很难。作家的作品版权卖出之后以电影或者网剧、电视剧的形式开发,又能够影响到更多人关注科幻、喜欢科幻,所以不管对作家个人还是对作品的传播而言,我觉得都是一件很好的事情。

"科幻创作之我见"

采访者:科幻文学面向读者时,不可避免地会涉及不同性别的读者,您刚才也提到科幻文学的"软硬"之分,那么是否男性读者对技术类的核心科幻更有兴趣,而女性读者更喜欢软科幻类的作品?

刘洋:这与作家的写法有关,分两个层面来讲。第一,作者在小说的处理上能否把硬核的东西写成读者易于接受的形式。我国五六十年代的科幻创作旨在科普,因此小说内容里有大段大段的"科学硬块",如同现在的科普文章,堆砌大量科学术语。后来新一辈的作家很反对这种写法,提倡我们要把科学硬块打散。王晋康老师的做法就是把硬块打散融入小说里,随着故事推进自然地呈现出来。刘慈欣曾说过

《三体3》里的科学硬块太多，后来被刘宇昆翻译到英国时，他选择删掉了这些部分。所以说硬科幻不代表小说里有很多的科学术语，硬科幻也可以写得让人看得懂。第二个层面，科幻小说本身是推想性的，以前说科幻小说的简写SF是Science Fiction，现在有很多人认为是Speculative Fiction（推想小说），它是从一个点出发，逐渐推演出技术对人对社会产生的影响，而不仅仅停留在技术本身，小说要呈现的是对科学技术的推演能推到多远。比如《三体》的出发点和核心就是宇宙社会学，由各种条件推演出宇宙的状态是什么样，而不太会处理这个问题的科幻作家可能就推不到这么远。再比如我的《火星孤儿》的故事核心是一个二维宇宙，由此推演出整个故事。

科幻小说的设定分为几个层次，最基础的是科学原理上的设定，其次是技术层面上的设定，科学原理造成什么样的技术后果，最后是社会层面上的设定，即某种技术出现后会带来什么样的社会效果。我觉得一部好的科幻小说一定要推演到人类社会这一步，才算是一部好看的科幻小说。像克拉克的《天堂的喷泉》，如果只是写到太空电梯，那么除了展示一个技术奇观之外也没有别的看点。阿西莫夫的《永恒的终结》里面写到时间机器，科学原理是一条时间的原理，技术是一个时空竖井，通过竖井实现时空穿越，时空穿越后对社会产生了什么影响，我们可以看到它整个的设定链条非常完整。所以说硬科幻小说也可以很好看，主要看作者的处理方式。

采访者：可见我们站在人文的立场来看，抛开"软硬"之分，科幻文学最终还是落足在文学上，像社会发生变异后人是什么样的，人会发生什么样的变化，等等，其实也是在重新思考人及人的存在问题。所以科幻文学最终还是会回归到文学的语言性、审美性上来。您认同这个说法吗？

刘洋：很多科幻小说已经注意到科技飞速进步下人的异化问题，这也体现出人是科幻小说必不可少的一个组成部分。刘慈欣的观点比较激进,他认为科幻小说可以不写人,他不关心个体的人会怎么样,而关心作为整体的人类会怎样,人类文明会怎样,所以他的作品中没有个体的人,人以人类整体的形式出现。我认为科幻小说还是要写人,读者阅读时会有更多的代入感。

采访者:您在科幻写作公开课上特别强调了科幻小说的"设定",能向我们阐释一下这个概念吗?

刘洋:我认为科幻小说一定要有新奇的概念,如果一部小说通篇都是大家知道的机器人、外星人和人工智能,等等,读者读来没有一点新鲜感。当然我不是说这类小说不好,它有其存在的价值,但对科幻小说这一文类来说没有太多好处。科幻小说的核心是要有新鲜的概念去刺激人的思想,所以为了巩固科幻小说这一文类的核心价值,我觉得还是需要有"设定"一类的概念。如果科幻小说都是写一些重复过无数次的东西,那么它的发展活力实际是在逐渐衰退,所以我们需要新的"设定",不断地开拓新的科幻题材。

采访者:您在某次采访中曾谈到科幻文学的批评标准问题,科幻小说有自己独特的审美特质,也有一些自己特有的评价标准。比如刚才说到的"设定"的创新性、概念的新奇性、逻辑的自洽性等,作家们是否也会有意识地去建构这个批评标准呢?

刘洋:目前好像还没有人会有意识地这样做。科幻作家主要想的都是怎么去创作,作家是作家,评论家是评论家,科幻评论家在评论时更多还是从文学的方面着手,而创新性则不好评价。目前存在一个问题就是,创新太难了,科幻小说的很多点子大都被翻来覆去写过很多次了,像《火星孤儿》里的二维宇宙并不是什么新鲜概念,它很早就已经被人写过了,只是我构思得会更精细一些。其次,对于科幻小说来讲,读者喜欢看就行。能够想出新点子固然很好,把旧点子写出新鲜感也很出彩,创新真的很难,并不是那么容易做到。

采访者：我们知道您比较注重科幻小说里面的设定，包括是否足够吸引人、如何在故事里发展、如何和社会相结合，等等，那么您在写短篇和长篇的时候，会采用不同的方法构思设定的发展吗？

刘洋：当然，短篇和长篇的写法完全不一样。菲利普·迪克曾讲过，短篇小说的主要任务是写故事，长篇小说的主要任务是写人。短篇小说只要讲明白作品是怎样的就好，而长篇小说会花更多的精力在人物上，一定要交代清楚故事设定对人会产生什么影响，以及人物的成长经历这些。我在短篇小说里很少对人物做深刻描绘，甚至很多人名都是重复使用，只尽量把故事讲好。长篇小说就不能这样，长篇小说的每个人物都要立个"小传"，而立好这个传，就得把人物放到一个背景里来写他。我会思考如何塑造人物的思想状态，包括这个人物的性格如何，他的经历是怎样的，等等。长篇小说的"设定"远比短篇小说复杂，从一个核心出发，延伸得更远，方向也更多。把长篇科幻小说的设定彼此连接起来的话，你会看到它形成了一个网络结构，而短篇小说往往只是一个短链。当然，"设定"只是小说的一个方面，并非作品的全部。

采访者：我在阅读《天堂的阶梯》时，觉得您的想象力非常丰富，最有意思的是我好像看到了有"神"的存在，当然这个"神"在文中是一个外星人，这和《创世纪》十分相似。地球产生，人们自得其乐地生活，社会中也有阶层、种族、性别等各种差异和矛盾，这一切在一种无形的主宰力量下形成。您在创作时可能想表达的是物理时空的变化，表面上看是属于科技层面的，本质上还是在探讨世界、宇宙的生成，或者人在宇宙中的存在。我想知道您信神吗？您是否认为宇宙中存在一种伟大的力量？

刘洋：这要看"神"怎么定义，我肯定不信传统的神。但有没有一种能够通晓所有东西的智慧存在，这个很难说。正如严锋老师所说，科幻小说是现代的神话。传统的神话破灭之后，很多人再读古希腊神话时会感到很不真实，人是需要心灵和精神寄托的，科幻小说可以建构出一种现代神话。比如外星人有可能会是一种非常高级的文明，人类做的所有事情他都知道，甚至于人类就是被"圈养"起来的。之前有一种对费米悖论——人类为什么到现在还没有看到外星人的解释，说人类实际上是被圈养起来的一种生物，外星人阻止我们看到其他的外部世界，所以我们就像被关在动物园笼子里的动物一样，看不见地外生物。这种情况下外星人对我们来说就好比"神"的存在。（《三体》也给出了一种解释：整个宇宙是黑暗森林。）

时事热点聚焦

采访者：您在《火星孤儿》里设想了宇宙是另一种存在状态，我们既有的知识体系失去了效用。这是否说明您对既有的一些知识体系的质疑，意味着我们不要把某种知识体系作为绝对真理，而是要采取一种逆向思维或批判态度去考量它？

刘洋：大多数人对科学体系还是太过迷信了，然而科学的本质就是不断质疑。科学家在写论文的时候，都是讲"probably"，即有可能是这样，但我们发现科学结论一进大众传播领域就发生了变化，一些科普文章完全是一副"理所当然"是这样的样子。我觉得最应该向大众科普的是科学的思维方式和科学的方法论，运用这类思维和方法以得到新知识，结论其实并没有多大意义，因为结论通常都有很多前提条件。比如飞机上天的原理——空气动力学，至今都没有发展出一个自洽的理论，只能通过风动实验和数字模拟来了解它。我们不要太迷信科学体系，因为它始终是有局限的。

采访者：您有几篇小说的主人公对数字这类东西很痴迷，说数字是"永恒"的。您对科技或数字这些东西持怎样的态度？

刘洋：我的看法还是很乐观的，比如技术带来的问题，还是要靠技术去解决。现在解决不了，是因为还没有出现更好的技术。就像全球变暖，如果你只是一味地减排，限制化石能源的使用，可能效果甚微，反而带来新的问题。但用电能取代燃油的新技术出现后，就自然而然地解决了这个问题。

采访者：您认为该如何解决生物科学的技术伦理问题？

刘洋：关于技术伦理问题，每个时代都有每个时代的伦理，伦理并非一成不变，新的技术出现就会伴随着新的技术伦理出现，有些现在看来不可接受的，以后大家可能都习以为常。比如赛博格的出现使人类不再只是一副血肉之躯，而是半金属半机械的生物体，我们很难去断定那时的人类伦理观念是否还和今天一样。

采访者：2018年贺建奎事件之后，有许多文章讨论医学伦理应当如何发展、如何立法。其中就包括一些科学家反复讨论的胚胎十四天以前是否能够把它当作一个个体，能否生殖或用作研究的问题。可见生物科学发展到了一个新阶段，医学研究出现了瓶颈，那时候在立法的层面上又会有新的需求。

刘洋：没错，将来这些伦理限制可能就放开了。现在限制基因编辑是因为技术手段不够成熟，在编辑过程中可能会出现脱靶，不想要编辑的基因可能会发生改变，这是我们无法控制的。如果以后的技术手段发展为完全可控了，相信大家对这个问题的抵触就没有那么大了。基因编辑可以用于治疗一些先天性疾病，其次也可被用来改良人体基因诸如提高人的智力，等等。很可能有一些经过基因编辑的人生来就比别人聪明，这是极有可能发生的，也是不可逆转的。又比如机器人和人工智能，现在有人在讨论人工智能有没有人权，人工智能写作是否有版权，如果机器人有自我意识，能够意识到自己的存在，我们是否还能把它当成一个机器或一个工具，我们要不要给它开工资和休假，等等，这些都是值得讨论的话题。最近有个案例判定人工智能写的作品也有版权，在这种情况下，新的伦理就建立起来了。我个人是很支持机器人平权的。

采访者：您在《穴居者》中写道，技术的发展让人类文明越来越向内，每个人越来越注重自己的小圈子。诚然，虚拟的现实技术让现代人变得越来越内向了，您怎样看待这个问题？

刘洋：当所有需求都能通过网上交流完成，人们就觉得没有必要再做实体接触了，于是都变得越来越宅。但是我认为实体的接触是很有必要的，因为人的某些需求无法通过网络解决。这就关涉到内向型和外向型文明，内向型文明是人类社会的一个发展方向，却是一个不好的方向。如果人类进入绝对的内向型文明，把对生活的所有憧憬都投注在虚拟世界，对外部世界毫不关心，这样会产生很糟糕的后果，最直接的问题就是整个社会系统该由谁来维持下去。我认为内向型文明是比较"自私"的，当人在虚拟世界中过得很舒适的时候，现实文明又该如何发展？地球资源耗尽后人类该如何自处？人类的基因里天生具有探索精神，我们应该保持这种精神，不断开拓新的疆土。

炙手可热的《火星孤儿》

采访者：您方才提到我们应摆脱对科学体系的"迷信"，《火星孤儿》里也存在一个体系——科学教育体系。小说里面的文仔、古河等，都是被旧有的科学教育体系"驯化"的学生。小说中有一个比较大的反差，阿木作为一个有点类似于刷题机器的学生，旧有的体系在他脑海中是一种根深蒂固的存在，但最后解出石碑题目的任务交给了他。所以其实在您看来他反而不是一个迷信旧有体系的人吗？

刘洋：我在写阿木的时候，脑子里想到的是中医。阿木不像文仔，对知识体系有很清晰的认识，比如这个药的含量是多少？它的原理是什么？阿木是一个经验主义者，他是把所有的题目输入大脑里面，形成一个模糊的认识，建立一个大数据的概念，有新的题目后他再进行对比，他的脑子里是没有什么科学体系的，他能解出题，但他不知道为什么题解出来是这样，他知道题目的答案，但是他不求甚解，他不知道背后的原理是什么，完全是凭借经验解题。这就类似于中医，大家代代相传某种经验，它能够治好病，但原理是什么说不清楚。阿木直到故事最后其实也不知道二维生物的存在，也不知道二维宇宙的科学原理，那些东西都是文仔等人推理出来的，他只知其然而不知其所以然。

采访者：所以在您看来，书中呈现出两种思维模式，而不是某一种的单独呈现，阿木也并不是一个让两个世界共同和平发展的推动人物。根据您的观点，是否他需要将两种思维模式结合，才能让小说中的那个世界更好地发展？

刘洋：能将两种思维方式结合最好，实际上却很难做到。像现在学科发展，分类越来越细，大家都是做自己的专业，很少有博物学的概念了，但我觉得博物学在某种程度上是好的，多了解一些领域能拥有更广阔的视野。我们学校刚来的田松老师，他就很提倡博物学，经常跟我聊天说道博物学和科学是两种东西，博物学不属于科学。他说的我也很认同，博物学是一个很广泛的认知，科学是钻研某一个领域，二者很难共存于一个个体。

采访者：《火星孤儿》通过高考这种应试教育的方式介入，您怎样看待应试教育？您觉得教育应该是什么样的？您刚才讲的中医式的不求甚解不见得是合适的，因为虽然能解决问题，但问题解决得也是稀里糊涂，那么将"中西医结合"怎么样？

刘洋：我觉得二者根本没法结合，因为一旦想要搞懂中医的原理是什么,像屠呦呦那样,它就不是中医,而是西医——准确地说是现代医学了。我对高考没什么意见,弊端肯定有,很多人也在批判,但是把高考取消也不可能,考试还是很有必要的,我们只能说努力去改良。我认为可以在科目以及教学考试大纲方面作出调整,争取更多的引导,让大家不用再死记硬背,知识点不要考太多,而更多地从方法论方面来考。但这样做的话也会带来问题,比如怎么阅卷?我相信随着技术进步这些难题会得以解决,可能将来所有知识都直接通过芯片植入大脑,大家根本就不用很辛苦地去记知识,因为一出生所有的知识已经在脑子里了,人们从此从繁重的记忆性工作解脱出来,将精力转向一些创造性活动,培养审辨式思维和创造性思维。当然以上设想在短期内都很难实现。

科幻与科学教育

采访者:您方才提到"软科幻对现实关注多一点",这不禁让我想起《火星孤儿》里很美的一段话:"科幻始于我们的足下,飞向浩渺的时空,最终以超越性的想象让我们更好地了解自己,以及我们这个世界的可能性。"您在以往的访谈中也有谈到,您一直从现实或近未来的背景出发进行写作的原因之一是想用科幻观照现实社会问题。那么您认为,科幻文学是如何对我们产生影响或者说科幻发展对我们产生了哪些影响呢?

刘洋:科幻小说的读者主要以中学生、大学生为主,科幻文学会直接影响到他们,科幻作品可能会激发他们对科学和科学研究的兴趣。很多年轻科学家在接受采访时会说到他们学生时代所受的科幻小说的影响,包括我自己也是,在学生时代读了很多大刘的作品。有人说科幻会推进科学进步,很有道理,尽管它的作用不是直接的,而是通过促进人们对科学和科学研究的兴趣间接推动科学发展。当下科幻还有一个重要的影响面向，即用科幻来做科学教育，比如说 STEM。目前我跟着吴岩老师在做一个 K12 教育的工作，涉及一套教材的编写，包括小学版、初中版和高中版。小学版是吴岩老师写的，主要是想象力教育，激发学生的想象力，初中版是我写的，旨在培养学生的科学思维，高中版是韩松老师写的，旨在培养学生的审辨式、批判式思维。我认为这是十分有意义的，让更多人喜欢上科幻的同时达到科学教育的目的。

采访者：科幻介入中小学的科学教育具体是怎样实施的呢？比方说您提到的 STEM 和 K12。

刘洋：科幻小说的介入会比较自在，不会那么生硬，像 STEM 教育，大家会读一些小说，然后再讨论小说内容哪些写得对哪些写得不对，像刘慈欣的小说就有人批评，说故事的某个地方有 bug（误），这些都是大家自然而然的讨论。大家看完《流浪地球》后知道了很多生僻知识，这是一个很自然的过程，单独做科普是达不到这个效果的。另外很多科幻小说里还会写到科学家如何研究遇到的疑难问题，这又可以作为一个科学方法论的教育素材了。

采访者：比如《流浪地球》里地球停止自转以后世界会怎么样，是否真的会脱离太阳引力之类的？

刘洋：是的，正是对这种设想性问题的思考，大家自然而然就知道了很多科学知识。我们的 STEM 教材就是这么做的，包含了很多短篇小说，每篇小说最后会总结这篇小说里有些什么知识点，这是第一个板块。第二个板块就是针对这些知识点，提一些启发性的问题。比如你觉得这里面的知识点对不对，或者你觉得如果怎么样，结果会怎么样之类的。最后还会让大家做一些手工，写写小文章。

深圳如何"科幻"

采访者：近些年来，依托于南方科技大学科学与人类想象力研究中心和科学与幻想成长基金的支持，深圳的科幻活动也越来越多，您认为深圳的科幻产业要进一步发展，还需要做出哪些方面的努力呢？

刘洋：我认为要把科幻作为一门产业，接下来的主要方向就是着力推动科幻文本的影视化，因为阅读小说的人数始终有限，光靠小说肯定不行，但如果将小说改编成电影，像《流浪地球》一样，它的受众范围会更广，产生的社会效果也会完全不同。科幻电影属于大众门类，美国每年票房前几名的都是科幻电影，而且我相信中国目前的情况比美国更为乐观，因为大家对科学还是抱着一种积极乐观的态度，对科幻小说和科幻电影的接受度和认可度也很高，而在美国，大家觉得科学"不是什么好东西"。现在的问题是中国缺少好的科幻电影，一方面，科幻作家太少。中国科幻作家比较集中的城市主要是成都、北京、上海、深圳，但科幻作家这个群体本身并不庞大。发展科幻电影产业首先需要有懂科幻的制片人，科幻电影制片人是否具有科幻情怀对科幻电影至关重要。外行人做出来的科幻电影，虽然看起来科幻，却没有实质的科幻精神，像《上海堡垒》这样的电影就徒有科幻的"壳"，没有科幻的"核"。其次电影导演也要懂科幻，像郭帆导演从小就是科幻迷，我们不用担心他是否具有科幻精神。除制片人、导演外，编剧也很缺。目前有一些科幻作家转行写科幻剧本，比如吴霜。但剧本跟小说不同，小说是自己想写什么就写什么，编辑最多会让作者做些细微改动，写剧本的话，编剧的自主权就没那么大。发展科幻产业，影视化是一个重要方向，但中国的科幻产业还并不是很成熟，虽说目前技术方面已经比较成熟了，比如说特效等等中国已经能做得很好，但真正的"科幻人才"还是很少。

吴岩老师提过组织成立一个科幻编剧的联盟，目前也已经有人做了类似的事情，最近刚在重庆建立的钓鱼城科幻中心就旨在成为全亚洲最大的集各种科幻产业于一体的科幻中心，并且他们还要创办一个钓鱼城奖，奖金可以说是全世界最高的，第一年是 80 万，每年增加 10 万，150 万封顶。我觉得我们也可以朝着这个方向努力。

采访者：作为一个深圳本土作家，您对深圳发展成为一个科幻之城有什么样的期待与展望？

刘洋：深圳作为改革开放前沿，本身就非常重视科技的发展，人们的观念是很开放的，以后肯定会比现在好，并且会越来越好。南科大的科幻中心目前有很多后续安排，具体我不方便透露，但接下来肯定会推出很多新东西，比如我们刚才谈到的培养科幻进校园。如果科幻教育在深圳铺开，所有的中小学都开展一些科幻方面的课程，科幻小说的阅读基数一扩大，就会吸引更多人来读科幻，这样肯定会带动各方面的科幻事业发展，所以我觉得科幻在深圳的发展前景还是不错的。

科幻是编织梦境的技艺

——慕明访谈

访问：成炬锦　江玉琴

慕明,本名顾从云,推想小说作者,2016 年开始创作中短篇小说,部分被译为英文、意大利文、日文等。中短篇小说《宛转环》、《沙与星》、《铸梦》曾获得第五、六、七届豆瓣阅读征文大赛科幻故事组各奖项,《假手于人》获得第七届未来科幻大师奖一等奖;《涂色世界》获得"阅文杯"第 31 届中国科幻银河奖最佳短篇小说奖;她还是第十一届全球华语科幻星云奖最佳新锐作家金奖(2017—2019 年度)得主。出版有意大利文短篇小说集 *Colora il Mondo*(《涂色世界》),中文中短篇小说集《宛转环》。

创作经历： 丰富阅读带给我的"合流"

采访者：我们注意到，您是在 2016 年于豆瓣阅读上发表了自己的第一篇科幻作品《刍狗》，距今已有六年时间。请问您是如何走上科幻写作的道路的？

慕明：主要有三个原因，个人背景、方法论上的启发，以及对现实问题回应的需求。

首先是个人背景。我从小就喜欢阅读，包括科幻、各种纯文学经典，非虚构作品等，古今中外都有涉猎。我在中小学时读了较多科幻作品，但在大学开始学习信息科学之后，我觉得，当时读到的比较传统的科幻作品更像一种概念游戏，没有真触及我们所面临的技术问题，也无法对技术造成的社会影响做一些比较真实的推演。所以，在当时，我对所读的经典科幻作品是有不满的。如果真想去了解科技对人的影响，我可能会去看一些非虚构或者科普的读物。

第二是方法论上的启发。当时我读到了一本很好的科普著作——加拿大行为心理学家基思·斯坦诺维奇的《机器人叛乱》。虽然名叫《机器人叛乱》，但讲的是信息如何改变人类的心智模式。他的写作思路比较像英国作家理查德·道金斯《自私的基因》的延续，通过概念推演的方式，抽丝剥茧地去探讨一个抽象、复杂但又有现实意义的问题，给了我很大启发。

第三个原因是，我对现实社会问题一直比较关注，并想用自己的方式回应。2016 年，微信、微博等社交媒体变得非常火爆，出现了很多新的社会现象，比如说大规模点赞、社交媒体上言论的发酵，等等。这是一个时代背景。

因此总的来说，开始科幻创作有我自身的阅读经历和长期以来的兴趣、知识性读物的启发，以及对现实问题的回应的需要三方面的合力。当然还有最后一个契机。豆瓣阅读当时举办了一个中篇小说征文比赛，有科幻的分区，对于我们这些草根新人作者是无门槛的。作为纯新人，在期刊上发表小说或直接出书非常难，但是网络中篇征文比赛，又不是比较商业化的网文——比如现在有些网文网站，动辄要求一百万字——豆瓣阅读的中篇比赛只要求两万字到五万字的体量，非常适合新人起步。于是我就写了这篇小说。当然，现在看是"黑历史"，我自己出书也没有收录，但它在一定程度上还是代表了我当时关心的问题和解决问题的方式。这些最初的问题和思维方式其实也延续到了后来的创作中。

采访者：在之前的访谈中，我们看到您曾提到过特德·姜和刘宇昆，您能谈谈特德·姜与刘宇昆对您的影响吗？除了他们，还有对您影响深刻的科幻小说、文学作品或电影吗？

慕明：我比较系统、深入地阅读特德·姜和刘宇昆的作品是在开始写作之后。他们和我的背景较相似。一方面，这两位作家都有技术背景，特德·姜在微软当过技术作者（technical writer），刘宇昆当过程序员；另一方面，他们也有很好的文学素养以及多元文化背景，所以写作方式很适合我学习。两位作家都受过正统的当代小说写作训练，在他们的作品中，可以看到，技法与传统的科幻作品有所区别。我个人觉得，对于当代科幻小说作者来说，如果想写比较新的东西，特德·姜和刘宇昆是必读的。在技术层面，他们对技术的思辨，也会从业界切身经验的角度出发，比较理性、严谨，这也能解决我的需要，因为我想写对真实的业界、真实的科技问题有深入思考的作品。

具体来讲，他们教给我的东西主要是两方面。特德·姜最擅长的是概念突破（conceptual breakthrough）。他特别善于用故事情节去推导一个抽象概念。他在访谈里也讲过，他所有的小说都在模拟"科学发现"的过程，想在小说里表现一种"enlighten"的感觉，类似于突然有一束光打在脸上，受到启发的时刻。"概念突破"的理念和方法对我的影响很大，因为我也非常注重小说概念的认知性，即怎么去"推"抽象概念。

刘宇昆其实对特德·姜的方法有学习和继承，如果深入阅读，会发现两位作家的很多作品篇目都有一定的对应关系，刘宇昆用自己的方法探讨了与特德·姜作品类似的问题。但刘宇昆还有一门绝技，叫"合流"（confluence）。"confluence"的本意是两条河交接的地方，我们也可以叫它嫁接，但它是比嫁接更复杂的概念。尼尔·盖曼曾说，创新来源于合流。合流可以把两种或两种以上的语言体系相融合，从而带来一种新鲜的感受。例如刘宇昆的作品，不管是科技概念，还是比较高概念的设定，往往都会和一个非常具体的情感或文化问题进行融合。比如双奖名作《折纸》就是移民文学和高概念设定的融合，中篇小说《纪录片：终结历史之人》（"The Man Who Ended History: A Documentary"），则把对南京大屠杀这段历史的思辨和一个时空类的科幻设定结合了起来。

我在刚开始写作时，当面见过刘宇昆，他对我的鼓励也给了我很大帮助。我当时在写《宛转环》，因为想法和实现都比较新，最开始受到了很多批评，我也比较沮丧，而刘宇昆说，作为新作者，最开始的三四年，学写作是一方面，另一方面就是要学会如何处理各种评论。我认为这对新作者来讲是非常有价值的建议。

其他对我影响比较深刻的作品也很多。我的阅读比较广泛，黄金时代三巨头（阿瑟·克拉克、罗伯特·海因莱因、艾萨克·阿西莫夫），包括像刘慈欣，这些黄金时代气质的经典我都反复阅读过，也反映在创作中，只是我不会去重复他们做的东西，而是会做一些反思。

"新浪潮"时期的作品对我影响也很大，尤其是厄休拉·勒古恩和罗杰·泽拉兹尼。我受勒古恩的影响很深，创作中有直接的反映。再往后"媒体时代"的作者中，我对乔治·马丁的作品非常熟悉，我可能是国内第一批读英文版《冰与火之歌》的人。马丁的叙事技巧、创作思维，等等，对我的影响也很大。

另外，我还读过许多比较小众的作品，像龙枪系列（Dragonlance）、

R·A·萨尔瓦多的《冰风谷》系列，等等。这些都是欧美八九十年代左右特别流行的幻想类型文学，但是可以溯源至经典作品，比如《指环王》。

至于电影的话，我主要的科幻观影经历都是在开始写作之后，或者说有了创作的概念之后，所以更多的是以评论或者思考的视角去看，而不是受到电影的启发。反而是以上提及的、小时候的阅读经历，包括像凡尔纳的作品，等等，对我的影响会更深。因为科幻电影的发展其实比科幻小说的发展要慢。当然，像《2001太空漫游》这种经典电影开创了时代，启发了很多后世的创作者，但是比较商业化的科幻影视想要达到这种效果，可能现在还比较困难。

采访者：我注意到，您目前在美国生活与工作，工作是做程序员。您认为这份工作与您创作科幻小说之间有怎样的关系呢？程序员的思维对您的写作思维有没有影响与帮助？您认为美国科幻界如何看待中国的科幻创作？现阶段国内科幻文学与欧美科幻文学相比，有什么长处？

慕明：我毕业后从事技术工作已经十年了，现在的工作内容其实较广泛，包括但不限于写程序。就个人经历而言，在技术行业从业的经验可以为写作提供真实的一手资料，帮助作者深度了解、思考科技问题的本质，以及随之而来的种种问题。

作为从业者的优势有几点。第一，是比较直接的"程序员思维"带来的影响，既包括写作题材上的，也包括思维方式上的。我的很多写作题材就直接来源于日常工作。比如说《涂色世界》中有关于色盲用户群体的问题，这个就是前端设计里的 accessibility（易用性），也就是无障碍设计的观念。更重要的，是科技行业的一些思维方式。科技产品研发中有一句话，是"做完比完美更重要"（Done is better than perfect），对于写作来说也适用，尤其是对新人作者，套用产品思维，就是先写完再迭代（iterate）。所以我这部小说集的很多作品在结尾写了初稿、二稿的时间，但实际上，很多作品在初稿之前就已经有过两三稿了，像科技产品一样，每一个版本都经过了不断的打磨、修改乃至推翻重写，到最后出版时，可能已经脱胎换骨。这就是"迭代"的思维。

第二，高科技工作需要很强的学习能力和终身学习的态度。信息技术行业变化非常快，没有哪套技术能用十几年。哪怕我现在工作十年了，每天仍要学习很多新东西。有了一定工作经验后，如何在短时间内发现新问题的本质，并跟以前的经验结合，然后应用到新工具上，解决新问题，非常关键。这种能力对写作也很有用，因为写科幻需要处理的信息维度，尤其是新信息的维度非常高，如果想在作品中涉及最新的科技进展，应用到新的语境或者社会问题上，需要非常强的学习能力去做整合和转化应用。

第三，高科技工作要求严谨、细致的实现能力，就像代码，写错一行就无法通过，所以对于逻辑思维和理性思维的要求也比较高。我的作品往往会追求一种深层的理性逻辑，虽然文学性的表达毕竟跟写程序不一样，会有很多需要模糊的地方，这种理性的思路很多时候不太容易被看出来。但我会想得非常多、非常细致，作品的深层往往有一个比较强的逻辑框架，只是表现的时候不会那么直白。这可能也是我作品的一个特点。

最后一点，因为我一直在科技"大厂"工作，比较注重创新，在阅读和写作上，也借鉴了科技行业评价创新性工作的标准。我在阅读和写作时会以三个维度来衡量自己的工作和新作品的价值，即难度（difficulty），影响力（impact），以及领导力（leadership）。对于尚未进入传统评价体系的新作者、新作品，我更注重作品到底是简单的模仿，还是运用了新视角、新方法论或新材料来构建，这是难度的体现；能抵达多少读者，接受程度如何，则是影响力的体现；最后，可能一部新作的市场反响没有那么好，但在同辈作者中或行业内启发了更多人的工作，引领了某一种创作的风向，则是领导力的体现。这也是我对自己创作的要求。以上几点，是科技行业工作带给我的思维方式。

关于第二个问题。据我观察,欧美科幻圈对于国内科幻文学的认知在增多,近几年有较多的中文科幻外译和科幻出海的活动,许多机构做了不少工作。个人方面,也有一些推广,像我一般都是自己找译者,没有与太多的机构合作,但也直接联系到了意大利的科幻出版人Francesco Verso,推出了一本意大利语小说集 Colora il Mondo(《涂色世界》),在意大利市场反响良好。

相比于欧美科幻,我觉得较难对国内科幻文学进行一个全景式的概括。因为国内科幻现在的圈层分化比较剧烈,新作者的作品和老一辈作者作品区别较大,不管是发表的平台、写作本身的形式、追求,包括针对的读者群差异性都比较大,这和已经比较成熟的欧美市场不太一样。近几年,很多主流文学的青年作者也开始了科幻或者泛科幻的创作,比如双雪涛,还有最近的张怡微。影视界的跨界关注也越来越多,如贾樟柯,最近就推出了科幻漫谈节目《不要回答》。

总的来说,我认为,国内科幻创作的上升空间比欧美市场要大一些,因为科幻在国内不是成熟市场,而是还没有被定义的新领地。美国的体系非常成熟,但可能没有国内这种各种想法激烈碰撞、产生新生事物的空间,这种空间是国内独有的。所以大家都还在摸索当中,可能会出现很多和欧美市场不太一样的新东西。

创作理念: 关于人类本质的推演与“编织”

采访者: 在之前的访谈中,您曾指出“在科幻作品中,推想性元素,也就是我们常说的设定,一定是故事的核心,所有的情节都是围绕推想性元素展开的”。您在这里还是强调科幻中世界的设定和建构。“推”是科幻小说的精髓。从简单或宏大的世界设定,到推出一个完整的故事,这是科幻的目标。我认为这主要还是指向科幻的创作模式,回答了科幻中技术与世界的构建作用,仍然属于如何去写的问题,并没有真正回答科幻是什么。所以我想了解,这个推想性元素的核心是什么？是科技逻辑,理性,还是道德？我感觉所有故事的背后都是你如何看待这个世界。您对世界的看法就是您对科幻是什么的回答。所以,您的科幻世界是什么？您对科幻的看法是什么？

慕明:对于"什么是科幻",每个人的看法都不一样,我喜欢用达克·苏恩文的"新奇性"与"认知有效"这个框架来定义。我们可以想象一个坐标轴,横轴是新奇性,纵轴是认知有效,那么科幻就是落在新奇性和认知有效都特别高的第二象限,它同时要求作品的新奇性和认知有效性。所谓新奇性,是作品的视觉语言或者概念推理应该给人带来新鲜、神奇的感觉。认知有效则需要一个思考或理性推演的路径,构建从情理之中到意料之外的过程。"推演"则是达到这种目的的方法和手段。我个人的作品中,推演往往是多层次的,常见的技术概念推演是科幻核心所在,但也有其他的层次,比如人物、社会环境变化、哲学问题思辨,等等。我会试图把这些层次像"编织"一样串联在一起。"编织"是一个比喻,可以把不同层次的线索想象成三根线,然后编成绳子,甚至编成一幅画。"编织"的过程就是推演故事的过程,并且编织的成品应该是比较自然的,不会让读者注意到"针脚"或者"线头"的存在。

这种方法并不只限于科幻,而更靠近广义的文学创作。文学其实就是一种编织的方法和呈现,像《红楼梦》,可以把世界的不同层次、背景、知识,以一种有机、漂亮、巧妙的方式,"编织"成文。也许每一条线、每一个局部都有自己的实现方法,但最后呈现出来的是一个具有整体性的图景。这需要许多技巧,最后的目的在于呈现世界本身,但又比我们能感受到的现实世界高许多维度。好的科幻作品,或者文学作品其实是一个"升维"的过程。现在很多人喜欢讲《三体》里的"降维打击",但实际上我做得更多的是"升维",不管是《宛转环》,还是其他的小说。我觉得"降维"太简单、粗暴了,它也许能解决一些问题,但它对世界的真实性是一个过简化,而现在,我们面临的很多现实问题都是认知和表达层面上的过简化产生的。

在我看来，文艺创作的一个很重要的目的就是去理解、表现、交流这个世界的复杂性。当代文学更侧重于情感交换，但在古典文学传统中，从荷马史诗到莎士比亚再到《红楼梦》《战争与和平》，经典文学作品都在尝试建立一个整体性的社会图景。在信息大爆炸的当代，这变得非常困难，需要创作者对社会表象的方方面面和一些深层机制有深刻的洞察。我觉得，这可能是二十世纪后当代文学不再侧重这方面的原因。但科幻或者推想小说可以尝试，我们有认知的思维体系和推演的工具，能帮助我们去建立一个整体性的图景。所以我有一个比较长远的想法，就是通过这些方法，来试图重建卡尔维诺、米兰·昆德拉、乔治·斯坦纳他们所希望的那种整体性的文学世界。

采访者：中国科幻界有这样一种看法，认为神话是过去的科幻，科幻是未来的神话。您如何看待神话在科幻中的作用？您认为科幻与神话是怎样的关系？如果以弗莱神话-原型批评中的四季来比拟，您认为科幻文学属于什么季节、什么类型的创作？

慕明：神话也是我特别感兴趣的创作母题。《宛转环》这部作品集实际上是建立在一个隐含的神话世界观上的。

对于"神话"这个概念本身，首先，不管是科幻，还是神话，在许多语境中都是比较固定的概念，甚至是刻板的印象。但实际上，我们谈论"神话"或者"科幻"的时候，到底在谈论什么，非常值得辨析。

如前所述，我现在会用"新奇性"和"认知有效"的框架来讨论科幻。如果从刚才的定义来看，就会发现，"科学"本身好像并不能被"新奇性"和"认知有效"的坐标轴完全限定。科学的确有这两个维度，但并不只是科学才有这两个维度。这更像一个认识论的框架，即如何通过一个原点，一条逻辑线索，去构建所谓的"新奇性"和"认知有效"。它可能是科学，也可能是伪科学，也可能是不同的认知体系。所以说这就是为什么我和双翅目会去提"推想"的概念。推想小说就是 speculative fiction。其实现在美国提科幻小说，会比较多地用这个词，这是比科幻奇幻(SF/F)文学更广泛的一个概念。只要有超越日常经验的部分,它就可能是 speculative fiction。

关于"科幻是不是未来的神话"这个问题,玛格丽特·阿特伍德在《在其他的世界——科幻小说与人类想象》里有精彩的论述。她说"天堂和地狱都去了 X 星球"。古代人认为的异世界可能是天堂、地狱,但在科学发展到一定程度以后,这样的叙事失效了,所以"外星球"代表的"科幻"就出现了。一般来说,我们肯定会认为后者是科幻,而前者不是科幻,但实际上,它只是"异世界"在不同时期的不同表现形式。

所以,如果以固定的观念来看"神话"或"科幻"的话,那的确会有不同的定义,但如果能找到这两者的本质和相关联之处,可能会发现它们没有我们想象中的如此不同。

我对神话的兴趣比较深入,会阅读结构主义、心理学和人类学的相关著作,比如荣格、列维-斯特劳斯等大师经典。"神话"不仅仅是一般语境里的上古传说,我会思考它会提供了怎样的心理原型(archetype),或者更多从思维的角度去理解神话。

我认为,在今天,对于我们而言,"神话"最重要的可能是它的整体性思维。它曾经被时代发展祛魅,但现在的互联网时代,我们可以重勘到底什么是整体性思维。整体性思维是神话非常重要的一个部分,在很多文化的上古神话中,人们都认为万物有灵,人与人、人与环境之间存在神秘的连接和转化关系。这种思维在一神教出现后就不再流行,但到了互联网时代,到了社交网络或者 Metaverse(元宇宙)的时代,就会发现,整体性思维也可以看作"万物互联"的一个古老的表述形式,值得重新思考。而结构主义和人类学的理论,探索到底什么是人类社会的交往法则和基本组织形式,这对于我们去理解快速发展的互联网社区、社区中人和人的深层交互模式等都非常有意义。所以,我关注"神话"会更多地从这些视角出发,而不是把"神话"当成古代传说故事的代称。

关于诺斯洛普·弗莱的"文学循环观"理论,我认为,弗莱给我们提供的是一种理解"叙事"的框架,"叙事"的含义可能比"文学"更广一些。弗莱的理论关键在于,人类社会中的"叙事"形式可能有阶段性发展的趋势,或者说在社会发展的不同阶段会侧重于不同的"叙事"形式。而科幻作品因为其强大的世界建构的能力,可以完成不同的叙事形式。"黄金时代"气质的作品可能更接近于弗莱理论中的"喜剧"或者"浪漫主义故事";新浪潮时期的作家,比如 PKD、莱姆等人的作品则可能更接近于"讽喻"。对科幻文学本身的发展当然可以用"文学循环观"来分析,但也可以把循环观的框架应用到更广阔的文学世界上。当代文学的大潮可能更类似于文学循环观里的"冬天",也就是"讽喻文学",但是,像我们刚才提到的,因为科幻/推想文学能提供整体性的思维框架,所以,可能随着我们的努力,整体的文学图景会进入一个新的轮回。这一点其实也是 2018 年的诺贝尔文学奖得主托卡尔丘克在她的诺奖演讲《温柔的讲述者》里提出,并呼吁新一代创作者去尝试的。她说,今天的问题在于,我们不仅不会讲述未来,甚至不会讲述当今世界飞速变化着的每一个"现在"。所以,"许多故事都需要在新的科学理论的启发下,在新的知识环境中重写,但是不断探索神话和整个人类想象似乎同样重要"。

采访者:您对时空的看法是什么?您将中国的时空观念融合到西方的科学时空之中,是否致力于一种新观念的创造?

慕明:这部小说集里最早创作的《宛转环》就是关于时空的。如前所述,我的一个基本思路就是去重勘历史文化传统、神话、经典文学体系里的母题,发掘其现代性。我本身有多学科背景,所以想通过思考和创作,把两种或者两种以上的语言体系在小说中结合起来,也就是所谓的"合流"。我的小说也常常以"合流"作为构思骨架的起点,因为核心的技术概念和推演的思路往往是当代的、舶来的,但是文化背景、视角、人物、思想观念等则是非当代的、中国的。当然,创作者需要对合流的多个语言体系有比较深入或独特的了解,才能找到这个连接点。

具体到《宛转环》中的时空观念构建，为什么一个古代的琢玉、造园故事，可以和看似差之千里的"星际穿越"式的故事合流呢？因为，从更抽象的角度看，琢玉、造园是对"空间"的操作，而"星际穿越"，从拓扑学角度看，也是对黎曼空间性质的应用。在这里，构思的关键连接点其实是一个隐而不发的、抽象的"空间"的概念，而不是以标榜服化道为特点的"古风"或者以"宇宙飞船"、"星辰大海"为标签的"科幻"。这种"合流"需要对两种语言体系中，问题的本质有洞察，而不是仅仅停留在符号拼贴的表面。而一旦有了这种对底层本质的洞察，其他的建构也就很自然了，比如历史背景的维度，很自然的，我们就想到了"空间"→"土地"→"明亡于土地兼并"这一组自然的递进，所以故事的历史背景也就有了。另一方面，"空间"→"不同维度空间之间的转移通道"→"莫比乌斯环/克莱因瓶"这一组思路递进也非常自然，只需要把这个思路用和文本相应的语言体系写出来就行了。而如果对基于数学工具的现代物理学稍有了解，理解了物理学意义上的"空间"和"时间"在数学意义上都可以看作"维度"的体现，那么，我们就自然地来到了相对论，"时空"本为一体这件事也就出现了，直接可以推导出故事的结尾。包括文中提到的《列子》传说、上古神话中对"空间"的辨析，"息壤"、"瓶隐子"的逸闻，等等，都是有了"空间"这个关键的深层概念后，自然组织材料，形成的一个多声部的、有机的文本空间。我希望作品呈现的，并不是一个既有概念，而是在某种程度上，融合了不同时期的人、在不同的文化背景和语境中，对于时空问题的思考和成果。它不一定就是我的时空观，而是我思考时空问题的方法。这也是"升维"的意义所在，因为我想构建这种具有内在结构复杂性的文本，这个内在结构并非生搬硬套，而更像一个自发生长的森林，只要找到那个种子，所有材料都是存在于我们的现实生活和阅读经历中的，只是可能因为语言体系的分化互不相连。而作为作者，要做的，就是看到并讲述这些一般人看不到的东西。

采访者：您的科幻作品很多都基于中国古代文化和故事，《宛转环》甚至考察了具体的历史人物和各种相关作品，既有站在现代角度上对于古代社会、文化、个体思想的超时空观照，又有融合到当时的语境中理解人们的技术态度与社会思想。这使您的作品很具有中国色彩，甚至被画在刘宇昆提出的"丝绸朋克"这条线上。您如何看待"丝绸朋克"？以及您自己提出的"青铜朋克"？它们真的是朋克吗？这是不是一种刻意的嫁接，是否还可以用其他的概念？

慕明：刘宇昆提出的"丝绸朋克"很有意义，但其本身更多是用于推广《蒲公英王朝》三部曲，而并非一个严谨的学术概念，与"赛博朋克"这个已经有了大量的作品体系和研究的支撑的成熟概念有明显不同，也有其他的美国亚裔奇幻作者明确表示，不希望用"丝绸朋克"来概括自己的作品。"青铜朋克"也是想帮助读者对作品风格有一个快速、感性的认识，但我并不认为这是一个固定的概念。如前所述，和对待"科幻"、"神话"等既有概念一样，作为创作者，我更倾向于辨析概念背后的本质。

对待"朋克"也如此。"赛博朋克"的本意可能更多强调作品中的主人公对科技控制的大系统的反叛，即所谓的 high tech, low life（高科技，低生活）。但是刘宇昆和我用"朋克"这个词，含义完全不同。在这里，"朋克"的对象不是人或者系统，而是对既有叙事体系和文化传统的重勘、创新、颠覆。当然，"赛博朋克"这个概念发展到现在，本身的含义也已经变了很多。除了反叛精神，可能更多的是指某些特有的视觉表现体系，这在科幻影视、游戏等新媒介中非常常见。所以，这些概念定义对于学术研究、体系梳理可能比较重要，但对于创作或阅读没有那么重要。在宣发推广的时候，概念标签可能会有些用处，但在构思、创作的时候，创作者怎么去定义、演绎、发展概念是非常灵活的，完全没有必要被其限制住。

采访者：您如何看待故事重写？从风格上看，《铸梦》有些像是鲁迅的《故事新编》之类，主要从中国的古代故事、传说中获得灵感，因此有些重写的味道。我还感觉与阿特伍德的风格有些像，不知您怎么看？

慕明：阿特伍德对我影响比较大的作品还是《使女的故事》系列，倒没有特别受她重写故事，比如重写《奥德赛》的《珀涅罗珀记》的影响。因为古典故事重写的风潮在当代欧美文学界非常兴盛，有许多相关作品和研究，许多最优秀的当代作家都意识到了重勘神话和古典故事的重要性。

我认为，这股风潮很快也会进入国内。所以，我现在做的工作可能稍微有点超前，但大家都会渐渐意识到，神话实在是太有意思了，并且与我们当下的处境、很多最新的问题都有关联。其实国内科幻文学界一直有故事重写的传统，只是可能比较小众。宝树编的《科幻中的中国历史》里收录了许多九〇年代到一〇年代重写中国历史的科幻故事，如韩松老师、钱莉芳老师、长铗、拉拉、宝树自己的作品等，故事重写，或者说"历史科幻"并不是在中国科幻里突然出现的现象，前辈作者们已经做了很多工作，只是可能圈外的新读者很难注意到。所以，我的创作不是凭空产生的。当然，我有自己的创新，文本也会在各方面更复杂一些。

《铸梦》在某种程度上可以看作《铸剑》在新时代面对新问题的一个文本，鲁迅的作品对我影响很深。在新时代，首先，只用"剑"是不够的，可能需要比"剑"更复杂的东西；第二，它把一个人的探索和复仇，或者说一个人对世界的认识过程变成了两种到三种选择，提供两种或两种以上的可能，变成了一个多声部、多角度的故事。

《铸梦》也是一个有真实历史背景的故事，它以申公巫臣和夏姬的历史故事为原型。这方面对我影响比较大的是唐诺的《眼前——漫游在〈左传〉的世界》，他从比较深刻的文学视角解读了《左传》。唐诺在重读《左传》时提出了一个核心问题：当面对剧烈变动的时代，当时最好的人会怎么做？这也是《宛转环》这部小说集的核心母题，小说中的人物都处于剧变的时代，无论是春秋末战国初、明末清初，或是我们当下所处的科技引发巨变的时代。我想从各种情境、各种角度来回答这个问题。《铸梦》最后有改写《左传》里的话，是《晏婴叔向论齐晋季世》中，晏子说"此季世也，吾弗知"。晏子这么聪明的人，他面对时代的巨变，也不知道怎么办了，这句话是我的灵感来源之一。

《铸梦》里的主人公之一，屈弗忌的形象还融合了一点对子贡的推想。子贡在孔子墓前守墓六年，唐诺就又提了一个问题，子贡在想什么？子贡处于应然世界和实然世界的交界处，像他这么聪明的人，他在想什么？老师已经不在了，道将不存，作为他的学生，该怎么做？这个问题对我来说非常有意思，而且存在一些进行文学推想和重建的空间。

这篇小说重写过多次，以上构思在第一次定稿时就完成了，但在第二次重写时，还加入了一条古代神话的暗线。这些古代神话在发展到故事发生的春秋末期时，已几乎失落，只有作为女性叙事者的夏姬和阿芷，通过口述史，还记得这些古代神话的残余，等待有缘人的传递。这里面其实有一定的考古学背景，我学习了张光直、苏秉琦这些老一辈考古学家的经典，用一些假说做了构建。当然，作为小说，我没有进行很清晰的科普，如果读者有兴趣、有相应背景知识的话自然会有更多的思考和乐趣，但是没有的话，当故事看就可以了，也不会太影响理解。

另外，这是一个由女性完成，但是女性被遮蔽的故事。这其实也是整部小说集的一个比较大的暗线。不管是在神话还是在更晚近的叙事中，女性叙事者都是被遮蔽的形象。我在《自序：从猿到神》里也写到这一点。可能从母系社会开始，女性就是最早的讲述者，不管是母亲给孩子讲故事也好，还是母系社会里的族长或女长老，在人类"讲故事"的传统中，女性叙事者都有非常显著的地位，直到今天，在很多没有文字的原住民部落里仍然如此。所以，在小说集里，我构建了最开始知道最多事情的人是女性，后来变成男性，再后来又变成女性的这样的一条暗线。

当然，这部小说是关于人工智能的。但通过以上的分析，可以看出人工智能只是许多层次之一。这也是我喜欢用"编织"这个比喻的原因，从作品中抽掉一条线并不会让整个故事坍塌，还有很多别的线可以把故事搭建起来。阅读就是看每条线怎么"编织"在一起的，当然，如果能看到所有的线，阅读、思考和感受的乐趣会叠加，但哪怕有些内容可能超出了认知范围，也不影响理解故事整体。这也是我希望小说能达到的地方。我不希望把小说局限成那种只有一定知识背景的读者才能理解的文本。小说应该是个桥梁，连接不同的认知维度，这也是这部作品集以"宛转环"为名的一个原因。不管从哪个角度看，读者都能看得懂，而如果有想了解不同维度的愿望的话，深入阅读，也能得到想要的。所以，我觉得这是更多创作态度的问题，就是"你到底为谁写作"。我还是希望作品有一个多面向的呈现。

采访者：在您的中短篇小说集《宛转环》中，有多篇小说都是以女性为主人公的。那您对女性主义在科幻文学领域中的发展趋势有何看法？

慕明：如果比较关注当代世界科幻乃至整个文学界的动态，可以看到，女性作者和女性主义写作的浪潮是当下的主流。欧美科幻奇幻界受到认可的女性作者越来越多，而在主流文学界，埃莱娜·费兰特、萨莉·鲁尼等关注女性主义的作者在世界范围内都非常流行。这与社会意识形态、发展趋势有一定的相关性，也与当下很多现实问题相契合。在我看来，上文提到的，女性叙事传统从被忽视又到被重新发现的过程也是一个原因。阿特伍德重写《奥德赛》的《珀涅罗珀记》就是用女性视角重新书写荷马史诗。文学总是要向前发展的，总是要去写之前没写过的东西，处理以前没处理过的问题，而女性主义写作会提供很多跟传统文学观念里面不同的、以往被忽视的新东西。所以我觉得，文学界和整个社会对女性主义叙事、女性创作者产生关注并非偶然，而是时代发展的必然。

但在国内，尤其是科幻圈，发展情况要稍慢一点。女性科幻作者数量一直非常少，直到我们这一批新作者才多了一点，但比起男性作者来说，绝对数量仍然很少，作品的关注度也较低。

原因比较复杂。一方面，是女性作者、作品的绝对数量少，另一方面，则是业内整体和读者审美都还具有比较强的男性中心视角，这在近年来国内的一些获奖作品中也有体现。甚至包括女作者自己也是。像我最开始的作品，虽然有女性角色，但并没有太强的女性自觉意识，在我的作品里，也可以看到不同创作阶段中，主人公的性别不同，许多思考和感受都是在阅读和生活中，逐渐发现、慢慢形成的。另外，在我的阅读经验中，我觉得对于年轻的男性作者来讲，写好女性角色可能的确比较困难，在科幻这个传统上男性视角占主导的领域内尤其如此，所以还是得靠女作者自己多去思考、表达。国内现在也出版了一些女性科幻作者的选集，但我对自己的要求并不是成为一个女性主义作家这么简单。我的作品里有很多女性主义成分，但就像我面对"科幻"、"神话"等标签一样，我并不会被既定的"女性主义"的概念限制，而是会走得更深一点。比如，相比于女性主义作品常见的对两性关系的探索，我可能会更多地从被遮蔽的女性叙事史去写，或者探索一些更精深、细微的角度，作品里可能有一些特别的体验，比如说生育和创造的关系，还有一些微妙的感受模式，是只有女性才会有的。像《沙与星》，虽然写的是人工智能超越了人，但进一步思考，也可以看作被创造的主体超越了创造的主体，再代入女性主义的语境中，就是在讲述被创造的性别（即波伏瓦所说的"第二性"，女性）和创造的性别（男性）的关系。所以，这篇小说实际上是在讲述被创造者怎么变成了创造的主体，又怎么去传承"创造"的能力。这是一个更深刻、更有普遍性的问题，也是全书的主旨之一。因此，虽然现在主流的认知对女性、女性主义叙事的理解还比较标签化，更多侧重于体现一些现实生活中的困境，但我觉得，情况是会发展的，现在对女性、对女性主义文学的刻板印象会渐渐地被更复杂的思考、感受和表达替代。作为创作者，多思考、多表达，慢慢做好自己的工作就可以了。

作品阐释："一切坚固的都烟消云散了"

采访者：关于《涂色世界》这篇，其实我在阅读时最先联想到的是索绪尔的符号学，因为在符号学的视域下，颜色系统与符号系统有许多相似相通之处。那么您是怎样想到利用颜色（色彩）作为创作主题的呢？里面的"调整镜"是否有对现实世界的一些象征隐喻呢？

慕明：其实与我开始写作的情况类似，有三个方面的原因，个人背景、方法论上的启发，以及对现实问题回应的需求。

一是因为我从小就学画画，有八九年经历，比起造型更喜欢色彩。虽然现在不画了，但我对现当代艺术，尤其是表现主义的艺术家和作品一直有兴趣，也经常看展览。

二是受到相关科普作品的启发，这本书叫《话/镜》，作者是以色列的语言学家盖伊·多伊彻。他从颜色入手，研究对颜色的描述怎么随着人类的语言演化不断变化。在这本书里，他还原了历史上的种种理论的建立和被推翻的过程，通过不断的"立"而后"破"，"破"而后"立"，引入新的理论、实验和田野证据，最终得出结论。这种思维方式对于写概念性比较强的推想小说非常有用。

三是对社会新闻、现实问题的关注。我写了一系列关于"看"的小说，小说集因篇幅所限，从颜色角度切入的只收录了《涂色世界》这一篇。"颜色"其实可以看作"现实"的一个维度，"调整镜"调整的是人对现实的感知；小说中只调整了颜色，但也完全可以"调整"别的东西。比如说像社交网络，当被"信息茧房"束缚时，人看到的世界就会变得越来越狭窄。之前我在伦敦中国科幻协会也就这篇小说做过一个访谈，当时的题目很贴切，就是"一切坚固的都烟消云散了"。这是马歇尔·伯曼论述现代性的名作的标题，也可以看作一个关于现代生活的隐喻。"颜色"，和许多我们认为很坚实的东西一样，早都烟消云散了，它并不是我们看到的样子，或者说，它比我们以为"看到"的东西要复杂得多。这就提示我们，面对剧烈变动的新时代，我们可能需要去重勘很多既有的概念。

采访者：在《谁能拥有月亮》中，您描写的主人公何小林的形象体现了现代都市最广大市民阶层的生活精神样貌，表现了极强的人文主义精神关怀；并且相较于传统赛博朋克的"高科技，低生活"，您作品中的普通人最后都有一个相对较好的结果。那么您认为在科学技术不断发展的今天，普通人该如何避免被异化呢？科幻文学在当今是否负有一种提供人文关怀的责任呢？

慕明：这个问题较大，我只能从个人经验简要回答。

我已经做了十年软件工程师，很清楚技术行业现在的吸引力，以及许多年轻的技术乐观主义者的心态，但另一方面，作为关注技术及其社会影响的作者，我也理解很多人，尤其是有一定人文素养的读者对技术引发的种种问题可能抱有更复杂的心态。我认为，无论是哪种态度，不太可取的是对问题的"简单化"。无论是技术乐观主义者的盲目乐观，还是所谓的"技术恐惧症"（technophobia），其实都是不理解技术本质的表现。我们今天更需要的，是对问题有深入理解后进行的复杂思辨。这也是我写作的出发点之一。在我的作品中，很少只用一个视角去叙事，这在一定程度上增加了阅读难度，但我认为值得，因为一种技术，或者技术带来的变革可能对一个人是好事，对另一个人就是坏事；如何看待问题在于人所处的位置，以及做出的选择和行动。所以，在故事里，我不想灌输某一种意识形态，而更想强调人的自主性或者觉醒意识。我更希望大家通过故事代入不同视角，深入理解、思考、感受，然后自己做出选择。

技术提供的从来不是解决问题的答案，它只提供解决问题的可能性。在技术引发的巨大变化面前，每个人都面临新的机遇和挑战，以往固有的很多社会评价体系可能会变得松动，并没有那么重要。所谓的

"异化"可能也是个有些刻板印象的词语,它和"变化"的相似和不同在哪里,每个人都有不同的答案,但无论如何,我希望通过作品,让读者意识到变化的必然性,以及一些可能的选择。

作为作者,我个人的确有责任感。我是一个在各方面都具有少数性的作者,有多文化、多学科、多种思维方式的背景,并且我也是女作者,很多东西如果我不写,可能就没有别人写。但这不是文学本身的责任,这是我的责任。别的作者当然有别的追求。文学最大的好处就在于,它可以容纳各种各样的追求、观念和实现手段。

采访者:在《铸梦》中,公输平与屈弗忌的梦。屈弗忌从夏姬的讲述中知道了她祖母的梦,以及祖母讲述的故事。公输平梦见野鸟被看不见的细绳牵引,沦为人控制的产物。公输平问屈弗忌:"偶人会做梦吗?"这有些像菲利普·迪克的《仿生人会梦见电子羊吗?》中的思考,仿生人会做梦。人为什么会做梦?你如何理解梦?特别是你在文中指出"他们身处的离宫所在的荒原就叫做江南之梦。梦或许不是另一个世界,而是荒原、是平面、是界线本身。而他们和世界上的一切一样,都是由界线决定的"。这里能解释一下吗?您如何想到用结绳与机器人的程序相结合?还有匠人的刻字。这是否也与机器人/人工智能的程序一样?偶人是一种新生命吗?记忆是什么?人与物的区别是什么?

慕明:我只能大概谈一下相关的想法,因为这些问题都涉及这篇小说乃至整部小说集的深层本质,无法用特别简明的语言回答,所以我才写了这些层次比较丰富的小说,提供各种不同的路径,让读者通过文本去感知、理解、思考。这也是文学本身的魅力所在。

"梦"是很关键的母题。《铸梦》开启了小说集的世界观,最后的《沙与星》里面提到了"终梦","梦"在这部小说集里实际上是一个贯穿全篇的概念。唐诺在《眼前》里有专门的一章,探讨古代人怎么看待梦。先秦时期的人认为梦非常重要,《左传》里就有很多释梦的内容。这与《铸梦》的原型故事之一——申公巫臣和夏姬的故事的关联比较紧密,因为夏姬的身世就和梦，或者说是"故事"有关。唐诺说，梦在黑夜里把我们带到另一个世界，这个世界往往模糊、奇异，不太完整，它是最初的文学形式，而最好的文学作品正是在模仿梦。这是对梦的一种比较本源性的解释，相当于画了一个约等号，"梦"约等于文学，或者约等于"叙事"。

梦和记忆、历史、文学、虚拟世界等不同的"叙事"之间的约等号是非常自然的，这在许多文学作品乃至影视作品中都有实现。而莎士比亚说，我们是用与我们的梦相同的材料做成的，又把"人"和"梦"画了约等号。那么，"人"是不是也约等于"叙事"呢？《宛转环》这本书就是想构建一个推演路径，通过故事的方式，去证明这个等式成立，连起来看，就是"人"是如何约等于"叙事"进而约等于"梦"的。《自序：从猿到神》里，引用了威廉·布莱克的"想象即人类"，预言了这个约等式的存在。而这部作品集通过相互关联的故事进行了世界构建和概念推演，对"人"的本质进行了思辨，最后给了这句话一个比较完整的字面意义上的解释，而不只是一种理念性或者诗意的表述。当然，这里面运用的方法和技巧层次比较多，信息的线索和布局也比较复杂，像之前提到的"编织"一样，虽然对于创作者来说可以拆解，但是对于读者来讲，想要完全把握所有线索，可能难度会稍大一些。

最后，我想大概提一下"文字"。文字是最早的技术，也是人最早的控制手段。技术的本质之一就是控制，而文字就是最早的一种让人去表述、驯服、利用环境乃至周围的人的方法。禅宗讲"不立文字"，讲"以手指月"，就是意识到了文字的危险，像所有技术一样，文字有好处，但也会被误用或者滥用。那么，在有了这样的视角之后，再看现在人对技术的恐惧，就会发现这并不是一个新问题。这就是为什么我会写文字对"人"的控制和改造，这是比我们现在所说的"技术"对人的影响，要深刻、久远得多的一个问题。

人工智能也同样。"人"与"人工智能"的本质是"人"与"造物"，也是一个关于控制或利用但可能会被反过来影响反制的问题。如果放到一个更长、更宽阔的历史视角中来看，到底是人发明文字的时候可怕，还是人发明人工智能的时候更可怕呢？这些都是值得在小说中深入思考、探索的问题，而不是只满足于陷入已有的话语体系，输出一些既定的观念。

采访者：《涂色世界》中您怎么想到了以《荷马史诗》中大海的描述为开篇？特别巧妙。您将中西的文学世界融合在您的未来世界描摹中，一切都显得自然且精美。能谈谈您对这篇小说的创作思路吗？

慕明：我很小就读过《荷马史诗》的简写本，有了最初的印象，一直关注相关的研究。"暗酒色"这个词的细节是从《话/镜》中看到的，又进一步学习了相关的资料，并结合了之前学画的经验，以及神经科学对于颜色的探讨、抽象表现主义（Abstract Expressionism）流派，比如马克·罗斯科（Mark Rothko）等人的艺术理念。所有这些关于颜色、观看、史诗、艺术、语言的经验，包括自己工作中的经验，无障碍设计思路等，就整合起来了。我有多学科背景，关注的东西也比较杂，可能这种"杂"也是创新的关键。有问题意识，有构建的方法，比如刚才我们提到的"合流"、"概念突破"等，就能整合很多不同的视角。我认为，这对科幻小说乃至当代文学创作非常有益，因为许多当代文学作品，尤其是国内的原创作品，其实有点陷入单一学科的视角。

我比较喜欢的当代作品往往具有多文化、多学科、多思维体系融合的特点，不一定是科幻，也可能是其他类型。我最近看了一本写十九世纪植物学家的引进畅销小说《万物的签名》。国内基本上没有相应的作品，成名作家可能不愿意去写这种比较"杂学"的小说，但对于读者来讲，小说文字技巧纯熟，可读性也很好，并且真能让读者接触到不同的世界和思维方式。这样的小说也不会太受限于作家的经验，因为它是很综合的文本，在达到了基本的人物、故事的金线以后，更看重作家的思维方式、视角、整合能力以及对多学科知识的灵活运用。这是一个很好的写作范式，尤其适合生活经验不那么丰富的青年作者。夯实基本功后，搭建框架、发挥想象力、发挥整合素材和多学科资源能力进行的知识性写作，可能是青年作者可以多考虑的路径。

采访者：您的作品《假手于人》、《谁能拥有月亮》等有许多地方真实描绘了成都街头巷尾的市井生活，使用了一些四川话特有的词汇，极富地方特色，令我也感到十分亲切。您认为地域特色要如何有机地结合在科幻作品之中呢？

慕明：我出生在成都，算半个成都人，有在成都的生活经验，也非常喜欢成都。成都或者说川渝地区一直是中国科幻的重镇。创作《假手于人》和《谁能拥有月亮》这两篇作品其实也是因为要投在成都举办或与成都相关的征文比赛。

我比较关注同辈作者的写作，地域写作在当代中国青年原创作者中间很流行，东北有"文艺复兴"，东北三剑客（双雪涛、班宇、郑执）的作品我都看过，上海也有王占黑等新作者，川渝地区有周恺，岭南有林棹，等等。科幻有科幻要处理的问题，但地域性写作不局限科幻，近年来各种讨论和研究很多，不同作者的路径也不一样。比如方言，东北文学有自己的特色，沪语、粤语区的作品则更加"先锋"一些。像林棹的粤语小说《潮汐图》、金宇澄的沪语小说《繁花》，在我读起来是有点困难的。但可以看到，不管是像我这种比较简单地运用方言，还是像沪语或粤语这种比较难的方言，都会给文本带来新的活力，也都会有一定的接受度，所以更看作者的个人选择，是愿意为了更深层次的语言实验牺牲一些可读性，还是愿意去提升故事的可读性，同时去探索文本的其他维度。

关于结合传统、地方文化等，同样也不需要多少"科幻"知识，而更多需要相关生活经验，如果生活经验支撑不了想写的，就要做大量的工作。比如像《假手于人》里的竹编，我之前也不了解，只能看纪录片、相关的人物访谈资料，然后仔细思考到底怎么去跟科幻的内核有机结合，放在一个当代或者近未来科技的语境里。这不只是嫁接符号，而是需要对这个问题有本质的理解。比如，为什么要写竹编，而不是成都地区其他的手工艺？第一，是因为竹编和故事里的神经纤维操作有相似性，才能够自然地迁移故事设定。第二,它也是整本书世界观体系中的一部分。如前所述,"编织"在整本书中是非常重要的一个概念。《铸梦》中提到用丝线控制人,与《假手于人》有呼应,古代工匠用丝线控制偶人,呼应了现实中以神经纤维来控制真人,而这个呼应最后又参与了整个世界观的构建,这些选择都经过了深入考虑,才能成为文本中的有机组成部分,而不是僵硬拼贴。

另外,我很喜欢民国时期的作品,除了之前提到的鲁迅,也包括老舍、沈从文,等等。因为他们也都在处理时代变动的大问题。鲁迅有鲁迅的处理方式,老舍有老舍的处理方式,沈从文有沈从文的处理方式。深入研究这些经典作品对我们现在的创作非常有帮助,因为我们也正在面临时代的巨变。比如《假手于人》这篇,是因为我特别喜欢老舍的《断魂枪》,最开始是想写一个新时代下的《断魂枪》,探讨"传"与"不传"的问题。其实这个思路在电影中很常见,比如姜文的"北洋三部曲"、徐皓峰的民国武侠电影、王家卫的《一代宗师》,都是以年代剧的方式去探讨时代的变化,我都非常喜欢。

一些建议:"别着急,慢慢来"

采访者:在出版小说集《宛转环》之后,您有什么其他长远的创作计划吗?根据您的自身经历,对年轻学生做科幻研究或从事科幻创作有什么好的建议?

慕明:我很愿意分享个人心得。虽然我用比较严格的标准要求自己,但并不觉得自己是"专业作者"。我是从读者过渡成的作者,是因为自己在阅读中有了一些心得、想法和困惑,又意识到有些问题没人写过,抱着尝试的心态开始创作的。我的心态和成长路径非常"草根"。

目前的创作计划很多。因为还在全职工作,所以一直处于写作计划比完成的作品多的状态。包括即将出版的这本书《宛转环》,也是一个五六年积累的结果，最早的一篇是 2017 年完成的，后续的整理、修改、重写，联系出版方等等也花了很长时间。第一本书出版后，首先，我可能会接着写一些短篇小说，但是跟之前主要基于自然科学思维方式进行建构的方法会不太一样，可能会更多地尝试融合一些社会科学、人文科学的思维方法。一个重要原因是，我在《宛转环》中以全书构建了一个比较完整的、和现实世界相似但又有超越性的世界，但我现在更想看到不同的世界。我们可能需要更多地去想象在多种不同的思维体系或者技术体系下，世界的不同形态。我可能会去做一种元宇宙（Metaverse）式的创作。和大部分人对 Metaverse 的理解不一样，Metaverse 不是另一个世界，而是许许多多不同的世界。不同的世界带来的其实是更多的可能性。所以，这个系列在概念上会比较像勒古恩的《变化的位面》，但我不会用人类学笔记的文体来写，还是会用当代小说的方式来写，可能会是一系列短篇。我之前也欠了各位编辑老师不少约稿，因为工作比较忙，写东西比较慢，对自己的要求也比较高，每一篇都想做一些新东西，不像专业作家那样有比较高的产出，所以也算是给一直关注、支持我的老师们一个回应。这一系列可能也是一个短篇集的体量，但更多是为了开拓思维，保持状态。

对于长篇，我有比较宏大、复杂的系列计划，需要多年完成。我会结合工作和生活经历，尝试比较现实但又带有推想成分的全景式故事，可能类似一个未来科技的《纸牌屋》，不是常见的高概念推演，而是比较扎实的"现实主义"科幻。现在最成功的科幻影视，像英剧《黑镜》、Apple 最新的《人生切割术》等，都比较高概念，有好处，但也是一种简化。这些作品完成度很高，能给观众带来新奇感和思考的空间，但像《红楼梦》、《战争与和平》这种真正伟大的作品，包括现在特别好的现实主义美剧，比如《风骚律师》、《绝命毒师》，等等，才真正做到了描摹复杂立体的人物与世界。人面对时代的变动，包括技术引发的种种问题时往往是非常复杂、纠结的，无论是思想、情感还是选择与行动。现在的科幻作品和最好的现实主义作品在处理人物的方面还是有差距，这也是为什么科幻总是陷入没有"文学性"的批评的原因之一,因为创作者们可能还无法去理解技术的本质,以及跟技术有关的人做出选择的动机、心理,等等。这些还是需要一手的生活经验,以及对相关问题长期的关注和深入的思考。比如,创作者需要深入了解某些重大的科技决策背后充满了多少复杂的利益纠纷才能创作相应的情节。这是高概念作品很难做到的,必须有比较现实的背景来支撑。

当然,因为这是系列长篇,作品里肯定会有推想的成分,可能是基于现在的科技发展状态和已有的问题,推演进一步的趋势。可能有个从现在开始的十五年、二十年、三十年的时间跨度。系列作品的架构和体量会比较大,但第一部应该不会特别长,还是有一个较小的切口进入。我以前也没有完整长篇的创作经验,所以需要比较长的时间来学习、完成。

最后,我还会尝试做一些改编和全媒体的工作,因为我在谷歌也从事过 AR 和 VR 的项目,一直算是处于行业最前端,也认识了不少做电影、戏剧和虚拟制片的朋友,新的媒体形式会带来很多新的可能性。

我知道,大家可能比较期待新作者一本接一本地出书,快速获得认可,树立自己的个人品牌。但我其实对这些不是特别在意。我还是更想做一些比较新、比较困难、深入的长期工作,可能现在接受度有限,转化——比如影视改编可能也比较困难,因为它难以被已有类型界定,也不太符合大多数人的预期。它可能跟大家认知中的"科幻"小说不太一样,和主流纯文学作品也不太一样。但我觉得,作为新作者,还是有必要去做一些困难的工作,特别是在有条件的情况下。哪怕它现在可能稍微有点超前,但也不着急,超前的话就先做出来吧,等等看也可以。

关于对年轻同学的建议,我觉得,每个人有自己的创作方法和喜好,成长路径也都不一样。有些学文科的同学会觉得,我没有前沿科技的知识,没有理科知识,我写不了科幻。真的没有必要这么想。其实,像欧美新浪潮时期最优秀的作家,没有谁是纯理科背景的,大都是文科背景,如勒古恩、泽拉兹尼、阿特伍德,等等。所以不用自我设限。每个人的路径、方法也好，或者说受到的滋养也好，是不一样的；所以我不太想提特别具体的建议，我认为，最重要的还是坚持。第一要有热情和好奇心，第二就是要坚持。我刚开始写时看过一本创意写作书，作者说前十年是很容易放弃的。创作是要以"十年"为尺度的。所以，对于创作，可能得先有个写五年十年时间的想法。我接触过一些非常年轻的作者，感觉大家普遍还是有焦虑，可能也跟整体的创作环境有关系，会觉得社会压力比较大，没有人认可自己的创作很着急。我刚开始也很着急，但后来发现，急也没用，很多东西如果不花时间去打磨，即使是机会到了也接不住。如果还比较年轻的话，特别需要深度的投入，不管是阅读写作，还是生活本身。深度是一种很稀缺的能力，对年轻的创作者尤其如此，有时候，不管是生活经验，还是阅读经验，还是思考，会支撑不了想写的东西。这个时候就还是别着急。

我其实很晚才开始写作。我是二十四岁开始工作的，到二十七八岁才开始写小说。我学得可能比较快，但不算很年轻就崭露头角的作者。创作最终还是看作品本身，也不在于比拼谁写出来得早、写出来得快。慢点写，或者晚点写有晚点写的好处。多去体验生活，然后多去阅读、思考、实践，而且要有一定的深度。另外，学习能力也非常重要，尤其是能不能融会贯通，能不能打通各体系，在中间寻找交叉点，这些都是确立特色的方式，可能比具体的知识和方法重要得多，所以希望有志于创作的同学们别着急，慢慢来。

后　记

　　我近几年由后人类理论研究转向科幻研究，比较关注中国科幻创作，在阅读作品的同时搜索与收集了部分科幻作家的访谈，发现很多报刊的访谈因为篇幅原因，对作家观点和思想的呈现都不是很完整，就起意做一本《中国当代科幻作家访谈录》，想深度访谈一些具有代表性的中国科幻作家，与他们探讨中国科幻的现状与未来。这个想法得到了深圳大学人文学院沈金浩院长的经费支持和精神支持，更得到了南方科技大学吴岩教授的大力支持和帮助，本书访谈中的很多科幻作家都是经吴岩教授推荐才有联系到，在此特别表达感谢！同时也特别感谢接受我们访谈的科幻作家们，他们都是在百忙之中接受我们的采访，在访谈中知无不言、言无不尽，同时花了很多时间和精力帮助修订和完善我们的访谈稿！还要感谢我们的学生团队，他们既有跟随我做科幻研究的研究生，也有对科幻抱着积极热情的本科生同学，他们都是富有热情和活力的新一代，肯下功夫思考中国当代科幻问题，相信假以时日他们将成为我们科幻研究的新生力军！

　　中国科幻作家当然不只包括我们目前已进行访谈的这些作家，还有很多已成名和正在成名的作家，本访谈录更多的是对中国当代科幻作家群的一个侧记。他们既有与刘慈欣齐名的韩松、王晋康，更有作为科幻开拓者，横跨创作、批评、教学的吴岩，有新生代的陈楸帆、宝树、程婧波、夏笳，新锐作家王诺诺、阿缺、刘洋、顾适，更有最近两年横空出世的新兴作家双翅目、慕明等，每个作家都有自己丰富的世界，都有对科幻的执念与自己的独特见解，犹如"一花一世界"，让我们看到了百花齐放、姹紫嫣红的多样景致。尤其感动我们的是，每个作家面对我们的提问都毫无保留，引领我们进入他们的科幻园地，抱持着对中国科幻发展未来的自信。

希望我们的访谈录能帮助读者更多地了解当前中国科幻的创作境况与中国作家的科幻创作思想。如有挂一漏万的不到之处，主要是因为我们的访谈问题设计得不够丰富与全面，我们将在以后的访谈中进一步完善与更新。

本访谈录的部分内容已在有关报刊如《文艺报》、《社会科学报》、《外国语文研究》上进行了刊载，在此对上述报刊特别表示感谢！

最后特别感谢南京大学出版社的支持与帮助，感谢郭艳娟博士的大力推动和编辑审稿，本部访谈录才能顺利出版。希望它能得到读者的喜欢！

江玉琴